吉見俊哉
Shunya Yoshimi

大学は何処へ

未来への設計

岩波新書
1874

目　次

目　次

序章

大学の第二の死とは何か

――コロナ・パンデミックのなかで

コロナ危機が浮かび上がらせた大学の窮状

二〇二〇年、新型コロナウイルス感染症のパンデミックが全世界を襲うなかで、今日の大学が直面している窮状があからさまになっていった。日本では、まず四月以降、再び九月入学をめぐる様々な論議が盛り上がった。この問題には三〇年以上の長い歴史があり、それでも解決できてこなかったという過去がある。これと並行して、全世界の大学をオンライン化の奔流が襲う。日本国内でも二〇二〇年の春学期が始まると、全国八〇〇近くの大学の約一九万人の大学教師は、ほぼ例外なく同じことをしていた。初めは恐る恐る、しかし次第に昔から当たり前のように使いこなしていたかの如く、自宅のパソコンでオンラインのシステムにアクセスし、ネットの向こう側にいる自校の学生たちに授業を配信し始めたのである。

その結果、二〇二〇年五月二〇日時点での文部科学省の調査によれば、オンライン授業を実施している大学等の割合は、全大学等の九〇％以上となった。調査方法が異なるものの、一七年に授業のオンライン配信をしていた大学は全体の約二七％、同時双方向のオンライン授業をしていた大学は二五％だったから劇的変化である。コロナ危機は、三割以下だった日本の大学のオンライン化を、たった二か月で九割以上にまで押し上げたのである(図序―1)。しかも、三年前はオンライン配信を実施している大学でも、その授業数は限定的だったが、今は圧倒的多数が半強制的にオンラインとなった。パラダイムが、根本から変わったのだ。

こうしてオンライン教育は、もはや日本の大学教育の前提となった。とはいえ、同じことが公立の小中高校でも起きているかと言えば、そんなことはない。一部の教師と学校、自治体の努力にもかかわらず、文科省の四月半ばの調査では、同時双方向型のオンライン授業を実施できている公立学校は全体の五%、授業動画を活用している学校も一〇%に過ぎない。公立校では、せっかく一部の教諭がオンライン授業を導入しようとしても、学校内から「全生徒が参加できないと不公平になる」「他の先生に使いこなせない」といった声が上がり、何もできなくなってしまった例も報告されている。他方、私立校はいち早くオンライン授業の仕組みを取り入れており、オンラインへの対応が教育格差拡大の要因となることが心配されている。

つまり、オンライン化の現状は、大学と小中高校では様相が異なる。後者の場合、地域や貧富による教育格差が生じないように、公的基盤を整えていくことが政策課題である。それは、単にすべての生徒にタブレット端末を配ればいいという話ではなく、通信環境、授業方法、教師の意識改革と支援スタッフの配置等をいかに実現していくかの問題でもある。

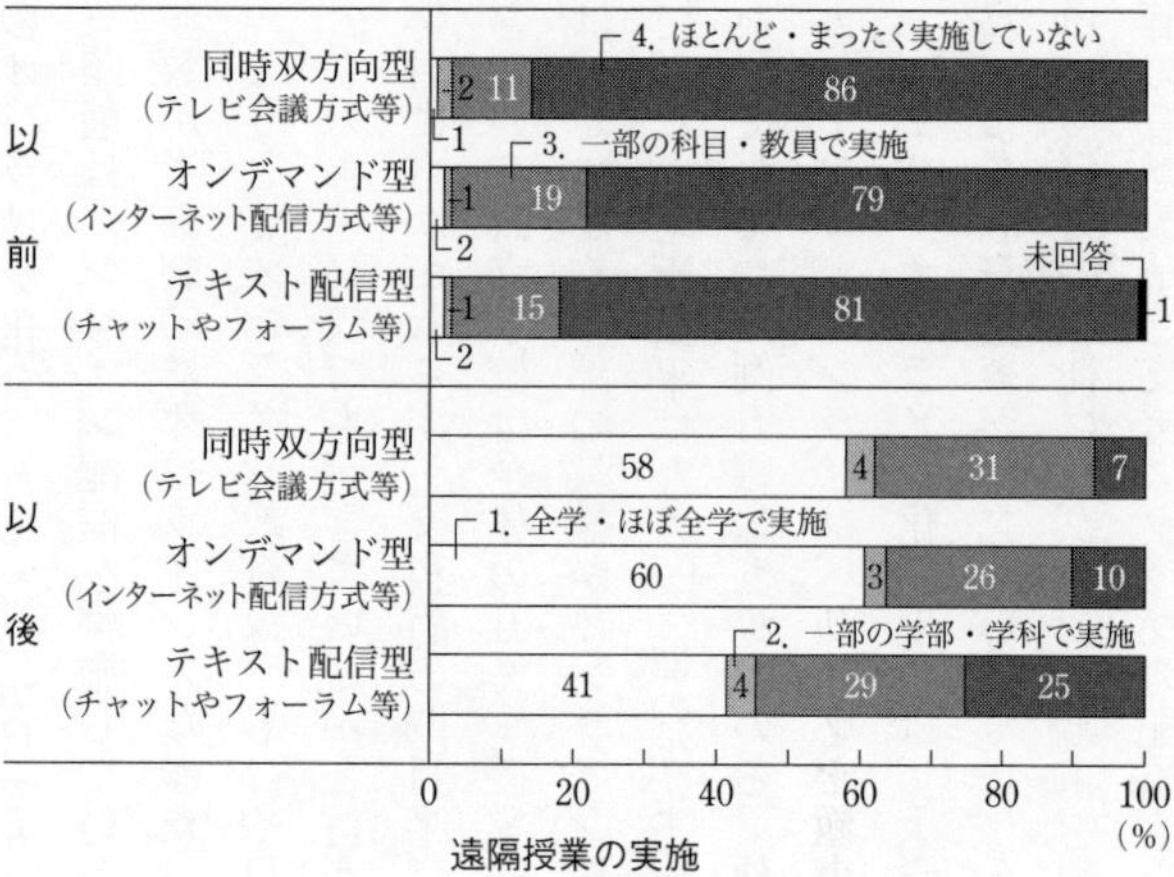

(注) n=663校.
(出所) 朝日新聞・河合塾「2020年「ひらく 日本の大学」緊急調査 調査結果報告書」(2020年9月)より.

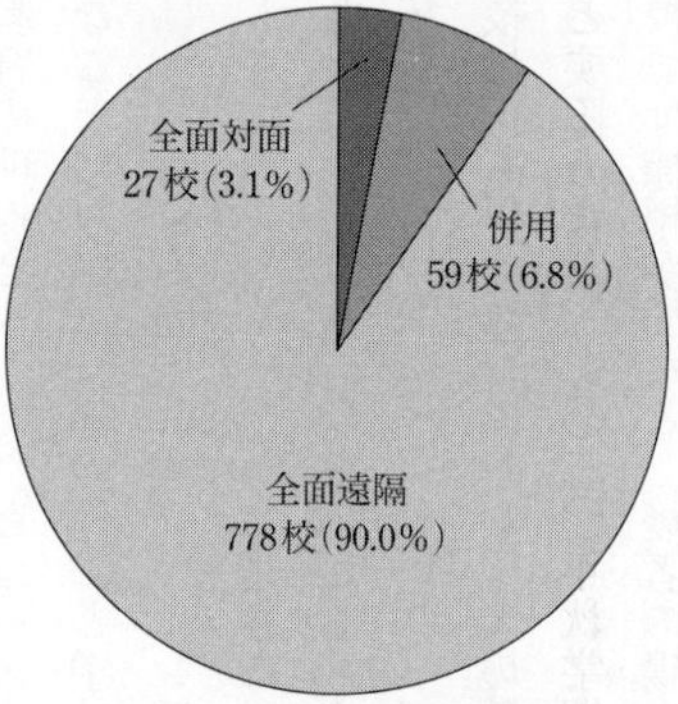

2020年5月20日時点での日本の大学等の遠隔授業の対応状況

(注) n=890校.
(出所) 文部科学省調査「大学等における新型コロナウイルス感染症への対応状況について」より.

図序-1 日本の大学等のオンライン化(コロナ以前と以後)

それだけではない。小中学校の教育では、オンライン化してはいけない活動が大学よりもはるかに多い。二一世紀の半ばになっても、小中学生はほぼ毎日、学校に通い続けるだろうし、そのほうが望ましい。子どもたちは日々、教室や校庭に身を置き続けることで社会に開かれる。他方、大学では、オンライン化は今や目標ではなく前提である。実を言えば、大学教育は、しようと思えば前からかなりの程度、オンライン化できたのである。大学はこれまでオンライン化ができなかったのではなく、しなかったのだ。二〇二〇年春、選択の余地がないところに追い込まれ、大学教育のオンライン化は一瞬で革命的変化を見せた。

しかしながら、大学は授業をオンライン化することでは劇的転換をして見せたものの、今度は教室を封鎖状態から解いていく方法が見つからなくなった。オンライン化が必ずしもうまくいかなかった分、小中高校が努力を重ねながら授業を再開させたのに対し、大規模に授業をオンライン化させた大学は、リスクを極小にしようとするあまり、二〇二〇年秋学期になっても実質的に対面授業を再開させる方法が見つけられずにいる。もちろん、社会から批判を受けて「ハイブリッド授業」という名の「対策」を導入して、名目上対面でも授業をしている体裁をとっている大学も多い。しかし、オンラインと対面の授業をどう効果的に組み合わせていくのかという実行可能なプランを持ち合わせているわけではない。大学教師たちはここでも、オンラインのなかに対面も組み込んでほしいという要請を受け、それぞれ「対応」したかたちをとっているだけである。多くの大学で、教室に学生たちは戻ってきてはいない。

オンライン化で授業の質は劣化する？

さらに、オンライン授業の質も問題である。圧倒的多数の大学で授業がオンラインに移行したなかで、同時双方向型の授業への学生評価は低くはない。オンライン授業の受容に関する学生調査はまだ不十分な段階だが、全般的には、少人数の同時双方向型授業の満足度は高い。出席率でも、オンデマンド型にしなくても大多数の学生が真面目に出席している。

しかし、担当講師が単独で授業を録画し、大規模な学生にオンデマンド配信して授業としている大学では、授業の質に対する批判も噴出している。新聞報道によれば、慶應義塾大学ですら、新入生は「録画された講義の動画を自宅で見て、小テストやリポートの課題をこなす。一日一〇時間パソコンに向き合う日もある」のに、「先生からのフィードバックがなく、不安です」と漏らしているという(『朝日新聞』二〇二〇年八月五日)。講師側に立つならば、毎週のように膨大な提出物や質問がデータやメールで送られてきて、とても一人では対応をしきれないと悲鳴を上げたい気分だろう。さらに、他の私立大学では、録画配信された授業の質そのものも問題になっている。ある私大三年生は、授業がオンラインになって「質は下がった。これが授業と呼べるものなのか」と不満をあらわにし、別の学生は、今の大学の授業は「ほとんど通信教育と変わらない。通常の学費のままでは納得できない」と憤る（同紙、同日）。

大学の授業オンライン化は全世界で進んでいるから、配信される授業の質を問題にする声も、国の如何を問わず沸き起こっている。韓国では、オンライン授業は「ただの授業の真似にすぎなかった」と、日本以上に厳しい批判の声が上がる。オンライン授業では、教授によって教える力量の差が著しく、一部には「これなら無料でユーチューブの講義を見る方がいい」という声すら聴かれるようだ（『ハンギョレ新聞』二〇二〇年九月一〇日配信）。アメリカでは、多数の大学で授業料返還の集団訴訟が起きている。オンライン化により、学生が受ける教育の質が学費に見合わなくなったとの訴えである。急ごしらえのオンライン化で授業の質も落ちた。なかには、教授は「メモとパワーポイントのプレゼンテーションをオンラインにアップロードしただけ」のこともあったらしい（『ニューズウィーク日本版』二〇二〇年七月二八日）。これは極端な例だろうが、大学の施設や制度が整うアメリカの大学でも、オンラインとなるとその便益が意味を失い、配信されるコンテンツが高い授業料に見合うとは思えなくなるのである。

だが、いずれの場合も、講師の話す中身自体が数か月で激変したとは思えない。むしろこれは、もともと質的に十分ではない講義だったが、教室では見過ごされていた欠点が、録画配信となって隠せなくなったということなのではないか。つまり、録画された授業は一種のコンテンツなので、その質の良し悪しは教室での講義よりもはるかに容易に客観的な比較検証の対象となる。教授たちの講義は、大学の教室という舞台から離れ、学生たちが他のコンテンツと比較する議論の俎上に置かれていくのである。

つまり、授業のオンライン化は、同時双方向型であるかオンデマンド配信型であるか、大規模か小規模か、学生の勉学意欲がどの程度維持されているかによって、学びの成果に甚大な差が出てくる。同じ力量の講師でも、これらの条件が違えば効果は異なる。最も効果的なのは、学生の勉学意欲が維持された、少人数で同時双方向型の授業である。他方、最悪は、学生が勉学意欲を低下させているのに、大規模なオンデマンド配信型の授業が実施される場合である。しかし後者の場合、配信された録画授業の質は、オンライン・システムにおいて検証可能となる。いずれ多くの大学で、オンデマンド配信型の授業の質を、学生からの授業評価とAIを基盤にした様々な解析ツールを組み合わせて評価する体制が立ち上がるだろう。そしてこれは、容易に徹底した大学当局による授業内容の管理システムへと転化する。授業オンライン化の先に広がる重大なリスクは、大学の授業の中身のシステマティックな管理である。

他方、多くの大学が授業のオンライン化を、少人数の同時双方向型を中心に進めていくのなら、教育の質を向上させる契機となるかもしれない。ところがこれは、経営的な理由から容易ではない。なぜなら、そうした授業を主流にしていくには、いわゆるST比、つまり教員一人当たりの学生数をずっと小さくしていく必要がある(図序-2)。つまり、大学は学生数を増やさず、より多くの人件費を教員の雇用にかけていく必要が生まれる。各教員がきめ細やかに学生と議論し、その学びを育んでいける基盤が必要なのだ。ところがこれは、大教室授業を基本にした学生規模の拡大で経営の安定化を図ってきた私大がなかなか採れる道ではない。

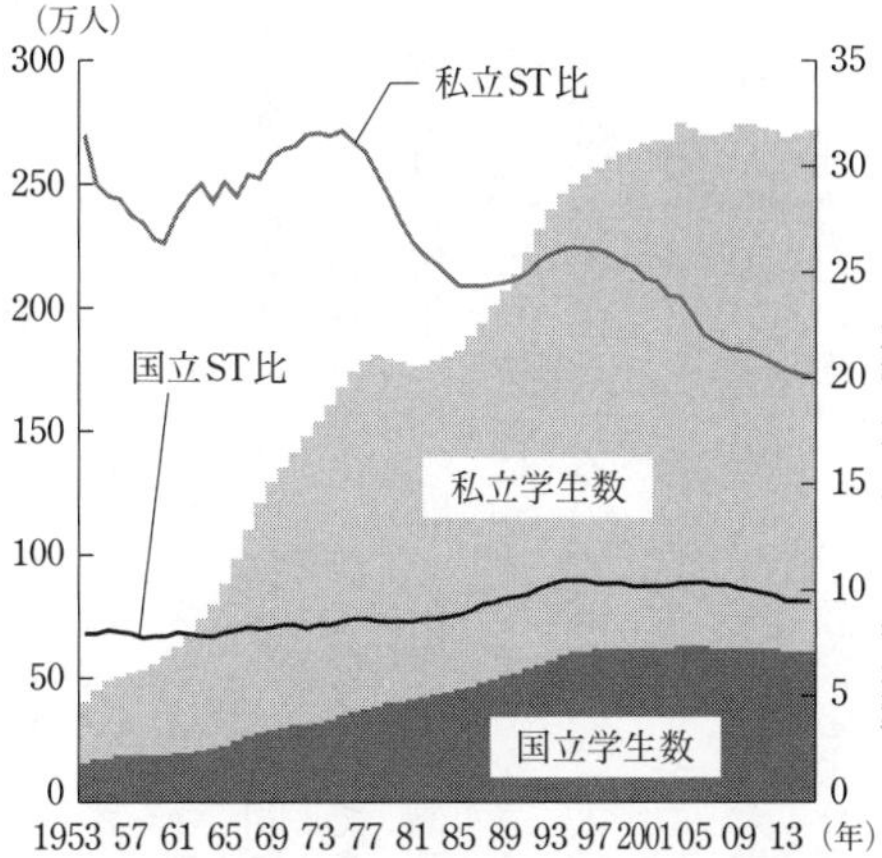

(出所) 西井泰彦「私立大学の経営と教員人件費」(『IDE 現代の高等教育』2017年10月号)より.

図序-2 国私立大学の学生数とST比の推移

むしろ大学経営の観点からすれば、現在のST比を維持したまま、オンデマンド配信型のオンライン授業を広げていきたいという誘惑は大きい。その場合、大学は何人かの有名人教授による大規模授業を配信して学生集めの目玉を作り、同時に基礎科目は大胆にオンライン化することで人件費を削減し、専門分野の授業もオンライン化してコンテンツビジネスを展開することになる。学生からすれば、目玉の授業や基礎科目をオンライン受講し、合間に在宅で出席可能で「単位が楽に取れそう」な選択科目に登録する履修パターンが浸透するだろう。結局、オンライン化は授業の質向上より、人件費削減と質の劣化に道を開く可能性もある。

ここに、コロナ危機が大学危機をさらに深刻化させていくリスクが見えてくる。オンライン化が大学を劣化させるのではない。大学教育のオンライン化には、非常に大きな可能性がある。だが、オンライン化を経営合理化やコンテンツビジネスへの展開にのみ役立てていこうとする方針を大学側が採択すれば、それは大学の自己否定にもつながりかねないのだ。いわばオンライン化は諸刃の剣で、大学教育をより高度化させるツールにも、またそれを劣化させる契機にもなる。ポイントは、大学が経営と教育の質向上のバランスのとれた方針をどれだけ確たる仕方で貫徹していく意志を持てるかである。

大学に、バブル崩壊が遅れてやってくる

もちろん、コロナ危機以前から日本の大学は深刻な危機にあった。それは、大学バブル崩壊の危機である。一九四五年の時点で日本に大学は五〇校もなかった。それが二〇一〇年代までに約七八〇校と、一六倍以上に激増した。新制大学発足後の五〇年と比較しても、約二〇〇校から七八〇校へと約四倍に増えた。大学生数は、四五年の約八万人から二〇一一年の約二九〇万人へと約三六倍である。大学院生数に至っては、統計がとられた最初の年である一九五〇年には一八九人だったのが、二〇一〇年には約二七万人となり、増加率では約一四三〇倍である。この間、総人口は、五〇年の約八三〇〇万人から、二〇一〇年の約一億二八〇〇万人と約一・五倍に増えただけである。一八歳人口は、ピークとなった一九六六年の約二五〇万人から二〇一〇年の約一二〇万人に半減している(図序-3)。戦後日本の大学は、同時代の人口増、八〇年代末以降の若年人口減少に比せば、あまりに不釣り合いな量的拡大を続けてきた。

とはいえ、一九六〇年代末まで続いた若年人口増に対応した大学の規模拡大を否定するのは難しい。しかし、七〇年の日本の大学数はまだ三八二校である。八五年に至っても四六〇校、大学生数は約一八五万人にすぎない。ところがその後、一八歳人口の急速な減少にもかかわらず、八〇年代末からの三〇年間で新たに三〇〇校以上の大学が認められ、学部学生数は二〇一〇年には約二九〇万人に達した。そして大学院生数は、一九八五年の約七万人から二〇一〇年

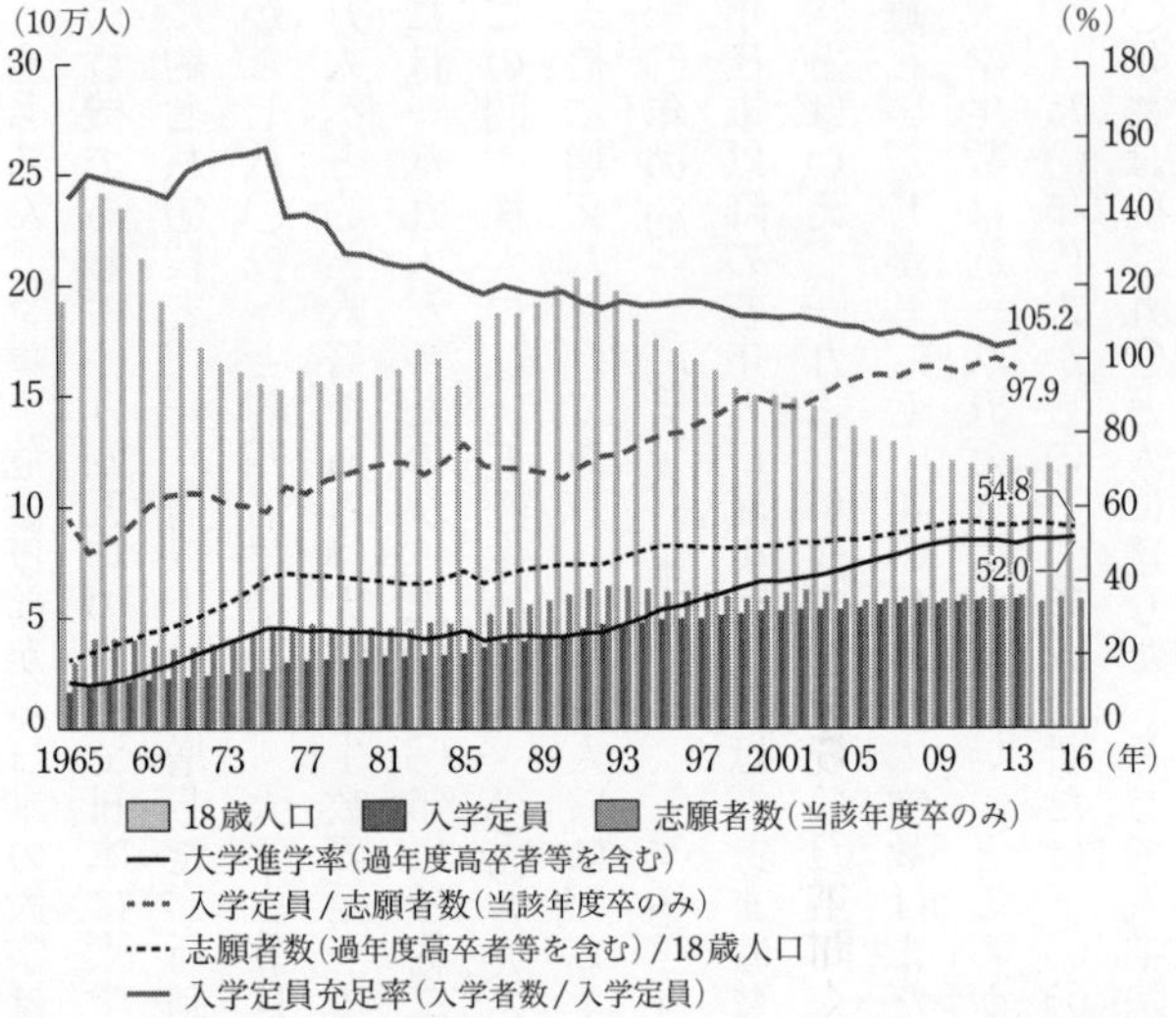

(注1) 志願者数，入学定員等はいずれも国公私立大学合計．
(注2) 入学者数，定員は一部推計．
(出典) 渡辺孝『私立大学はなぜ危ういのか』(青土社，2017年)より．

図序-3　18歳人口，入学定員と入学定員充足率の推移

の約二七万人へと約四倍に増加した。つまり今日では、四人に三人まで、八〇年代半ばまでなら大学院には進学しなかったはずの人々が大学院生となり、必死で学位論文を書いているのである。

入学者の母集団縮小に反比例して大学数や学生定員が増えていけば、自然と入口のハードルは低くなり、質の低下を避けられない。二〇〇〇年代以降、志願者数低下に直面した大学は、選抜方式の多様化や社会人学生枠の拡大、大学広報の強化といった志願者マーケティングを展開し、さらに学生の

就職活動支援を強めた。その努力は真摯なもので、そこに教職員の甚大な労力が投入されてきた。だがその一方で、この努力がいかなる皮肉な結果を生んでいくかを象徴したのが、学部名の「カンブリア紀的大爆発」である。全国の大学の学部名は一九九〇年の時点で九七種類しかなかった。ところがその後、九五年には一四五種、二〇〇〇年には二三五種、〇五年には三六〇種、一〇年には四三五種、一八年には五二六種に激増する。この過程を子細に見ると、グローバル化や高齢化といった動向を意識しつつ、それぞれの学部が生き残りをかけて口当たりのいいカタカナ語を工夫していった様子を見て取れる。しかし、その努力を貫いたのが学問理念とは乖離したマーケティング的努力であったため、学部名だけからでは、そこが何をしようとする学部なのかが想像もできないものも増えていった。

そしておそらく、このような必死の努力にもかかわらず、八〇〇校近くまで膨れ上がった大学の少なからざる割合が、これから二〇年間くらいの間に淘汰されていかざるを得ないのである。二〇一七年に約一二〇万人だった日本の一八歳人口は、三〇年には約一〇五万人、四〇年には約八八万人に減少する。人口推計は確度が高いから、この減少はもはや避けられない。つまり、約二〇年後には、大学進学者予備軍となる一八歳の日本人は、確実に現在の四分の三に縮んでいるのだ。様々な理由から、大学進学率もすでに限界に達していると考えられるので、学生定員もやがて現在の四分の三に絞り込まざるを得ない。つまり、理論的には、現在の約八〇〇校のうち約二〇〇校近くが、遠くない未来、存続困難に陥っていくのである。

小川洋は、全国の私立大学で「定員割れ」がどう推移してきたかを詳細に分析し、すでに持続可能性を失った「限界大学」の全貌を浮かび上がらせている（『消えゆく「限界大学」』）。いうまでもなく、この命名は「限界集落」から来ている。六五歳以上の高齢者が集落の人口の半数以上を占めるようになると、ほぼ必然的に、その集落は人口の再生産能力や集落機能の維持能力を失い、やがて過疎を通り越して消滅へと向かっていく。

同じように、大学も定員割れがある限度を超すと、ほぼ必然的に、いくら努力しても自力では定員充足状態に戻ることができなくなり、やがて公立化か他校への吸収合併、それができなければ閉校しか道がなくなっていくのである。小川は具体的なデータに基づいて、「経営上の採算ラインの目安と言われる入学定員八〇パーセントに満たない充足率にまで陥った大学の大部分は、定員割れ状態からの脱却はほとんど不可能」なことを示す。渦中の大学では生き残りのために教職員が必死の努力を重ねるが、入試の簡便化やAO入試の大胆な導入、オープンキャンパスや頻繁な高校訪問などでは劣勢を挽回するのは不可能なのだ。

小川が「定員割れ」と定義するのは「充足率九〇パーセント未満の大学」である。小川は、このカテゴリーの大学を、開設時期、設置者、設置地域などの観点から解析し、大学の持続可能性という観点から重大な問題が、一九八〇年代後半以降の大学政策にあったことを明らかにしている。この時期、規制緩和の流れに加えて第二次ベビーブーム世代のピークが九一年に来るのに備え、文部省は各大学に臨時定員の設定を認めた。同じ頃、相対的に歴史の浅い短大が一挙に大学化し、大学数も学生定員も急増を続けたのだ。そしてこの膨張部分で、人口減の社会において定員割れが深刻化している(図序-3、図序-4)。

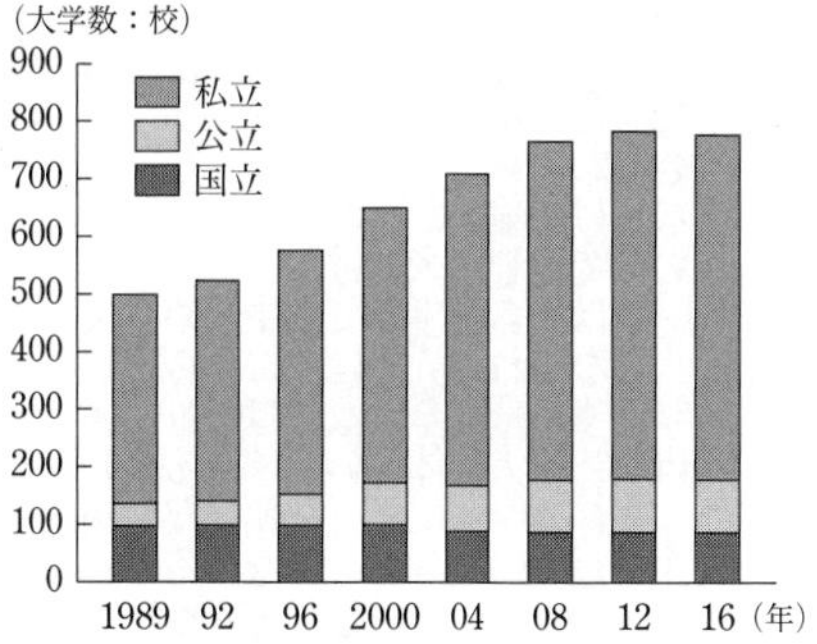

(資料) 文部科学省「学校基本調査」より作成.

図序-4　膨れ上がった大学数

　今のところ、定員割れの深刻さに比べ、実際に破綻した大学の数は少ない。多くの場合、新設の小規模大学は小中高校を経営する学校法人の傘下にあり、この法人が大学の赤字を補塡しているからだ。法人にとって大学は地位の象徴でもあり、経営的には負担でも、なんとか大学を存続させている。しかし、この補塡の継続は、高校以下の経営が安定していればこそできることで、若年人口が減り続ける日本では、小中高校のレベルでもやがて危機が来る。そのときに、法人は真っ先に大学を切り捨てる判断をするに違いない。

もちろん、文科省の指導下で、この大学淘汰は「学生を守る」趣旨から複数大学の統合や公立化として進められるだろうから、企業倒産のような露骨な形はとらない。大学が閉校になる場合でも、学生には移籍などの措置が取られるはずだ。しかし、このことは大学教職員にも当てはまるわけではない。そして、もし今後、本当に一〇〇を超える大学が次々に消えていけば、そのことが大学界全体に与えるインパクトは大きい。短期的には、大学はますます「経営」の観点から論じられ、大学のビジネス化が強まっていくだろう。だが、その先に明白なビジョンがあるわけではなく、経営の論理に支配される大学は、企業的な視野を超えて新しい大学像を樹立できない。大学は、企業とは根本的に異なることが十分に認識されないのだ。

自らの首を絞め続ける大学の苦悩

人口構造の変化を無視するかのような大学数や学生数の増加、学部名称の爆発的多様化という一九九〇年代以降の動きを貫いていたのは、新自由主義的な規制緩和路線である。この路線は、様々な仕方で平成の大学史を貫いてきたのであり、いわゆる三大改革、すなわち大学設置基準の大綱化と教養教育の空洞化、大学院重点化と大学院の質の低下、国立大学法人化と大学間、分野間の格差拡大がその代表である。これらの上からの「改革」は、いずれも高等教育政策が旧来の許認可主義から補助金行政に軸足を移していくなかで生じたことで、その結果、大学の未来全体は、新自由主義的市場システムの手に委ねられていくこととなった。

強調しておくべきなのは、このような変化が、大学の内部、各々の学部教授会や教員によって支えられ、結果的には推進すらされてきたことだ。大学設置基準の大綱化では、「教養」と「専門」の境目についての規制が緩和され、「専門」と学部や学位の名称との対応でも自由度が拡大した。その結果、それまで専門教育課程の教員から「差別されている」、一般教養教育に「縛り付けられて」いると感じてきた教養部の教員たちが専門教育に軸足を移し、結果として教養教育が空洞化した。大学院重点化にしても、これに積極的な期待をしたのは大学側であり、狙いは教員一人当たりの基準予算の増額であった。その結果、大学院の門戸が大きく開かれ、大学院全体の大衆化が進んだ。かつては学部後期課程や卒論指導でしていたようなことを、今は大学院修士課程でするようになり、逆に学部課程の空洞化が進んでもいる。

そして国立大学法人化は、他の国立組織と同様の民営化路線の結果である。様々な規制緩和がこれに続くが、その結果、富める者はますます富み、貧しき者はますます貧しくなった。大学問では、東京大学をはじめとする旧帝国大学の多くは、国から離れても必ずしも困窮はしない。しかし、地方国立大学の困窮は深刻で、このことは中央と地方の格差拡大をますます助長する。他方、大学内でも、企業から資金を集めやすい工学系や医学系が膨張する一方、人文社会科学系の基盤がますます苦しくなり、既得権益を守ることに関心が向かっていく。

国の高等教育政策は、すでに軸足を「許認可」から「補助金」に移動させているので、「大学の自主的判断」や「学長のリーダーシップ」が頻繁に強調される。規制緩和は、表向きには「官」が「民」に決定を委ねる変化の一環だからだ。しかし、その「民」はすでに疲弊し、補助金目当ての競争が激化しているので、少しでも現状の苦しさから脱しようと国の意向に国立大学時代以上に敏感になる。

かつてならば、文部省の規制や指導に反発する動きが大学教員側に根深くあったと考えられるが、自分たちで決めてくださいと言われてニンジンをぶら下げられると、総じて教員たちは一生懸命、そのニンジンの獲得を目指して走り出した。反発は表には示されず、教員たちは研究や教育の時間を削り、申請書やプレゼンの入念な準備に没頭していった。そして大学や学部の執行部は、国が出す情報の一語一句を丁寧に読み取り、申請を採択してもらおうと頻繁に霞が関通いをするようになった。結果的に、国の意向を過剰なまでに忖度するプランが各大学の自主性と学長のリーダーシップによって提案され、それらがさらに競争するなかで予算が分配されていくので、国主導ではない国策的な大学の横並び状態が一層深刻化した。
新自由主義的グローバル化も金融バブルも、カタストロフへの道を用意したのは過剰な膨張である。大学の場合、規制緩和のなかで人口減少とは不釣り合いな大学や学部の新設、学生定員増が行われ、やがて一部の大学では経営が立ち行かなくなる。一方では新入生を獲得するために、他方では補助金を獲得するために、多くの大学で、教員たちの本来の研究や教育が疎かにされていきがちになる。問題は、未来へのビジョンの決定的な欠如である。大学教育をトータルにどう変えていくのかの明確なビジョンを欠いたまま、各大学、各教員が目先の必要から激務をこなし、疲弊してゆく。大学教員も普通の人間だから、教育も、研究も、外部資金獲得も、委員会業務もすべて完璧にというわけにはいかない。それでも組織業務は回っていくから、目前で要求される組織業務のために、だんだん個人の時間が失われていくのである。

大学は企業のように「経営」されるべきなのか？

問題の根本がどこにあるかといえば、大学が企業と同じような論理で、教育がモノづくりやそのマーケティングと同じようなフレームで扱われるようになったことだ。大学は、まず何よりも「経営」されなければならず、学長は優れた「経営者」にならなければならない。ガバナンスやアカウンタビリティ、PDCA、ベンチマーク、ブランディング、見える化など、企業の経営管理上のモデルが次々に大学に導入され、教職員にリスク管理やコンプライアンスが徹底されていくようになった。大学は、いい加減だがクリエイティブな空間から、息が詰まるほどに管理され、なおクリエイティブであれと脅迫される空間に変化していったのだ。

話が複雑なのは、大学は学内の実務的な物事の進め方で企業を見習いながらも、その権力構造の根幹はいささかも変化させなかった点である。「根幹」とは、要するに学部教授会のことだ。この権益集団は、本書で述べる「移動の自由」を基盤にした教師と学生の協同組合とは似て非なるものである。そもそも教授会の意思決定に学生が関与することはないし、大学職員も、「特任」や「客員」、「非常勤」といった条件の付いた教員たちも関与することはない。

教授会とは、大学を構成する一部の教員で構成され、とりわけ自分たちで管理する教員ポストの配分を調整することを共通権益としている団体である。もちろん、教授会は学生への学位授与や単位認定など、他の多くの業務もするから実質的権限は広範囲に及ぶが、構成員の目の色が変わるのは、教員の人事上の案件やその組織の長(学部長)の選出が審議される瞬間である。いずこも同じ、人事が組織を動かすのであり、その先に何かがあるわけではない。

たしかに法人化後の国立大学では、教授会の権限は限定的なものとされた。しかし、一部の私立大では理事会が強大な力を持つのに対し、国立大をはじめ多くの大学では、教授会に代わり意思決定の基盤となり得る強固な仕組みがあるわけではない。結果的に、一方では教授会の力が弱まり、他方で国も大学の「自主性」を強調するとして表向き身を引くと、そこに権力の空白が生じることになる。文科省的には、ここで「学長のリーダーシップ」が強調されるわけだが、その「学長」を選び、支えるのは教授会相互の利害調整システムである。その教授会は、個々の教員のハビトゥスの集合なので、なかなか伝統的な発想や物事の決め方から抜け出せない。結果的に、多くの大学で野心的な大学改革が必然的に失敗する構造が生まれる。なぜならば、執行部が学内秩序に大手術を加えようとすれば、基盤の教授会から必ずしっぺ返しを受ける。しかし、その基盤はすでに不安定なので、長期の展望を生み出せるわけではない。

結局、既存の仕組みを超えて大学で何かをしようとする者は、国に代わる支援者を探し求め始める。こうして二〇〇〇年代以降、国家の後退と財界のせり出しが進んだ。この主役交代に、大学も国も異を唱えなかった。むしろ交代で利益が見込める大学人はこれを推進したし、文科省も自らが舞台裏に退くことを前提に政策転換を進めた。

財界はそこで大学に何を求めたのか。もちろん、個別には様々な研究開発案件があり、それらは寄付講座や共同研究事業で進められただろうが、総体として経済界が大学教育に求めたことは、いたって常識的な内容である。たとえば経団連は、産業界が大学で育成すべきと考えているのは、「創造性、チャレンジ精神、行動力、責任感、論理的思考能力、コミュニケーション能力、忍耐力、協調性」等で、とりわけリベラルアーツの素養や地球規模課題や世界情勢への関心のある学生であるとする。産業界自体が、「倫理・哲学や文学、歴史などの幅広い教養や、文系・理系を問わず、文章や情報を正確に読み解く力、外部に対し自らの考えや意思を的確に表現し、論理的に説明する力」のある学生が何よりも大切だとしているのである(『今後の採用と大学教育に関する提案』二〇一八年)。これらは本来、大学が自ら主張すべき内容で、産業界は企業利益に敏感なだけの学生を求めているわけではまるでない。

そうだとすると、大学で近年、企業と同様の経営原理が強調され、推進されてきたのはなぜか。産業界は大学に、必ずしも企業と同じようになれとは言っていない。しかし、多くの大学は、自分たちももっと企業のようにならなければならないと考えてきた。そして、企業経営的な手法が盛んに取り入れられ、大学は何よりも「経営」されるものでなければならないと、多くの大学人が思い込んだ。つまり、目的と手段の取り違えが広範に起きたのである。大学に、企業経営的な手法が取り入れられること自体が問題なのではない。だがそれは、あくまで手段であり、目的ではない。目的は、いかなる教育の仕組みを整え、どんな学生を育て、どのようにして創造的研究を生み出していくかのビジョンでなければならない。そのために必要があれば、企業経営的な手法が導入されよう。しかし、そうした手段云々以前に、まず教育と研究についての明確なビジョンが、それぞれの大学で共有されていなければならない。

逆に言えば、ビジョンをめぐる徹底した議論や共有なしに、徒に「企業経営」というモデルが大学の新たな目的であるかのように導入されることは、本末転倒以外の何物でもない。そうして大学が効率化や生産性、卓越性だけを追求した先で残るのは、精神の荒廃でしかないだろう。そしてこの大学における精神の荒廃は、何よりも大学教師たちの意識の企業化として現れることになる。大学教授であることが、まるでベンチャー企業家であるかのような意識が浸透していき、器用な教授のところには大きな研究費が集まるようになり、短期雇用の若手研究者が雇用されていく。大学という場の価値が企業のそれと区別のつきにくいものになっていくから、そもそも経団連が述べていたような大学の規範から、大学の実態は大きく乖離し、むしろ企業そのものに近い価値観が蔓延していく。悪貨は良貨を駆逐するのである。

大学入試にしか関心のない日本社会

このようにして深刻な仕方で進んできた日本の大学のあり方のなし崩し的な変化に、日本社会はほとんど無関心だった。大多数の日本人にとって、大学への関心とは専ら大学「入試」への関心である。「入試」は、膨大な数の受験生や中高生、その両親のみならず、受験産業、中学高校の教師、それを取り巻くメディアの複合システムとして社会全体に根を張っている。しかし、その「入試」の先にある大学の教育課程やその改革努力に一般の人々が関心を持っているわけではない。人々は、入試が終わればもう大学での学びは終わったかのように思いがちだし、大学改革を大学入試改革と混同しがちである。つまり日本社会は、「大学」ではなく大学「入試」に社会全体が関心を向ける日常意識を自明化しているのである。

これは、本末転倒ではないか――。ごく最近も、英語入試で民間試験を導入するかどうかの議論で大騒ぎが起きた。「入試」は世間の大学に対する最大の関心事なのだが、しかし実は大学の根本問題ではない。入試を大改革しても、今以上に日本の大学教育が良くなるわけでも、本書で論じていく諸問題が解決するわけでもないのである。そもそも中堅以上の水準とされる大学は、入試で失敗してきたのでも、入試制度が悪いから学生が勉強しないのでもない。入試突破直後の日本の高校生の学力は、世界的に見て高い水準にある。ところが、日本の大学の根本的問題は、その入学者たちの知的ポテンシャルを十分に伸ばせてはいない点にある。

それにもかかわらず、一般に人々が大学について関心を向けるのは、何よりも「入試」であるため、大学教育を根本から問い返し、その成り立ちを構造改革するという回りくどい道は、なかなか関心を集めない。悪循環である。人々は、大学の内部で起こることはカッコに括り、外からでも見えやすい目先の問題である入試を変えることで大学が変わるかのような幻想に飛びつきがちになる。メディアがそれを煽るという面もあろう。しかし本当は、入試をあたかも大学の根本問題であるかのように受けとめてしまう社会の常識にこそ問題の根本がある。

この本末転倒は、ある必然をもって生じている。日本社会の「常識」からすれば、「大学」とは、若者が「高校」と「就職」の間で通過する数年間の通過儀礼である。多くの中高生やその保護者が大学受験をまるで人生の目標であるかのように思い込むのは、それがこの通過儀礼に参加するための関門だからであり、試練に耐えて儀礼に参加すれば、その先の人生も決められたルートに乗ると信じられてきたからである。ここでは人生が、まるで学力によって振り分けられる単線的な未来の集合となる。本当は、未来はそのような直線の延長上にあるのではないし、一人の人間の人生にも複数の未来が絡まり並存している。大学は、そうした複数の未来との出会いの場としてこそ価値を持つはずだが、小学校から中学、高校までの直線と、新入社員から定年退職までの直線を繋ぐのが大学入試なのだという「常識」が、いまだに支配的なものであり続けている。人生が二つの線分だけから成り立っているのなら、入学から卒業までの数年間は、第一の線分から第二の線分に移行するためのモラトリアム期間でしかない。

昨今では、こうした直線的成長の人生モデルに、より消費社会的なモデルも付け加わっている。とりわけこれは大学院重点化や外部資金の拡大という流れのなかで顕著であり、上位校の大学院や大学教授職が当人の格付けを上げるラベルとして使われていく傾向が強まった。一方では大学院を重点化した大学で、学生定員を埋めるために入学のボーダーラインを下げざるを得なくなり、これに応じて「学歴ロンダリング」と批判される現象が生じていった。文系の場合は学部から修士、理系の場合は修士から博士に進学する優秀層が減少し、定員とのギャップを他大学出身者が埋めていくのが常態化したのである。こうして学部では東大に入れなくても大学院なら楽々合格し、あるいは学部では慶應に入れなくても大学院なら楽々合格する。だから自分の学歴をアップグレードするために大学院進学が使われるケースが増えた。他方、運営費交付金が減らされ、外部資金によるプロジェクトが膨らんでいったために、客員や特任などの教授職が激増し、「大学教授」が地位の商標として使われていくようにもなった。

グローバル化と日本の大学の存在感低下

こうした変化と並行して、二〇〇〇年代以降、世界のなかで日本の大学の存在感が顕著に低下してきた。これには大きく二つの理由があったと考えられる。第一は、グローバル化が急速に進んだ世界の大学教育に、日本の大学の仕組みが適応できていないことである。そして第二に、日本の大学教育の水準自体が、この二〇年余りで劣化した可能性もある。大学や大学院が水ぶくれするなかで、戦後を通じて維持されてきた大学の知的水準が、もはや維持困難になっているのかもしれない。この世界標準への不適応とクオリティ自体の劣化という二つの理由によって、日本の大学は、グローバルな地平で存在感を希薄化させてきたのではないか。

このことを何よりも象徴するのは、いわゆる世界大学ランキングにおける日本の諸大学の順位の下落である。THE（Times Higher Education）の場合、二〇一一年から一九年までに、東大は二六位から四二位、京大は五七位から六五位に下落し、二〇一一年には二〇〇位以内に入っていた東京工業大学（一一二位）、大阪大学（一三〇位）、東北大学（一三二位）は、いずれも圏外の順位となった。二〇〇七年、第一次安倍晋三政権下で教育再生会議は、「今後一〇年以内に、定評ある国際比較において、我が国の大学・大学院が、世界の上位一〇校以内を含め上位三〇校に少なくとも五校は入ることを目指す」と豪語したが、実際はまったく逆の展開となった。その六年後、第二次安倍政権は「日本再興戦略」で、「今後一〇年間で世界大学ランキングトップ一〇〇に一〇校以上を入れる」としたが、この目標も達成されない。現実には、世界的な

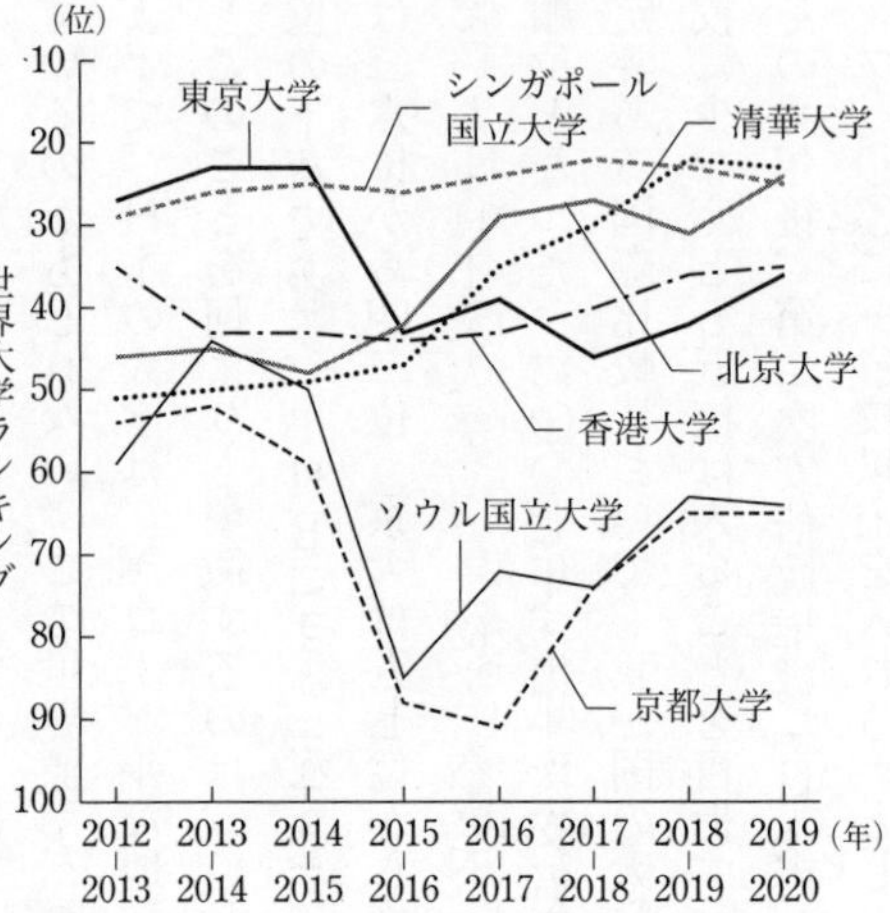

（出所）Times Higher Education World University Rankings より作成.

図序–5　アジアのトップ大学の世界大学ランキング推移

基準での日本の大学の地位は二〇〇〇年代以降、大きく落ち込んでいった（図序–5）。

もちろん、世界大学ランキングは、評価の仕組みそのものが英語圏の大学に有利になっているという指摘は前からある。ハーバード、スタンフォード、ＭＩＴ、オックスフォード、ケンブリッジ、プリンストン、イエールなどの大学がいつも上位を独占しており、英語圏中心の尺度になっていることはいくらでも批判できる。そもそも大学の価値をこのような一元的尺度で順位づけすること自体、大いなる本末転倒との批判も正当なものだ。それにもかかわらず、日本のトップ大学が二〇一〇年代を通じて概して順位を下降させてきたのに対し、他のアジア諸国のトップ大学は、むしろ順位を徐々に上げてきていることも軽視すべきではない。

たとえば、前述のＴＨＥの順位では、二〇一一年には五八位と、同年には二六位の東京大学より下位にあった中国の清華大学は、一九年には二二位にまで順位を上げ、四二位となった東京大学と順位を逆転させている。平成の三〇年間に日本のトップ企業が資本規模で中国や台湾、韓国の企業に取って代わられていったのとよく似たことが、やや遅れて大学でも起きているのだ。ちなみに清華大学だけでなく、二〇一一年から一九年までに、シンガポール国立大学は三四位から二三位、北京大学は三七位から三一位と東大の順位を追い越していった。

この変化は、英語圏有利という世界ランキングの仕組みを非難して済む問題ではない。日本の諸大学は、他のアジア諸国の大学が努力し、成功してきたような国際標準への適応に失敗したし、教育研究の成果においても他のアジア諸国のトップ大学に後れをとるようになっていった。たしかに二〇一〇年代を通じ、国は日本の大学のグローバル化のために大規模な補助金政策を展開した。その代表が、一四年から始まった「スーパーグローバル大学創成支援事業」である。これは、教育再生実行会議の提言を受け、三七の大学を選び、一〇年間で世界大学ランキング一〇〇位以内に日本の大学が一〇校入ることを目指すというものだった。

だが、この目論見は成功していない。理由は様々にあるが、補助金制度自体に埋め込まれていた「タテマエ」と「ホンネ」の使い分けに問題点は集約されている。すなわち、この事業では日本の大学の「国際的存在感を高める」ために、英語による授業の増加とそれを担う外国人教員の「積極的採用」が目指された。ところが、補助金申請で書き込む「外国人教員等」には、「外国で通算一年以上三年未満の教育研究歴のある日本人教員」も含まれることになっていたのである。これでは、在外研究などで一年、海外に出た経験のある教員の多くを含めることができてしまう。国際的に通用する研究実績や教育経験がなくても、それどころか英語で本格的な議論をする能力が不十分でも、この要件を満たす教員は日本の大学にいくらでもいる。

そもそもの姿勢が中途半端だから、結果も芳しいものになりようがない。文科省的には「タテマエ」の数字に徹することで、あたかも目標が達成されたかのような体裁を取り繕うことは可能である。しかし実際には、大学組織の面でも教員の意識の面でも、主要大学の中核部分は何も変わっていないから、グローバルな地平で評価を受ければ、他のアジア諸国の大学に後れをとっていく。シンガポールや香港の大学はそもそもグローバルであり、中国や韓国の大学政策のグローバル化への努力は日本よりもよほど「本気」である。これらに比べ、日本での大学グローバル化のための諸政策は、必死さからよりも義務感から出ていることが多い。

この中途半端さは、学生たちの進路選択とも呼応している。要するに、日本の上位校に在籍していれば、海外留学など行かなくても、英語をほとんど話せなくても、概して立派な就職ができると信じられているのだ。経済の流動化で就職がますます不安定化するなかで、この誘因は大きく作用する。真面目な学生であればあるほど、一年間、卒業を遅らせても海外経験を積もうという選択肢はリスクに見える。こうして日本人の海外留学は、二〇一〇年代を通じて減り続けた。アメリカのトップ大学では、大量の中国人留学生がキャンパスを闊歩し、教室では韓国人留学生が流暢な英語を話す。ところが日本からの留学生は、数においても、発言力においてもすっかり姿を消してしまった。グローバル化の拡大が、グローバル化への対応能力を縮減させていくという逆説的な構造に、現代日本の大学生たちは置かれているのだ。

つまり、日本の若者が海外留学に消極的なのは、彼らに向上心がないからではない。むしろ将来の人生を冷静に計算する者は、無理をして海外に出ることは得策ではないと判断しているのである。同様に、韓国や中国の若者たちが海外留学に積極的なのは、そのほうが将来の人生にとって得策だと彼らが計算しているからである。若者たちの思考様式は同じだが、まったく逆の行動選択をもたらしている。この反転は、社会の側の制度的構造の効果である。

第二世代の大学が迎えつつある死とは

近現代の歴史を通じ、日本の大学はいくつかの構造的な転換期を経てきた。最初は一八八〇年代で、一方では帝国大学が誕生し、他方では法律系や医学系、語学などの私学が次々に誕生していった。第二は一九一〇年代から二〇年代にかけてで、一九一九年に大学令が施行され、第一次大戦後の大衆化のなかで大学の意味が大きく変化した。第三は、戦争末期と四九年の新制大学発足を契機とした大学拡張期である。そして九〇年代以降の大学改革とその顚末が、第四の転換期に当たる。もちろん、この第三と第四の転換期の間には、六〇年代末の大学紛争の時代があったわけで、これも含めて五つの転換期とすることもできる。しかし日本の場合、六〇年代末の紛争は、四〇年代に始まった戦後体制の破綻という面が強く、また紛争の結果、新しい大学の実現に至った面が弱いため、転換期と呼べるのかどうかに疑問がある。

いずれにせよ、一九九〇年代以降の大学の変容は、こうした近現代日本における数度の大学の構造転換の、今のところ最後の転換期である。この転換は何か新しい秩序の「誕生」をもたらしたというよりも、これまで維持されてきた第二世代の大学秩序の「崩壊」をもたらしていったという面のほうが大きい。換言すれば、九〇年代以降の転換期を経て日本の大学が向かっているのは、戦後日本の大学システムの崩壊というだけでなく、一九世紀初頭に復活した第二世代の大学が、国民国家の後退のなかで緩やかな死を迎えていくプロセスである。

日本で大学をこうした死に向かわせる最初のモメントは、すでに述べた「大学の過剰」、つまり人口構造に比して不釣り合いな大学膨張である。高校を卒業した同質的な世代に教育を施す機関としての大学は、そう遠くない未来に大きく数を減らしていかざるを得ない。

しかし、日本での大学の死は、人口構造的な要因だけによるのではない。グローバル化への対応の遅れも大学を困難な位置に追いやった。日本の主要大学では、海外大学に依存しないでも優秀層の再生産が可能だった。そして戦後日本には、比較的大きな高学歴層のための人材市場があったので、海外留学が人生の優先課題とはならなかった。恵まれていたので、危機の到来が遅れたのだ。その結果、世界的にグローバル化への流れが強まる九〇年代以降も、世界とは異なる時間を日本の大学は生きてきた。この世界とのずれが本格的に問題となるのは二〇〇〇年代以降だが、ポストコロナ時代にはさらに問題は複雑化するだろう。

さらにより根本的には、大学の第二の死は、大学とは何かという根本の理念が見失われ、大学教育の質が不可逆的に劣化していくことでもたらされる。量的な過剰やグローバル化、さらにオンライン化は、今日の大学を第二の死に至らしめる可能性も、またその逆方向への転換を促す可能性もある。ポイントは、危機の先で向かうべき大学の姿、未来の大学へのビジョンが、大学教職員と学生、社会によって共有されるか否かである。しかし社会の大多数が大学「入試」にしか関心のない日本では、そうした共有化は望み薄である。

他方でもし、大学の理念が社会に広く共有されるなら、量的過剰やグローバル化、オンライン化は未来の大学への契機となる。実際、大学が量的に過剰なのは日本だけではない。今日、アメリカには約四〇〇〇校、中国には約一八〇〇校、ロシアには約一〇〇〇校の大学があるとされる。全世界の大学を合計すれば、その数は約一万八〇〇〇校にも及び、学生数は二〇〇九年の時点で約一億七〇〇〇万人とされる。全世界には、二億人近い大学生や院生がいるのだ。これほどの高学歴層は、約七〇億人とされる世界人口に比して、すでに過剰である。

過剰さは、しかし創造の原基でもある。実際、この全世界に散在する膨大な数の大学や大学生が、感染症パンデミックの最中にあっても、多くはインターネット回線を使いながら日々交信し、無数の発話を生み出している。彼らの多くは、スマートフォンやパソコンの最も先鋭なユーザーであり、多少は英語ができる。そしてパンデミックが始まるまでは、留学や旅行のためにエコノミー料金でグローバルに移動をしていた。つまりグローバル化は、金融や産業分野でだけでなく、文化や知の世界でも生じている。大学は、これらの次元でのグローバルな地景の主要な担い手である。だからこそ、パンデミックのなかで世界経済が苦境に立たされているのと同様、大学も封鎖や隔離とは相容れない存在として困難に直面している。

こうして今や大学は、その存在の基盤を徐々に国民社会から地球社会に移行させせつつあるのである。中世的な都市ネットワークを基盤に誕生した第一世代の大学は、そうした汎ヨーロッパ的ネットワークの分断とともに衰退していった。やがて国民国家を背景に発展していった第二世代の大学は、グローバル化のなかで変容しつつある。その第二世代の大学が黄昏を迎えた先にある第三世代の大学は、間違いなく地球社会を基盤とする大学となる。

この大学は、一面で第二世代よりも第一世代の大学に似ている。オンラインであれ、地理的移動であれ、地球大に広がる都市ネットワークを基盤に交流し、接触し、対話することが、大学という営みの基軸を成していくはずだ。しかし他方で、大学の第一世代と第三世代の間には、ある重大な違いがある。今のところ、第三世代の大学には、かつてのローマ教皇や神聖ローマ帝国皇帝に相当するような安定的な超越的権力が存在しない。たしかに地球大の経済権力としては、GAFA企業の影響力は巨大である。他方、国連やEUなどの超国家的機関も未来の大学と関わる重要なアクターとなる。だが、これらのいずれも、中世に教皇や皇帝が保持したような安定的な超越性を持ち得ない。地球社会の価値が多元的に分裂しているからだ。

第三世代の大学は、当面、地球大の超越的価値よりも、地球大の危機で結びついていくことになるだろう。現在のパンデミックはその典型だが、気候変動や移民・難民、ネット上の情報管理や国際租税といった多数の問題で、二一世紀の地球社会は共同で解決すべき深刻な課題に直面し続ける。成長の限界に達したグローバル資本主義は、その内部に無数の矛盾や困難を発生させ続けるのだ。大学は、そうした課題に挑戦する知的アクターとなっていく。

だが、それで終わりではない。地球的に共有される価値という問題が残る。第一世代、第二世代を通じ、リベラルアーツや哲学が問うてきた自由と価値の問題は、大学が大学である根幹である。第一世代の大学は、リベラルアーツを通じて自由なヨーロッパ人を育て、第二世代の大学は哲学や人文学を通じて自由な国民を育てた。第三世代の大学の使命とは、世界哲学や世界人文学、様々なリベラルアーツ的な知を通じて自由な地球人を育てていくことだ。

この遠大な課題に挑戦できる主体が、八〇〇校近くもある日本の大学のなかに果たして存在するだろうか。学部や学科の殻が固く、入試と就活に挟まれた通過儀礼でしかなく、社会人学生もわずかで、グローバルな学生の流れも生み出せていない日本の大学は、パラダイムシフトの只中でますます存在感を希薄化させていく可能性も高い。だからこそ、誰かが、どこかで殻を破り、垂直から水平へ、単線から複線へ、通過儀礼からグローバルな知的移動のハブへと日本の大学を転換させていく、その第一歩を踏み出さなければならないはずなのだ。

第一章

大学はもう疲れ果てている

——疲弊の根源を遡る

大学は疲れ果てている

今日、大学は疲れ果てている。予算の多寡にかかわらず、またその大学が置かれている社会的地位にかかわらず、多くの大学から教職員の悲鳴が聞こえる。かつて、大学教授はまるでヒマを持て余している、ちょっと講義をして、あとは会議を適当にサボり、自分の好きな研究に没頭できる職業であるかのように思われていた。実際にそんな「優雅な」生活が果たしてどれほどあったのかはともかく、今日の大学教員の毎日はまるでそんなものではない。

今日の大学教員は、一昔前までの教員と比較したら、はるかに真面目に授業をしている。とりわけ大学院博士課程を修了したかしないかの若手研究者は、非常勤講師の職にすら簡単にはありつけない状況となり、安い給与で多人数の学生を教える授業に日々、膨大な時間を割いている。常勤教員となれば、今度は授業に加え、無数の委員会出席や管理業務や評価業務への対応、各種の報告書作成、神経を使う入試業務、FD（ファカルティ・ディベロップメント）関連の講習会出席やハラスメントやコンプライアンス関連の案件対応、さらには外部資金獲得のための申請書作成、その予算処理と雇用管理、成果出版、加えて日々やり取りされる細々したメー

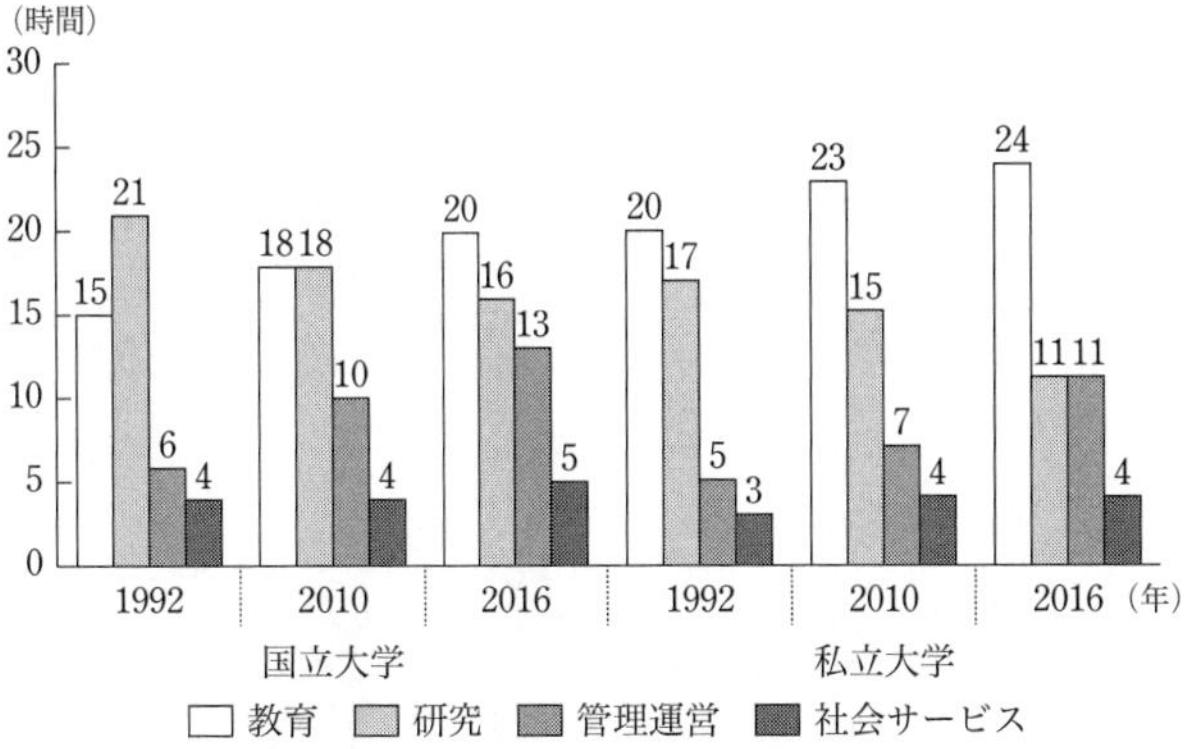

(出所) 藤村正司「研究生産性——研究費, それとも研究時間?」(『IDE　現代の高等教育』2017年10月号)より.

図1-1　1週間の大学教員の平均仕事時間の推移(学期中)

ルへのきめ細かな対応で、ほとんどあっという間に一日、一週間、一学期が過ぎていく。

要するに、目先のことに追われ続け、知的に蓄積できる時間がないのである。それでも外部からは、大学の研究力が低下している、大学教育は大切だが、授業がつまらないという学生が多いといった批判の声が聞こえてくる。ここ二〇年以上にわたり、日本の大学の研究力が低下してきたのはおそらく事実だが、それはつまり大学教員が研究に集中できる時間がどんどん減少してきたからなのである(図1-1)。授業が「つまらない」ことや、日本の大学で教員たちの教育力がなかなか向上していないのも、その大きな原因は、教員たちが授業を準備する時間を十分とれないことにある。忙しすぎて教育力も高まりようがないのである。

学生たちにしても、大学生活が優雅なモラトリアム時代であったのは過去の話である。今日の学生は、一昔前までの学生よりもはるかに真面目に授業に出席している。多くの学生が予習も復習もしないのは今も同じだし、授業に出席した学生は、必ずしも身を入れて教師の話を理解しようとしているわけではない。ただぼーっと、時にはスマートフォンをそっと眺めながら出席点を得るために教室にいる学生も少なくない。それでも多くの学生が、少なくとも出席はしている。そして彼らは、大学からの諸々の指示には従順である。しかも彼らは、大学三年、四年を就活に向けた時間として過ごす。入試が終わり、少しは大学生活に慣れてきたと思ったら、もう就活である。大学生活が、人生の既定路線をすっかり変えてしまうほど大きな人や出来事との出会いの時間となる可能性は、かつてよりもはるかに小さくなっている。

さらに疲れているのは、大学の教員や学生だけではない。職員では、定員削減で多くの業務が特定の職員に集中する傾向が続いてきた。現場では、多くの非常勤職員が雇用され、なんとか日々の業務が処理されている。しかし、国立大学をはじめ多くの大学で、コアの職員は数年単位で異なる職場を異動していく。一つの職域を究めていくのでは昇進が難しいからだ。結果的に、いわゆる正規雇用で昇進していく職員よりも、非常勤雇用の職員のほうが、それぞれの分野の仕事に詳しく、しばしば有能であるという事態が生じがちになる。しかも、社会の流動化や複雑化に応じてルーティンではこなせない領域が増えたが、そうした発展的な活動を持続可能にしていくには不可欠なはずの分業化や専門職キャリアの確立も進んでいない。つまり、昔ながらの人事の仕組みが温存される一方、新しい機能への対応の必要に迫られるから、「非常勤」や「特定有期」といった仕方で専門職的な人材が雇用され、予算的措置がとられる一定期間は、それらの職員の必死の努力で新規事業が支えられていくことになる。

現在は、明らかに大学の転換期にある。しかしその転換が、どのような方向に向けてなされるべきかについての合意はない。そのため、それぞれの学部、研究科、学科等々は、それぞれの組織や教員ポストの維持に必死になっている。それぞれが、経済や人口が規模縮小するなかで部分最適を目指すのである。そのため、立場や利害の異なる組織間の調整に多大な労力が割かれることとなる。その調整は、しばしば前に進むよりも前に進まないための理由をみつける調整となりがちである。多くの組織が、これまでのあり方を変えることがいかに困難であるかを発見し、リスクを冒すよりも現状を維持しつつ、何らかの加算的な仕方で新味を出そうとしていく。しかしそうして新たに創出されたベンチャー的なプロジェクトは、大概は既存の仕組みの外に作られていくので、長期的な持続可能性の面でしばしば困難に直面する。

もう一つの平成失敗史——三大改革の顚末

今日の大学を、その教育力や知的創造性を損なうほどにまで疲弊させてしまった直接的な要因は、大綱化、大学院重点化、国立大学法人化という平成時代に推進された三つの教育改革を中心とする大学政策の変化である。その意味で、平成時代を通じた「大学の失敗」は、すでに『平成時代』で論じた、選挙制度改革や諸々の「政治改革」の試みが官僚システムを疲弊させ、結局「官邸主導」を帰結した「政治の失敗」や、バブル崩壊後の日本企業が、苦しみながらも根本的な仕組みの転換をできずに没落していった「経済の失敗」と並行する出来事であった。政治や経済の分野と同様、平成の大学や学術もまた、戦後を通じて機能していた仕組みが限界に達し、あるいは世界史的な状況との乖離が甚だしくなり、大きなビジョンを欠いたまま小手先の改革努力を重ねるなかでますます苦境に陥るという悪循環を経験してきたのだ。大学の現在を、文科省の高等教育政策や個々の大学の改革努力だけの視野で捉えるのではなく、こうした同時代的な失敗の地平に関連づけていく必要がある。

日本の大学が「上からの改革」の大きな流れに呑み込まれていくのは、一九八〇年代半ばの中曽根康弘民活路線からである。具体的には八四年に設置された臨時教育審議会を「改革の時代」の嚆矢と見なすことができる。一般に、中曽根政権の教育政策ではナショナリスティック

表 1-1　臨時教育審議会(臨教審)の概要

設置：1984 年，内閣総理大臣の諮問機関として発足
構成：運営委員会＋四部会
各部会の審議事項：
第一部会：「21 世紀を展望した教育の在り方」
第二部会：「社会の教育諸機能の活性化」
第三部会：「初等中等教育の改革」
第四部会：「高等教育の改革」
答申の概要：
第 1 次答申(1985 年 6 月)
(1)学歴社会の弊害の是正，(2)大学入学者選抜制度の改革，(3)大学入学資格の自由化・弾力化，(4)六年制中等学校の設置，(5)単位制高等学校の設置について提言
第 2 次答申(1986 年 4 月)
(1)生涯学習体系への移行，(2)初等中等教育の改革(徳育の充実，基礎・基本の徹底，学習指導要領の大綱化，初任者研修制度の導入，教員免許制度の弾力化)，(3)高等教育の改革(大学教育の充実と個性化のための大学設置基準の大綱化・簡素化等，高等教育機関の多様化と連携，大学院の飛躍的充実と改革，ユニバーシティ・カウンシルの創設)，(4)教育行財政の改革(国の基準・認可制度の見直し，教育長の任期制・専任制の導入など教育委員会の活性化)などを提言
第 3 次答申(1987 年 4 月)
生涯学習体系への移行のための基盤整備，教科書制度の改革，高校入試の改善，高等教育機関の組織・運営の改革，スポーツと教育，教育費・教育財政の在り方などについて提言
第 4 次答申(1987 年 8 月)
文部省の機構改革(生涯学習を担当する局の設置等)，秋季入学制について提言するとともに，これまでの三次にわたる答申の総括を行い，改革を進める視点として，次の三点を示した．
①個性重視の原則：画一性，硬直性，閉鎖性を打破して，個人の尊厳，自由・規律，自己責任の原則，すなわち「個性重視の原則」を確立すること
②生涯学習体系への移行：学校中心の考え方を改め，生涯学習体系への移行を主軸とする教育体系の総合的再編成を図っていくこと
③変化への対応：最も重要な課題は国際化並びに情報化への対応であること

(資料) 文科省ホームページより．

な方向性が強化されたことが指摘され、確かに教科書検定制度の強化や日本人としての自覚の強調という点ではその通りである。しかし、同時にグローバル化への対応が本格的に論じられるのがこの頃からで、個性尊重や生涯学習、共通テスト、国際化、情報化への対応力という議論の根底には、グローバル化する世界のなかで日本の教育をどう再定位していくべきかという問いがあった。だからこそ、第四章で論じる九月入学構想も臨教審ですでに本格的に議論されていたわけで、大学設置基準の大綱化や高等教育機関の多様化と連携、大学院の飛躍的充実もすでにすべて議論の俎上に載せられていた(表1-1)。これらがやがて九〇年代以降、具体的な大学改革政策に結実していくわけで、道筋をつけたのは中曽根臨教審である。

臨教審の答申を受け、一九九〇年代に入ると大学審議会(現中央教育審議会大学分科会)において、①一般教育科目と専門教育科目の区分の廃止、②大学・学部・学科の教育上の目的に照らした教育課程の編成、③自己点検・評価システムの導入などが論じられていく。これらはやがて、①はいわゆる大綱化として、②は三ポリシー(ディプロマ・ポリシー、カリキュラム・ポリシー、アドミッション・ポリシー)の明確化として、③は自己点検や第三者評価といった数々の評価実務として実質化されていくことになる。

同時に、臨教審以降の教育自由化のなかで、その自由化された教育の質保証が問われ、実質的な学修時間（予習や復習を含めた学びの時間）の確保、履修科目数の上限設定（キャップ制）、成績評価の厳格化とＧＰＡ（Grade Point Average）導入、シラバス整備、ＦＤと授業評価の実施などの改革メニューが浮上していった。これらの改革メニューは今日でも教育改革論議の定番となっているが、それから三〇年近くを経ても、学生の実質的な学修時間はちっとも増えておらず、履修科目数も過大なままで、シラバス整備も上位校ほど不十分で、ＦＤや授業評価も多くは形式的なものにとどまっているのが現状である。

このように、三〇年以上を経てなお、一九八〇年代に臨教審で提起され、その後の「上からの教育改革」を通じて目指されてきたことは十分な成果を上げていない。それどころか全般的に見て、一連の改革は日本の大学の教育力、研究力を劣化させるという逆説的な結果を生んできたのである。そしてこの逆説には、いくつかの明確な構造的な理由がある。その筆頭が、すでに序章で触れた規制緩和のなかで進んだ、人口動向に比すればあまりにも不釣り合いな大学の量的拡大や大学院重点化であったことは言うまでもない。ここで忘れてならないのは、そのような量的拡大を望んだのは、誰よりも大学自身であったことである。

たとえば、学部教育における一般教育と専門教育の区分撤廃を望んだのは、とりわけそれまで一般教育科目に張り付けられてきた教員たちであり、そのような声を背景にした大学であった。そして規制緩和の結果として、多くの教員が専門科目に重心を移し、一般教養教育の中身が空洞化した。大学院重点化によって定員増を望んだのも、理工系を中心に大学自体であり、重点化の結果、大学院修士課程、博士課程の規模は大いに拡大されたが、それらの大学院生が学位を取得した後のキャリアパスは改善されなかったので、結局は大学院全体の価値低下を招いた。これらの「改革の失敗」はすでに周知のところだが、その失敗の一因は、リベラルアーツ教育と専門教育の質的な違いに無自覚なまま規制緩和が進められ、学部後期課程の専門教育と大学院修士課程の研究、さらに社会の実践的現場がいかなる関係にあるべきなのかが十分に考え抜かれないまま大学院拡充が行われたことにある。そのような問題を、誰が真っ先に考えるべき責任を負っていたかと言えば、いうまでもなく大学自身であったはずである。

つまり、平成時代を通じた「大学の失敗」は、基本的には大学自体の内側にある構造から生じてきた。何らかの強圧的な力が外部から入ってきて「大学をダメにしてしまった」わけではないのである。大学や学部の新設、大綱化や大学院重点化を担当してきた文部省官僚からするならば、大学人たちが熱心に頼んでくるので、彼らの意向をできるだけ尊重して政策を実現していったら、結果的に大学全体の劣化が生じてしまったとぼやきたいところだろう。

しかし敢えて言うなら、そのように官僚たちがぼやくのも、実は責任回避でしかない。国の役割を小さくし、すべてを市場に任せていこうという流れのなかで、官僚たちは国の仕組みを自ら主導的にデザインするという、その存在の根本をなすはずの役割を失っていった。誰が未来の大学全体をデザインするのかという根本中の根本が空洞化するなかで、文部官僚たちは次第に大学を先導する立場から、大学に補助金を分配する立場へと後退していったのだ。

人口構造の変化を無視した大学数や学生数の増加、学部名称の爆発的多様化という一九九〇年代以降の動きを貫いていたのは、新自由主義路線の下での規制緩和である。大学設置基準の大綱化と大学院重点化、国立大学法人化もすべて、高等教育が旧来の許認可主義を脱し、規制緩和を進める路線の上でなされたものだった。大学設置基準の大綱化では、「教養」と「専門」の境目についての規制が緩和され、「専門」と学部や学位の名称との対応でも自由度が拡大した。大学院重点化では、大学院の門戸が大きく開かれたことにより、その大衆化が進んだ。そして国立大学法人化は、他の国立・国営の組織と同様の民営化路線の結果である。

こうして一九九〇年代末以降、国の高等教育政策は「許認可」から「補助金」に軸足を移動させる。その結果、「大学の自主的判断」や「学長のリーダーシップ」が事あるごとに強調されていくようになった。規制緩和は、表向きには「官」が「民」に決定を委ねる傾向を助長していく。しかしその「民」は、すでにかなり疲弊し、過当競争が常態化しているので、少しでも現状の苦しさから脱しようとこれまで以上に国の補助金にすがりつくようになる。

「選択と集中」の支配　文系の困難

このように新自由主義的諸改革がもたらしたのは、短期的に経済的価値に還元可能な成果を求める風潮を、大学の奥深くにまで浸透させることだった。だが、臨教審の答申を受けて国の改革政策は、「各大学等の自律性に基づき多様化・個性化を推進」することを掲げていた。大量生産時代の画一的な価値ではなく、多品種少量生産の時代の多様な価値の創出が大学にも求められ、その多様な価値が知的市場の獲得をめぐって競い合う状態が目指されたのである。

その際、そのような方向へのスローガンとされたのが、産業界から持ち込まれた「選択と集中」という原理であった。佐藤郁哉はこの点について、「企業の組織戦略である「選択と集中」の発想をいわば拡張解釈して大学セクターに適用する際には当然必要となるはずの慎重な配慮がなされたとは言い難い……(しかも)「集中」的に投資すべき資源があまりにも少ない」。そうしたなかでの「選択と集中」の大学への導入は、その過度な傾斜配分が「大学間の序列を固定化し、また大学セクター全体としての地盤低下をもたらし」たと指摘する(佐藤郁哉編著『50年目の「大学解体」20年後の大学再生』)。

要するに、企業と大学ではその知的創造性の原理が異なるのであり、「選択と集中」が企業の投資で有効な方法論であったとしても、大学教育の現場へのそうした原理に基づく予算配分は、既存の序列をかえって固定化し、知的創造性を抑圧する可能性が高いのである。

それにもかかわらず、二〇〇〇年代以降、国立大学にも民間的発想の経営手法を導入することが様々な機会に推奨され、「大学を起点とする日本経済活性化」が重要な政策課題として掲げられた。それはたとえば、大学発の新産業創出を加速することの要請であったが、同時に世界に通用するプロフェッショナルや社会・雇用の変化に対応できる人材、そして新しい知識基盤型社会の鍵を握るデータサイエンス人材の育成も求められた。他方、大学や学部、それぞれの研究者が知的生産性を十分に上げられているかをチェックするために、様々な評価制度が導入されていく。大学は、産業競争力の観点から、その「創造性」が問われ、評価されていく高度人材とイノベーションの創出装置として再定義されていったのである。

最後の点は重要である。実際、一九八〇年代以降、市場原理が社会のあらゆる分野に拡大するなかで、評価や監査のシステムが、全世界的に大学の活動に深く影響を及ぼすようになっていった。スーザン・ライトによれば、八〇年代から米国の大企業で用いられてきたような効率性やサービスの質についての評価システムが、米英を中心に大学の研究現場の評価にも導入されていくようになり、九〇年代にはそうした評価と研究予算の配分が連動するようになっていったという。同時に九〇年代以降、評価は教育現場にも及ぶようになり、民間による評価も導入されていくようになった。こうした評価の全域化は、「組織を監査制度のイメージの通りに創り出す」動きを強めていく。つまり、組織の長たちは、「各ランキングで用いられる個々の変数がどのように構成されているかについて、細部に至るまで精通していなければならない。その上で彼らは、自校の学生、スタッフ、収入、刊行物、試験での成績、卒業生の就職等々に関して、ランキング実施企業のアンケートや調査で確実に評価されるような良い数値を達成しているかどうかチェックしなければならな」くなっていったのである（石川真由美編『世界大学ランキングと知の序列化』）。

さらに、一連のプロセスで深い問題を孕むことになったのは、新産業創出に役立ちそうもない分野が規模縮小や再編・統合の対象とみなされていったことである。そうした代表が、教員養成系の大学や学部であった。二〇一五年に「国立大学文系学部廃止」が大きな論争の種となる以前から、それらの組織の縮小が提案されていた。そしてこの流れを決定的にしたのは、もちろん〇四年の国立大学法人化であった。国立大学法人化は、臨教審答申を伏線に、一九九〇年代後半から二〇〇〇年代初頭にかけて本格化し、〇二年三月「新しい「国立大学法人」像について」という最終報告が国立大学等の独立行政法人化に関する調査検討会議から出されることによって決定的となる。同年一一月に閣議決定、翌年七月に国立大学法人法を含めた関係六法が成立し、〇四年四月に日本の国立大学は国立大学法人に移行した。

こうした変化のなかで、「選択と集中」は各地の大学に浸透し、成果が見えにくい、資金獲得力のないものを切り捨てて、強そうなところに投資する傾向が強まっていった。実際、法人化後、国立大学では予算のなかで競争的資金の割合が大きくなっていくことにより、資金の獲得に不利な文系の立場が弱まり、資金獲得に有利な理系の立場が強まった。

一般に、理工系の研究は文系の研究よりも期待される成果を見せやすく、比較的短期間で結果を出しやすい傾向がある。他方、文系の研究では明確な目標設定や成果の提示が困難な場合が多く、学問的意義の主張に終始することが少なくない。また、理系の研究予算は、多くの場合、文系よりもずっと大規模になる。同じ件数の研究でも、理系と文系では大学における「経済効果」に大きな差が生じる。さらに概して理系はチームワーク、文系は個人作業であり、競争的資金獲得のようにチームワークが要求される作業では、理系のほうが機能的な優秀さを発揮する。こうして法人化後、文系と理系の間に大きな格差が生じていった。理工系組織は全体的に予算減を免れる反面、文系はじり貧になっていったのだ。

戦時の須要に応じる知――科学技術研究の大躍進

このように、大綱化、大学院重点化、国立大学法人化という一九九〇年代以降の三つの上からの大学改革は、やがて多くの大学で、教養教育や大学院教育、そして人文社会系の研究教育を苦境に陥れていく背景となった。ここでその顚末を詳論しようとは思わない。むしろ本章で確認しておくべきは、この「もう一つの平成失敗史」の歴史的な位置づけである。

実は、日本の大学が九〇年代以降の諸改革で深刻化する問題を抱え込む、その構造的な起源は、一九三〇年代末から四〇年代末までの約一〇年、この国の高等教育に起きたことにまで遡ることができる。この約一〇年間は、大学が総力戦体制に組み込まれていく戦時期を経て、占領下で「大学」の再定義が行われ、新制大学が出発した時期である。この時期に、日本の大学はいくつもの再定義や強制的な転換を経験する。それらは熟慮を経てというよりも、国家の激動のなかで、有無を言わせぬ力の介入と、その力との交渉を通じてなされたものだった。その結果、戦後の大学にはいくつもの「ボタンの掛け違い」が生じていくこととなった。

戦中から戦後にかけて日本の高等教育に生じた重大な変化とは、一方では戦中期に総力戦体制を推進するためになされた理工医の応用研究機関の大増強であり、もう一方では戦後の新制大学への移行期になされた旧制高校廃止、そして専門学校や師範学校の新制大学への統合であった。前者は戦後の、とりわけ国立大学における理系と文系の関係を長期にわたって構造的に規定し、後者は戦後大学におけるリベラルアーツ教育に未解決の問題を残していった。

ここで重要なのは、戦中の総力戦体制期から戦後の新制大学成立期まで、日本の大学が連続的な組織変容を遂げてきたことである。日本の大学のあり方が大きく変化したのは総力戦体制期であり、新制大学成立期には、戦中期に始まったこの変化が転換したというよりも、屈折的に連続したのである。しかも、この連続性は、理工系の爆発的拡張や教育単線化への動きだけに止まらなかった。羽田貴史がいち早く指摘したように、後に「一県一大学原則」となっていく大学の国土分散的配置の方針も、同じ戦時期に始まっていた。それは「防空上の要請を含めたいわゆる国防国家体制」下で考えられたのであり、その基本プランを策定したのは企画院だった。同院は一九四三年、「学校其の他の文化施設の過大都市集中を矯正して地方文化を向上開発し過大都市人口の疎散に寄与」すべく、全国に分散して「学校建設地区」を設け、そのなかで「特に環境良好なるものを選びて学都とし高等諸学校数校を配置して其の地方の教育及文化の中心地」にしようとした（羽田『戦後大学改革』）。

一連の大変化の筆頭は、やはり高等教育における理工系や医学系の大拡張であった。すでに広重徹の古典的研究は、この点に注目していた(広重『科学の社会史』)。日本の科学研究は第一次大戦を機に国家的体制として整備され始める。広重によれば、この時期の科学技術振興への動きのなかで、技術者、工学者からの産業政策への発言が盛んになっていったという。工学関係の学会機関誌や総合雑誌に技術政策や産業と科学の関連を論じた論文がしばしば掲載されるようになり、学会からの産業政策への提言も増加していった。政府の諮問・審議機関でも、多くの科学者や工学者が産業・技術政策に関与するようになった。

しかし、一九二〇年代後半にこうした動きは一時停止する。深刻な不況のなかで、国家にも企業にも数年前までのように科学技術研究を拡張していく余裕がなくなったのである。科学の国家的振興の動きが再び活発化するのは、戦時の国家総動員体制が強化されていく三〇年代半ば以降のことである。この第二波の動きを先導した機関として、三二年に設立された日本学術振興会がある。広重によれば、学振設立の背景にあったのは、「一九二七年の不況以来のすべてにわたる行き詰りのなかで、難局を根本的に打開して、世界的な産業経済の競争で優位をたもつには、一般学術研究の振興のほかに道がない」との考えであり、「大学その他既存の研究機関に対して相当量の研究費を援助する」ことが目指されていた(同書)。

こうした戦時に向けた時代風潮のなかで一九三三年以降、学振の研究費補助がスタートするが、これは金額的に一八年から始まっていた文部省科学研究奨励費の約一〇倍、商工省や学士院の補助金を合わせた総額の三倍以上という大規模なもので、従来の科学研究予算の常識を根底から変えるものとなった。この補助金は、個人研究援助費と総合研究費に分かれ、とりわけ後者は三七年頃から急カーブで増加していった。そして、この間に突出して増加していったのが工学分野の補助金で、初期の約四〇%から四一年には総額の約七〇%を占めるに至っている。この総合研究費は、いくつかの重点項目に優先的に予算を配分していく方式がとられた。そのため、航空燃料、無線装置、宇宙線・原子核、鉄鋼、有機合成、電気材料などの軍事技術ともつながりの深い諸分野の研究が、大きく発展していく。

以上のような科学技術研究の国家的振興策は、一九四〇年の「科学動員計画要綱」から四一年の「科学技術新体制確立要綱」までの政策に結実していくことになる。前者は企画院と興亜院が中心になってまとめたもので、「科学研究を重点主義により時局目的に集中統合し、各研究機関をして最適とする研究に専念せしむるやう調整し、不足せる研究者および資材の活用を図る」ため、研究者と資源の再配分を狙っていた。後者では、まず「科学技術の国家総力戦体制を確立し、科学の画期的振興と技術の躍進的発達を図ると共に、其の基礎たる国民の科学精神を作興し、以て大東亜共栄圏資源に基く科学技術の日本的性格の完成を期す」ことが謳われ、研究者の養成・配置の計画的強行、研究用資材の確保、科学者の表彰、規格統一と標準化などから、科学技術行政機関の創設、科学技術研究機関の総合整備、科学技術審議会の設置といった諸政策が掲げられた。こうして戦争末期に急ピッチで進んだ科学技術振興の予算拡大と機関増設の流れこそが、やがて戦後日本の科学技術政策の基盤をなしていくのである。

総力戦と理系高等教育の爆発的拡張

この戦中から戦後への連続性は、大学組織全体の改変にも当てはまる。天野郁夫は、「規模的に見れば戦時期は低迷どころか高等教育の量的拡大期であり、また戦争目的遂行のための強圧的な政策の結果とはいえ、システムとしての大きな構造転換」が生じたと論じている（天野『新制大学の誕生』上巻）。この時期、「政府・軍部は戦争目的の遂行に向けて、理工系の教育・研究の拡充を基軸にした高等教育の構造的な大変革を推し進めていく。国立セクターでは帝国大学の理工系学部の規模拡大と附置研究所の相次ぐ新設、高等学校理科の入学定員の大幅増員、工業専門学校・医学専門学校の地方分散的な大量新設、公立セクターにおける医学・工学系専門学校の急増、また私立セクターでは大学・専門学校の文系入学者の強制的削減と工学系への転換、女子専門学校の新設等」が急ピッチで進んだ（同書）。

つまり、日本全体が壊滅に向かっていく一九三〇年代から四〇年代にかけては、高等教育や科学技術研究の面では空前の大発展期だったのである。天野は同書で、「昭和一四年から敗戦の年である二〇年にかけて高等教育人口は再び急増期を迎え、わずか六年間で二倍弱に、女子の場合には二・四倍に膨れ上がる。昭和一二年の日中戦争の勃発に始まる戦時体制期は、高等教育機会の急拡大の時代でもあった」と要約している。このような高等教育拡大の背景として、一方には「中等教育の持続的な発展が、学歴主義の浸透と相まって高等教育への進学欲求を高め、進学競争の激化を招く」という事態があった。戦中期、高等教育は下から押し上げられてもいた。しかしより重要なのは、「対米開戦をひかえて軍需産業を中心に技術者需要は増加するばかり」という高学歴層雇用の爆発的拡大であった(同書)。

つまり、戦中期の高等教育の大発展は、何よりもそれが戦時に戦略的な重要性が高まる科学技術人材養成の場として位置づけられたことに依っていた。理系人材の養成が、戦争の行方を左右する最重要課題として認識され、高等教育の変革へと強い圧力が働いていったのだ。

文部省では一九三八年、荒木貞夫陸軍大将が大臣に就任し、軍部の意向を受けて急速に科学技術振興に動き始める。同年八月には、文部、陸軍、海軍、農林、商工、逓信、大蔵の各省次官、企画院次長等からなる「科学振興調査会」が発足する。同調査会は、まず三九年に、「現下時局ノ進展」に伴って、「国家ノ要望ニ鑑ミ我ガ国科学ヲソノ根底ヨリ振興セシムル」ことが強調され、「科学関係ノ業務ニ従事スベキ技術者並ニ研究員ノ養成」を最優先に高等教育機関を再編する施策が提案されていた。たとえば、理工系の大学卒業生の最低三倍増や高等学校理科の学生定員増、その先での研究機関の整備拡充が最優先の課題とされていくのである。加えて大学の理・工・農・医系の収容定員増のため、高校理科学級の増設、進学者の大学での計画的配分、設備の整備拡充と学科増設による収容力拡大、第二学部を含む学部の増設、帝国大学・単科大学の新設、公私立大学学部・学科の充実、等々の施策が求められていった。

このうち高等教育における理系人材の大量養成は、官立専門学校の大拡張によって担われていくことになる。天野によれば、一九三七年から四五年までのわずか八年で、「官立高等工業の設置学科数は七六から一五八に倍増し、また募集定員は昭和一三年の三五九八人から二〇年の一万三八〇三人へと、四倍近くに膨れ上がった」という。それだけではない。それぞれの高等工業学校は、この急拡張のなかで分野的にも総合化し、「機械・電気・応用科学を中心に、重化学工業関連主体の学科編成へと大きく構造転換を遂げた」(同書)。

まさにこの「機械・電気・応用科学」を中核とする体制こそ、戦後から高度成長期を通じて大発展を続けた日本の工学系諸学科を束ねるのであり、それより古い建築系やそれより新しい原子力系や情報系を巻き込みながら、今日に至るまで日本の工学の枢軸であり続けている。そのような体制が、戦争遂行への強力な圧力のなかで確立されていったのである。

もちろん、こうして理系の高等教育が大拡張したのは、官立専門学校だけではなかった。帝国大学でも、この時期に理系は大拡張する。もともと帝大は理系中心に設立されることが多かったから、戦時期に国内に七つあった帝大の三二学部中、理工系と医学系は四分の三を占めていた。しかしその帝大システムの頂点に位置する東京帝大と京都帝大だけは、一九四〇年の時点で理系の学生定員の比率は五〇％以下にとどまっていた。これは両校の骨格が、戦時下の大拡張によってよりも明治国家の近代化政策のなかで確立したものだったことによる。しかしその後、戦争末期に向けてこの両校でも理系の学生定員比率が約一〇％増加しており、これは両校の規模の大きさや社会的地位から考えるならば大きな変化であったと言える。

東京帝大第二工学部の「戦時」と「自由」

東京帝大でこの理系大拡張の目玉となったのは第二工学部設置であった。理系人材の大幅な増員が要請されるなかで、工学部の学生定員を約四割増員していく計画が立てられ、これがやがて既存組織とは別に第二工学部を設立する案に発展していく。根底には、旧来の帝大工学部とはまるで違う資質の理系人材を育てていくには、すでにエスタブリッシュされてしまった体制の外に、新しい仕組みを立ち上げたほうが実質的との認識が、当時の東京帝大内にもあったのではないかと推察される。この案は、一度は大蔵省に拒否されたものの、海軍造船中将から東京帝大総長となった平賀譲のリーダーシップのもと、企画院と陸軍、海軍も交えた交渉のなかで復活し、一九四一年に設立が本決まりとなっていった。平賀総長は経済学部における左右内紛に対し、ある種の喧嘩両成敗の決定を下した「平賀粛学」で知られるが、彼自身が総長として最も力を入れていたのは、この第二工学部設置だったのではないかと思われる。

一連の経緯のなかで細心の注意が払われていったのは、第一工学部と第二工学部のバランスであった。一つの大学のなかに二つの工学部が誕生するわけだから、一方が主、他方が従となってはならないという平等意識が帝大内に強く存在したようだ。そのため、「第一、第二工学部学生の素質に差異を生じないようにするために、入学試験は同時に行い、学生が第一と第二工学部のいずれに入学するかは大学が決定すること」とされた（大山達雄・前田正史編『東京大学第二工学部の光芒』）。つまり入試の成績順に交互に第一か第二かの「配属」が決定され、それぞれの学生はそれに一喜一憂することとなったのである。

学生選抜におけるこの強制的な平等主義は、しかし教員の配置にまでは及ばなかった。そのため、それまで工学部のある本郷キャンパスで安定的な地位に就いていた教授たちは、簡単には第二工学部が設立された西千葉のキャンパスに移ろうとはしない。逆に言えば、既存の価値観には収まり切れないタイプの教員たちが、満州など帝大外の各地から第二工学部に集まることとなったようだ。たとえば、この第二工学部から後の東大工学部都市工学科に向かう流れの基礎を築いた高山英華は、第二工学部に新設された防災計画講座の助教授となるために満州から帰還している。その高山の評伝を書いた東秀紀は、第二工学部で建築系を仕切っていた教授の小野薫は、「いまの先生たちが本郷にいたい、千葉に行くのはいやだというなら、自分は別な形でやろう。第一工学部では、とても教授になれない人間ばかり集め」ると決意し、「食糧は本郷より、こっちのほうが豊富だよ」と言って異能の人材を集め、同時に「勉強は教科書を読めば分かるからと、学生たちを昼から飲み屋に連れていく。一杯やることが授業になってしまうのだから、本郷の第一工学部では考えられない」雰囲気を創り出していったという（東『東京の都市計画家　高山英華』）。

つまり、その内部で人々が実感した雰囲気からするならば、戦時期に急増した軍事力増強のための高等教育機関が明治以来の機関よりも自由闊達さを欠いていたとは、おそらく言えない。実態はむしろ逆で、近代化のなかでエスタブリッシュされてきた帝国大学を頂点とする体制は、昭和初期までに強固な権威主義で身動きをとりにくくなっていた。だからそのような「旧体制」を打破したいという意欲を持った人々が一方におり、他方に国家存亡の「決戦」の時を迎え、人的資源のすべてを戦争に向けて動員し、全力で理系人材を養成しなければならないと信じていた人々の思惑があった。そして、両者が一致することで、戦時下にもかかわらずではなく、戦時下だからこそ新しい高等教育機関が次々に誕生していたのである。

私学における理系拡張と文系縮小

さらに、理系大拡張の波は官学を越えて私学にも及んだ。それまで法学系や商業系が中心だった私立の高等教育機関でも、戦時期には工業系の専門学校が相次いで設立されていったのだ。再び天野によれば、この時期、「文科系が大多数を占める私立セクターもまた、政府のなりふり構わぬ理工系拡充政策の衝撃を免れることはできなかった」（天野、前掲書）。

そうしたなかには、電機学校の昇格に成功した東京電機高等工業学校（現東京電機大）、同じくこの時期に昇格した武蔵高等工業学校（武蔵工大を経て現東京都市大）、工学院工業専門学校（現工学院大）、芝浦工業専門学校（現芝浦工大）などが含まれる。つまり、今日の私立工業大学の中核は、この戦争末期の工学系大拡張の副産物として生まれているのだ。そしてこの時期の工業専門学校には、戦後、大規模総合大学に発展したケースもある。その代表が東海大学で、もとは逓信官僚だった松前重義が四四年に設立した電波科学専門学校である。それが戦後、航空科学専門学校と合併して東海科学専門学校となり、大学化(旧制)を経て現在の東海大に至る。

他方、明治からある伝統的な文系私学は戦中期に苦しい立場に追いやられていくことになった。なかでも窮地に陥ったのはキリスト教系私学で、戦争末期にそれらは強制的な統合を迫られていく。たとえば関東では、明治学院、青山学院、関東学院の三つの「学院」が一校への統合を迫られている。各校の伝統を無視する国家の介入に直面し、この三校はそれぞれ文学部や高等商業部を廃止して工業専門学校を設置するというウルトラCで切り抜けている。「文系学部廃止」が語られるのは、二〇一五年の文科省通知をめぐる騒動が最初ではない。それより遥か以前、戦中期に「文系学部廃止」は語られたというだけでなく実際に私立大学において実行されていたのである。そしてミッション系ではない私学、たとえば明治大学や中央大学、立命館大学では、むしろこれをチャンスとばかりに工業専門学校を開設し、それが戦後、それぞれの大学において大規模な工学部に発展することになる。

天野はこうした戦時期の大学再編を総覧し、官学セクターの諸大学、とりわけ理工系主体の帝国大学では、戦時動員体制が理系学部の規模拡大と研究基盤の強化に大いに貢献するものだったのに対し、同じ政策が「文系主体でしかも大規模な専門部を抱えた私立大学にとって、規模の縮小にとどまらず、学部・学科の統合再編や廃止、大学と専門部との統合、他大学への学生委託、専門学校への「降格」など、存続を危うくするほどの厳しい対応を迫るものであり、(そうしたなかでは)理工系の専門学校設置も、法人としての経営基盤の維持のためのやむを得ない選択であった」と要約している(同書)。

以上のことを、高等教育志願者たちの視点から考えるなら、戦争末期、文系学生が戦地に駆り出されていくようになったことも、この文理不均衡の拡大を下支えしたと推察される。それまで高等教育就学者に認められていた徴兵免除の特権が、文系では外され、やがて彼らは学徒動員に駆り出されていく。これに対して、理系学生には徴兵免除が維持されたので、数学が不得意だったり、機械よりも文学や哲学に関心があったりといった者も、ある程度の学力があれば、将来への計算や周囲の圧力から理系に進んだのではないかと想像される。

このように供給側の動きと対応し、需要サイドの学生定員でも、文系の周縁化と理系の拡張が続いた。そしてこれは、私学の周縁化と官学の拡張とも対応する動きであった。再び天野によれば、「私立セクターについてみれば、昭和一五年と二〇年の間に、学部入学者数は一万一千人から八千人に二三%減少しており、理系の大幅増員を考慮に入れて文系だけを比較すれば、四〇%の減になる。……(これは)授業料収入に頼る私立大学にとって大打撃であったことがうかがわれる。それに対して官立セクターの諸大学への入学者数は、帝国大学だけで四六%、全体でも四八%という大幅な増を示している。その増加が、もっぱら理系学部で生じたことはいうまでもない」(同書)。大学全体が、決戦体制に巻き込まれていたのである(図1-2)。

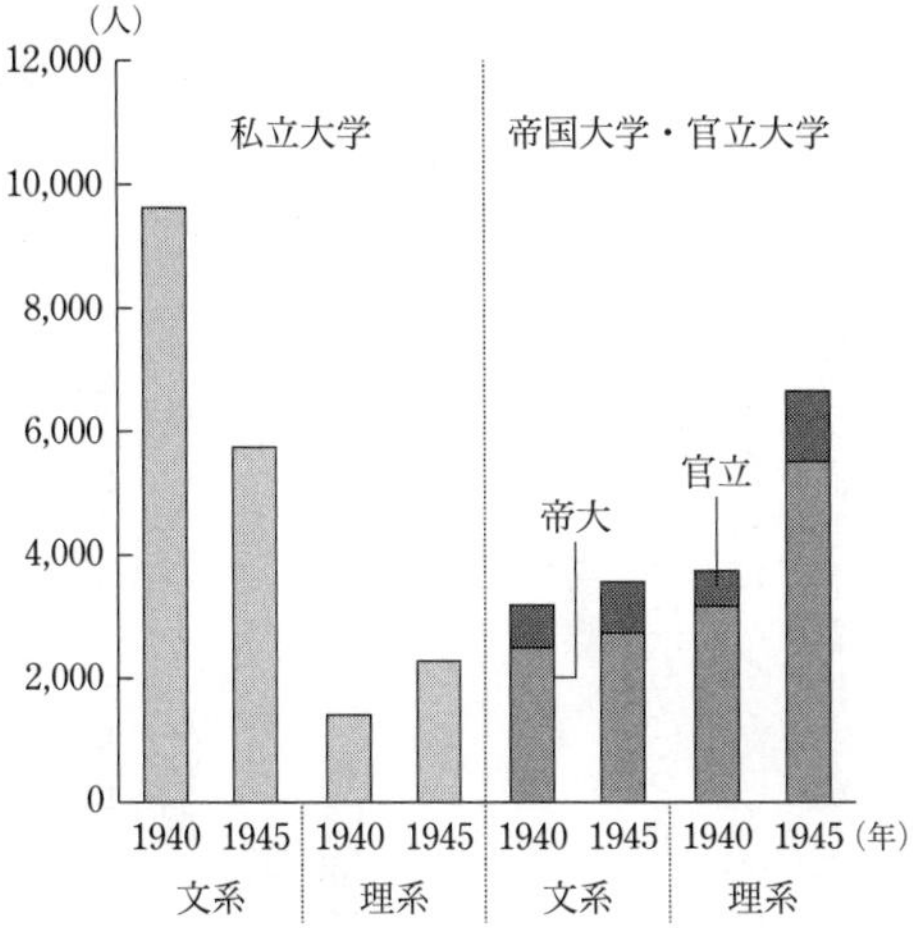

(資料) 天野郁夫『新制大学の誕生』上巻(名古屋大学出版会, 2016年)より.

図1-2 戦時下で激変した理系学部と文系学部の入学者数

ある面で、大学を疲弊させ、その疲弊の底からすぐに「役に立つ」であろう理工医の応用系を振興していこうとする昨今の日本社会の動きは、泥沼の戦争に向けて総力戦体制を強化していった一九三〇年代末以降の大学をめぐる状況によく似ている。戦時期に強力に進められた理系高等教育機関の大拡張と文系機関の周縁化は、戦後の経済成長期や安定期には一定程度の是正に向かうのだが、日本経済が危機に直面する二〇〇〇年代以降、国立大学法人化や理工系重視(=「文系学部廃止」)のムードのなかで再び反転し、まるで三〇年代が蘇ってきたかのような状況が現代日本に出現することになる。折しも世界情勢は不安定化の度合いを増しており、そうしたなかで、「すぐに役に立つ」理系はますます重視されている。見方によっては、これは戦時期に日本を覆った挙国一致的な気分の再来と言えないこともない。

高等教育における複線と単線

一九三〇年代以降、大学にもたらされた一方の変化が、理工医の応用系の教育研究組織の大拡張であったとするならば、もう一方の重要な動きは、学制改革の議論が本格化していったことだった。戦前期の高等教育は、決して大学だけに一元化されていたわけではない。大学、(旧制)高等学校、専門学校、師範学校という四つの類型があり、大学は高等教育の頂点に君臨するが、その一部を占める組織にすぎなかった。実際、敗戦直後に存在した旧制大学は四九校だったが、これは高等教育機関全体の八%にすぎなかった。最も多かったのは六二%を占める専門学校の三六八校で、量的には高等教育機関の主流だった。これら以外に師範学校系は一四

○校（二四%）、旧制高校は三九校（六%）が存在した（図1–3）。このように、複線的に発展してきた高等教育機関を一挙に「大学」に一元化したのが戦後の新制大学の仕組みである。

とはいえ、すでに大正期、欧米の様々な教育制度を継ぎはぎ的に導入することで建て増しを重ねてきた日本の複線的な高等教育は、時代の変化との間に大きな軋み音を立て始めており、これをもっと合理的なものに整理統合すべきだという論議が沸き上がっていた。つまり一方には、専門学校や師範学校、高等学校等の大学以外の主流をなす諸学校群を大きく再編成し、高等教育を「大学」に一元化していくべきだとの考え方があり、他方には、それでは「大学」としての教育研究の質が維持できなくなるとの反対があった。いずれの場合も、急速に進む大衆化のなかで、そもそも「大学とは何か」という概念の根本が問われ始めていたのである。

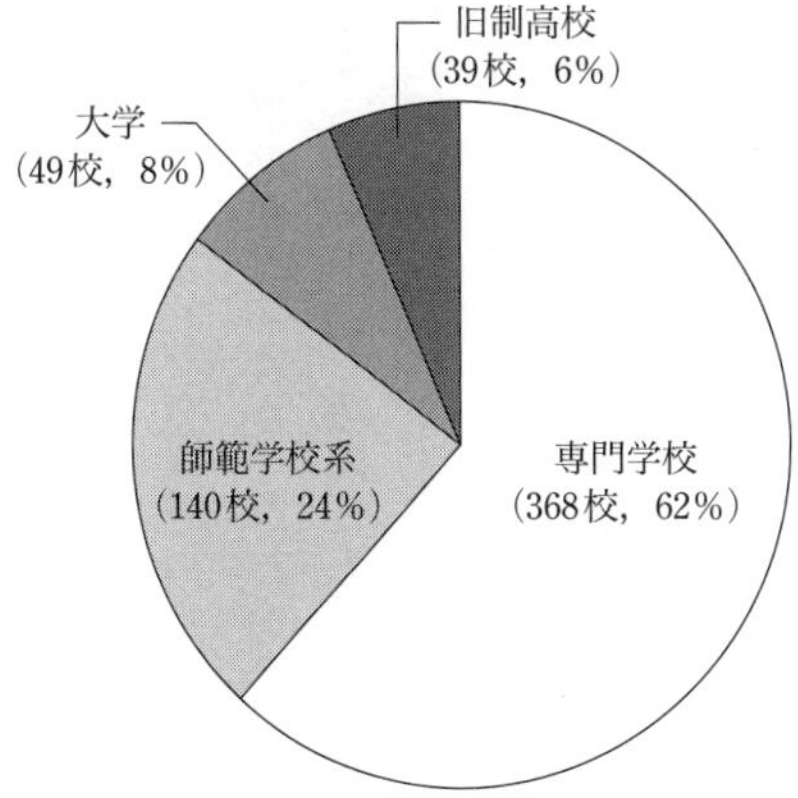

（出所）図1–2に同じ．

図1–3　敗戦直後の旧制高等教育機関の内訳

四つの高等教育機関のなかで、最も厄介なのは、「大学」と「(旧制)高等学校」の関係だった。旧制高校をめぐる戦後の通俗的議論は、しばしばこれを中等教育の戦前的モデルとして捉えがちになるが、旧制高校はあくまで高等教育機関で、今日的な意味での中等教育機関ではない。つまり、戦後の新制高校と戦前の旧制高校は、教育体系のなかでの位置づけが異なる。むしろ旧制高校は、今日ならば大学前期課程に対応するのであり、実際にも戦後、新制大学が出来ていくなかで、多くの旧制高校はその前期課程に統合されていくことになった。

大正期以降、高等教育大衆化の流れにより帝国大学以外にも「大学」を認めていく際、それらの大学において旧制高校が果たしてきた役割をどのような組織が担うのかという問題が生じていた。とりわけ、新たに設置される「大学」は、一部の有力な専門学校を昇格させる形になる可能性が高く、その場合、それまで同格であった「高等学校」と「専門学校」の位置関係が問題化せざるを得ない。逆に専門学校と同じように、旧制高校の大学化も認めるとすると、今度は大学の「予科=前期課程」の役割を担う機関がなくなってしまう。やがて一世紀近くを経て、大綱化のなかで大学の「教養」と「専門」の敷居を取り払ったことが教養教育の弱体化を招いたのは、すでに述べた通りである。しかし同じ問題は、実はすでに大正期から、「大学」と「(旧制)高等学校」の接続をめぐる問題として熱心に論じられていたのである。

この意味で、大学のあり方が根底から問われ始めるのは、一九一〇年代まで遡れる。一八年、新渡戸稲造や吉野作造ら東京帝大の教授たち一六名が、「大学制度改正私見」という大学改革案を政府の臨時教育会議に提出した。そこで目指されていたのは、専門教育の機関と学問的な研究機関の分離である。たしかに当時の帝国大学にも、大学院が設置されてはいた。しかし、その実態は「不備甚たしく又其成績に至りても遺憾とすへきもの多き」状態であった。要するに、大学院の体を成していなかったのだ。そこで提案者たちは、「専門的知識の大要と実務的教育とを授くるの学府」である大学と、「学術の蘊奥を攻究する」ための研究組織としての学術研究所を分け、それぞれの目的に合った体制を再構築すべきとしたのである。

阿部重孝の改革案と東京帝大の反発

天野郁夫は、こうしたなかで東京帝大教授の阿部重孝を中心に一九三〇年代後半に組織されていった教育改革同志会が構想した教育改革プランと、これを拒絶した東京帝大の対立的構図に、当時の学制改革が孕んでいた構造的な軋轢の縮図を読み取っている。天野によれば、近衛文麿が主宰する昭和研究会とも連携していた教育改革同志会の改革プランは、「大正末から昭和初期にかけて急激に進行し始めた教育の「大衆化」に対応するため、教育の実際化、教育機会の平等化、教育制度の合理化を図ろうとする、ひときわラディカルな改革案」であった。すなわち同会は、学校体系を小学校、中等学校、大学校、大学院の四段階に一元化し、「現行の高等学校及専門学校は之を廃止」することを目指していた。その場合、中等学校は五年制で、その卒業者が三年制の大学に入学する。現在のシステムに対応させれば、ちょうど高校三年と大学学部前期課程に相当するところに新たな大学教育が構想されていたことになる。

当然、ここでの「大学」は、それまでの帝国大学が前提としていた「大学」とはまるで異なるものとなる。もともと明治期に帝大に入学したのは社会のごく一部の知的上層であり、そうであるがゆえに「学術の蘊奥」を探究するという目的が一定のリアリティをもって受け止められていた。しかし、大正期以降の高等教育の大衆化のなかで、大学の役割は学問を究めることよりも、真に有用な職業人を育てることに変化したと同志会は考えていた。ところが昭和に入っても、大学は「学術の蘊奥」と「職業人の育成」の二兎を、両者の矛盾をあいまいにしながら追い続け、いずれの機能も不十分にしか果たせなくなっていた。そこで彼らは、一方の学問の探究を「大学院」に、他方の職業人の育成を「大学」に機能的に明確に分けることを提案していたのである。その結果、それまで大学と専門学校、高等学校でなされてきたことは根本から再編成され、そこに新たな「大学」が組み立て直されるはずであった。

これはある種の「近代の超克」の大学改革版と言えなくもないが、天野によれば、このような阿部らの発想に猛反発したのが、阿部自身も属していた東京帝大だった。東京帝大内で同時代の学制改革論議に対応したのは、評議会の下に設置された大学制度審査委員会だった。この種の委員会が設置される場合、委員は学内の主だった学部から約一名ずつ選出され、各委員がそれぞれの学部の意向を背景に主張を展開していく。天野はこの委員会が議論の果てに出した報告を検討し、「取り上げた課題のほとんどについて、出されたのは現状維持的な結論であった」と断じている(天野、前掲書)。それらの結論は、東京帝大の教授たちが「強まる一方の外的な圧力に抗して、帝国大学が闘いとってきた「学問の自由」を辛うじて守る」ものであったと長く擁護されていくが、それは「裏返せば帝国大学の特権的な地位の擁護につながるものでもあった」との天野の指摘は、この大学の今につながる本質を射抜いている。

こうした帝国大学の強固な両義的保守性があからさまに示されたのが、阿部らの教育改革同志会が提案した改革プランへの対応であった。大学制度審査委員会は、国の動きを代表するものとして同志会のプランを取り上げている。しかし委員たちの意見では、同志会の「改革案はことごとく批判され、大勢において現行大学制度の大きな改変は不可」とする意見が圧倒的だった。たとえば、阿部らが提案していた学部課程を三年制にすることに対しては、修了年限圧縮によって「現状の大学の教育水準を低下させることには一致して反対し、むしろ年限延長こそ必要であるとの意見が多数を占めた」。すなわち、「日進月歩の学問水準に絶えず応じていくことが大学の任務であり、学生には「独立研究ノ学力技能」が要求されている。これは大学の学術研究能力養成機関としての性格を堅持する立場であり、それは同志会案でいう「大学院」では代行できない」と主張された。こうした立場の最右翼はやはり帝大法学部で、同学部からは、むしろ現状は「大学ニ来ルベカラザル者ノ来タル点ニ問題アリ、帝大ノ法学部ニハ現在ヨリ遥ニ少数ナル者ノミ来タルベキ所ニシテ之等ニハ四年乃至五年ノ年限ヲ課スベシ」という逆方向の提案がなされていた(『東京大学百年史』通史二)。

このような大学観は、東京帝大だけでなく、京都、東北、九州と広がった帝国大学全体に共有されていたであろう。当時、大学システムの頂点にいた帝国大学群からするならば、大学とは「独立研究ノ学力技能」を有する学生が集まり、教授と共に研究を進め、知を創造していく場所であり、高校までの教育機関とは根本的に異なる。この大学概念からするならば、大学院は当然ながら不要である。阿部ら教育改革同志会の面々は、現実には大衆化のなかで大学はもうそのようなものではなくなっていることを踏まえ、むしろ社会全体の知的創造性を上げていくには大学概念を転換すること、大学をそこに来る学生たちが何をどう学ぶことが彼らの未来に役立つのかという視点から捉え直し、研究に焦点化した機能はむしろ大学院に切り分けていくべきと考えたのだが、この大学概念の転換は、「帝国大学」という「大学」の中心性を根本から揺るがすもので、その内部にいた人々が受け入れられる提案ではなかったのだ。

いかに社会の現実から乖離していても、当時、帝大教授たちが固執した大学観は、論理的には一貫していた。大学は、それ自体が卓越した学生の集まる研究の場なのだから、その上に研究のための大学院などいらない。大学を少数精鋭にして、その研究機能をもっと高めていくことこそが大学にはますます必要になるというわけだった。時代状況の変化をまるで受け入れない権威主義と批判するのは容易だが、より一層深刻なのは、このような論争があってから半世紀以上を経て、すでに述べた大学院重点化がなされていく際、多くの大学人がこうした大学観を完全には切り替えず、大学と大学院の概念上の関係を曖昧にしたまま重点化を進めてしまったことである。ここでも「大学とは何か」という問いは等閑に付されたのである。

大学院重点化は、基本的には半世紀以上前に阿部たちが予見していたように大学院を研究活動の中心にする政策なのだから、当然ながら大学とは何かについての再定義が必要なはずであった。しかし、重点化を真っ先に進めた全国の主要大学でそのような再定義がなされた形跡はない。研究よりも学びの機能に軸足を置く大学に本当に四年の修業年限が必要なのか。そして大学が必ずしも「学術の蘊奥」を究めるのではなく、「学生の学び」を広げ、深めていくことを目指す機関なら、逆にその前段階となる高校の役割は果たして何か。中学と高校の関係についても、本当に「三・三」制のままでいいのかが問われるべきだったはずである。おそらく正解は、限りなくすでに阿部らが提案していた方向に近くなるはずなのだが、そうだとすると日本の教育政策は、実に八〇年間以上、いったい何をやってきたのだろうか。

第二章

どれほどボタンの掛け違いを重ねてきたのか

――歴史のなかに埋め込まれていた現在

占領期改革における継続と断絶

すでに触れたように、戦争末期、国家が破滅へと突き進むなかで、まさにその破滅へのエネルギーによって大発展を遂げた理工医学系の高等教育機関は、戦後、新制大学への転換後も多くは名前を変えながら連続的に発展を続けていく。旧帝国大学についていうならば、多くの学部や研究所の変化は名称変更や部分改組にとどまった。たとえば東京帝大では、造兵学科は精密工学科、火薬学科は応用化学科、航空学科は物理工学科等に衣替えし、いずれも戦後東京大学の工学部において今日に至るまで中枢的な地位を維持し続けている。各帝国大学に附設された研究所の多くはさらに連続的な発展の道をたどっており、結果的に戦後の多くの旧帝大で、学部と附置研究所の二重構造が生じていくこととなった。

ただし、そこで数少ない例外となったのは、前述の東京帝大第二工学部である。東京帝大では敗戦直後から、戦時下で軍の強い意向を受けて設立された第二工学部は存続すべきではないとの議論が沸き上がっていた。新制大学への大転換の流れを受け、東京帝大内に組織再編のための新大学制実施準備委員会が置かれ、南原繁総長を中心に第二工学部の存廃が論じられていく。このとき、経済学部系を中心に「二工は戦時中の必要性から生まれたものであるから、終戦、戦後となった現在ではこれを廃止して、その定員分は他の学部に振り分けるべき」との意見が強く出されたという（大山・前田、前掲書）。経済学部は平賀総長時代に「粛学」を経験していただけでなく、法学部から分かれて独立学部となったものの未だ基盤は弱かったので、新規教員ポスト獲得を狙ったわけである。他方、窮地に立つ第二工学部に、同じ工学系の第一工学部から存続への強い支援の手は差し伸べられなかった（同書）。結局、第二工学部は解体され、その六〇講座の三五講座は工学系学部と新たな研究所（東大生産技術研究所）に、五〜八講座は理系学部に、一五〜二〇講座は経済学部と文学部、新たに設立された社会科学研究所に振り分けられた（同書）。今日に至るまで、日本の国立大学ではこの種の教員ポストの分捕り合戦が続いていくが、その露骨な原型がここにある。

他方、大学の制度的な位置づけでは、新制大学への転換を通じて帝国大学の特権性は失われる。旧帝国大学も、高等専門学校から昇格した新制大学も、「大学」という点では同じカテゴリーに括られることになったからだ。しかし、この転換を子細に検討すると、「旧帝国大学の特権的な位置づけを温存してより強固にし、「新制」大学・学部との差異化を図ろうとする文部省の意図」が透けて見えてくる（天野、前掲書、下巻）。すなわち、旧帝国大学は戦後、いずれも国立総合大学に転換していくが、そこで強調されたのは総合性である。この総合性を成り立たせるのは、医学部、理学部、工学部、農学部、法学部、文学部、経済学部の七学部が揃っていることとされた。東大と京大以外の旧帝大は、いずれもこのなかで欠けた学部があったから、七学部が揃った総合大学に発展させるべく政策的な誘導がなされていった。つまり多くの旧帝大で、戦後になって総合大学化に向けた拡張が促されていったのである。

大学概念はすでにパラダイム転換していた

それにしても、敗戦直前の時点で官立が一九校、私立が二七校、公立が二校、すべて合わせて四八校しかなかった国内の大学が、一九四九年の新制大学の誕生によって、国立が七二校、私立が一二〇校、公立が三四校、全体で二二六校と一挙に四倍以上に増えたのは、そもそもの「大学とは何か」という概念の根本を変えてしまうほどの劇的な出来事だった。そしてこの新たに誕生した大学の最大勢力となっていたのが、専門学校や師範学校から大学に転換した諸校であった。この転換こそが、戦後大学の原点を考える最も重要なポイントである。

実際、天野が明快に論じたように、旧制度下の高等教育には、帝国大学、官立ないしは私立大学、（旧制）高等学校、専門学校、師範学校の五種類があり、このなかで「大学とそれ以外の学校種とは修業年限により二層化され、また各学校種には研究か教育か、普通教育か専門教育かというように、それぞれに異なる機能が期待され、さらにいえばこの順で社会的威信の序列構造が形成されていた」(同書)。このシステムの下層をなしたのは普通教育の高等学校、実業主体の専門教育の専門学校、教員養成の師範学校で、上層をなした大学では、官立は帝大のみが総合大学、他の官立大学はすべて単科だった。新制大学はこの重層的に複線化されていた高等教育のシステムを、一挙に四年制の「大学」に一元化したのである。

当然ながら、「大学」の威信は大幅に下落した。実際、戦争末期に濫造された多くの専門学校は、「施設設備・教授陣ともに貧弱であることを免れず、新制度への移行・昇格を果たし得ぬまま廃校に追い込まれ、あるいは暫定措置としての短期大学への移行を強いられた学校も少なくない。しかし、その大多数は最終的に設置認可を受け、新制大学への移行・昇格を果たすことになる。新制大学のいわば「ボトムライン」は、これら戦時・戦後期に急造された大学・専門学校群によって画され」ていった(同書、上巻)。つまり、戦後日本で大学は、やがてそこに入学する大学生たちが凡庸化していくずっと以前に、まず大学自体が一挙に凡庸化し、量的にも質的にも、かつての「大学」とは似て非なるものになっていたのである。

この大学概念の劇的な変化のなかで、難しい立場に追いやられていったのは、帝国大学と旧制高校である。旧帝大の優越性をなんとか維持しようとする文部省の政策的努力にもかかわらず、「大学」概念のパラダイム転換はやはり帝国大学の特権性を失わせたのである。

実を言えば、戦後すぐの頃ならば、帝国大学が他の多数の新制大学から隔絶する地位を保ち続ける抜本的な方策がないわけではなかった。話は簡単、「大学」であることをやめてしまえばよかったのだ。旧帝大は「大学」であることをやめて、「大学院」に進化する。それに伴い、旧制高校が「大学」に昇格するのである。新制大学の全体像がはっきりしてくるなかで、そのような可能性は教育刷新委員会などでも議論はされていた。しかし、「教育の「民主化」が至上命令とされ、旧制帝国大学がそれまで享受してきた特権的地位に厳しい批判の目が向けられた占領下に、それはあからさまに表明することの困難な方策」だったと天野郁夫も認めている(同書、下巻)。結局、文部省が選んだのは、旧帝大と専門学校から昇格した新制大学を制度上は平等に扱いつつ、実質的には差別化するという諸方策を重ねていくことだった。そしてこの曖昧な差別化は、その後も長きにわたって継承されていくことになる。

いうまでもなく、日本のトップユニバーシティを大学院大学化する政策は、こうした可能性が議論されていた時代から約半世紀後の一九九〇年代、別の仕方で実現されていく。しかしそれは、大学とは何か、大学院とは何かという根本的な問いが置き去りにされたまま、そして実質的な重心が学部に置かれ続けたまま、重点化された大学院の院生定員を急増させ、そこに教員たちが所属するかたちをとることで予算増を狙うという姑息な目論見に基づいていた。

しかし実は、ここで本当に問題だったのは、予算増を狙う姑息さではない。「大学」の再定義もなく、「大学」と「大学院」の違いも曖昧なまま、多くの教員がその両方に足を置き、目先の業務を無際限に拡大させていくことが、どれほど大学本来の使命から乖離していくリスクを孕んでしまうかに、大学が著しく無自覚であったことが問題なのだ。しかもこのような問題の端緒がすでに、敗戦直後の新制大学成立期に表れていたことに、果たしてどれだけの大学政策担当者や大学人が気づいていたと言えるだろうか――。

旧制高校を呑み込んだ旧制帝大

帝国大学は、曖昧な仕方ではあれ「新制大学」の一つとして生き残り、その優越的地位を維持していくが、旧制高校のほうは占領期改革の流れをまともに受けて生き残ることができなかった。この運命の差は、単に占領軍が日本の旧制高校の気風に批判的だったとか、旧制高校が占領軍とうまく渡り合えなかったとかいった些末な理由によってもたらされたのではない。むしろ、新制大学と六・三・三・四制という一元的な教育システムが戦後日本に導入されていくなかで、旧制高校の居場所が構造的に失われてしまったことに最大の理由がある。

すでに述べたように、旧制高校はあくまで高等教育の教育課程であり、今日の高校のような中等教育の課程ではない。研究と教育を一致させる帝国大学が今日的な意味では大学院課程に相当したのに対し、将来の帝国のエリートたちの知的基盤を育む旧制高校がしていたのは、今日的な意味では大学の教養教育である。したがって、米国的な基準でいうならば、帝国大学はグラデュエート・スクールに近く、旧制高校はカレッジに近い。ところが占領期改革のなかで米国的なカレッジに近いものとして戦後日本の「新制大学」が制度化されていったために、そもそもそのようなカレッジに近い存在だった旧制高校には、まとまって新制大学になるか、あるいは新制の総合大学に吸収されていくかしか現実的に残された道はなかったのである。

このときもし、帝国大学が思い切って丸ごと大学院になる道を選んでいれば、旧制高校にはその下のエリート・カレッジになる道があったかもしれない。ところが帝国大学は卓越した研究型大学院になるのではなく、総合的な新制大学になる道を選んだから、旧制高校はその新制大学のなかに吸収合併されていくしか道がなくなっていったのである(表2-1)。

当時、こうした構造的文脈に最も意識的だったのは、東京帝大最後の、と同時に新制東京大学最初の総長だった南原繁である。多くの他の帝大が、新制の国立総合大学になるに当たって

表 2-1　戦前の旧制高校一覧

旧制高校	その後身
ナンバースクール	
第一高等学校	東京大学
第二高等学校	東北大学
第三高等学校	京都大学
第四高等学校	金沢大学など
第五高等学校	熊本大学など
第六高等学校	岡山大学
第七高等学校造士館	鹿児島大学
第八高等学校	名古屋大学
その他 3 年制	
新潟高等学校	新潟大学
松本高等学校	信州大学
山口高等学校	山口大学
松山高等学校	愛媛大学
水戸高等学校	茨城大学
山形高等学校	山形大学
佐賀高等学校	佐賀大学
弘前高等学校	弘前大学
松江高等学校	島根大学
大阪高等学校	大阪大学
浦和高等学校	埼玉大学
福岡高等学校	九州大学
静岡高等学校	静岡大学
高知高等学校	高知大学
姫路高等学校	神戸大学
広島高等学校	広島大学
旅順高等学校	廃校
富山高等学校	富山大学
帝国大学予科	
北海道帝国大学予科	北海道大学
京城帝国大学予科	廃校のちソウル大学
台北帝国大学予科	廃校
官立大学予科	
東京商科大学予科	廃校
東京工業大学附属予備部	廃校
神戸経済大学予科	神戸大学
東京医科歯科大学予科	千葉大学
旅順工科大学予科	廃校
7 年制	
東京高等学校	東京大学
東京府立高等学校	東京都立大学
大阪府立浪速高等学校	大阪大学
台湾総督府立台北高等学校	廃校のち台湾師範大学
武蔵高等学校	武蔵大学
甲南高等学校	甲南大学
成城高等学校	成城大学
成蹊高等学校	成蹊大学

南原繁（『南原繁著作集』第1巻，岩波書店，1972年より）

旧制高校をいわば解体しながら取り込んでいったのに対し、戦後の東京大学では旧制一高と東京高校を丸ごと取り込み、東大教養学部を創設していった。これは南原自身が帝国大学の学知タテ割りに疑問を感じており、本来、大学という理念を実現するためには横断的なリベラルアーツが不可欠と確信していたからだった。そのため、南原は東京帝大内の様々な保守派の抵抗を巧みに退けながら、東大教養学部設立に邁進していく。その根底にあったのはキリスト教リベラリズムで、ヨーロッパの大学におけるリベラルアーツの決定的重要性についての彼の深い理解が大きく作用していた。

しかし、このストーリーには裏がある。欧米の大学＝ユニバーシティにあって日本の帝国大学にはなかったリベラルアーツを、日本の再出発のなかで文理を越えたジェネラル・エデュケーション（一般教育）として帝国大学に大胆に導入し、明治以来、この大学が担ってきた「帝国の知」の体制を革新する、そのために旧制一高を中心に駒場キャンパスに東大教養学部を独立した学部として設置する――これが、南原が様々な場で公に発言していた目論見である（吉見『大学という理念　絶望のその先へ』）。しかし、この志高い目論見と並行して、この大学ではもう一つのポリティクスが働いていた。そのポリティクスの根底にあったのは、本郷にあった旧帝大諸学部の旧制高校に対する差別意識である。

戦後の東京大学で、南原や矢内原忠雄は一般教育を新しい大学の学びのヨコ串として構築していくことに熱心だったが、「理科系統の教授は積極的には賛成しなかった」。つまり、「東大全体の制度委員会の空気は「全員そろって一刻も早くやろうではないか」というよりも「総長もいうし、新制大学ではそういうこともしなくちゃならないのではないか」という空気」であったという。そして、この動きと旧制高校との合併話が並行するなかで、本郷を拠点とする旧帝大の教授陣には、旧制高校の先生たちを「（本郷に）入れないという考えは非常につよかった」。戦後教育学の生みの親となる海後宗臣の回想によれば、当時、旧帝大側には、「一高・東京高校の教授は全員東大に入るのではなく、選ぶのだという考え」が根深く、「東京大学と高等学校を一緒にするわけにはゆかんという空気」を充満させていたという（堀尾輝久・寺﨑昌男編『戦後大学改革を語る』）。したがって、南原や矢内原らキリスト教リベラル派の大学ビジョンと、大多数の旧帝大教授たちの自己防衛的な思惑の間には大きな乖離があった。

その結果、一方では、専門諸学の教育しかしてこなかった旧帝大の教授たちにとってはやっかいな代物である一般教養教育を旧制高校出身の教員に押し付けつつ、今や東大教授となったそれらの人々を駒場キャンパスに教養学部としてまとめて押し込んで、本郷の専門諸学部からは分離しておこうという妥協策が浮上してくる。南原や矢内原がそのような仕方で東大教養学部を構想していたのではまったくないが、本郷の伝統的な諸学部の教授たちにとっても、教養学部＝駒場キャンパス分離案は、決して都合の悪いものではなかったのである。

東大コマバの脱植民地主義的な挑戦

しかし南原は、東大教養学部設置をこのような妥協案で止めなかった。彼は、駒場キャンパスの教養学部に「塔」を作ることにこだわる。「塔」とは、つまり学部後期課程である。東京大学に入学したすべての学生は前期課程の二年間を駒場キャンパスで過ごす。そこで一般教育を担当するのは、かつて旧制高校の教師であった教養学部の教員たちだった。もしも後期課程は本郷の専門諸学部が、前期課程は駒場の教養学部が担う二層構造が固定されれば、ここには帝国大学と旧制高校の組織的差別構造が温存される。そこに風穴を開け、学問に新しい流れを作るという目論見から、南原らは駒場に後期課程も含めた学部を置くことにこだわった。

この南原構想に対し、旧帝大の教員たちはまったく「よろこばなかった」。彼らには、「教養学なんてない、学問の各分野は全部本郷に揃っているという考え」が強かったという（同書）。それでも南原は、オルテガ・イ・ガセットが『大学の使命』で論じた大学概念を念頭に、「教養が大学の本質だ」というのに近い考えを持っていた。ここで彼がいう「教養」とは、大正教養主義的なものではなく、中世西欧のリベラルアーツにまで遡る意味での文化概念である（吉見『大学とは何か』）。そのような意味での教養は、大学一、二年生だけで済むものではない。特定の専門に特化するのではない総合知を、「もう少し高めた、深く研究していったものがあっていいのではないか」という考えが南原にはあって、学部後期課程に教養の「塔」を設けることが必要だと考えていた。

比較文化論や科学哲学から表象文化論、超域文化学まで、あるいは国際関係論から相関社会科学まで、東京大学の「コマバ」に族生していく諸学は、このようにして旧制高校のリベラルアーツが帝国大学（＝本郷）による植民地化を逃れて独立を勝ち取っていくために創造したものである。だから、それらの根底には、ある種のポストコロニアルな自由への意志が、少なくともかつては内包されていた。そして、その嚆矢の一つが国際関係論となった背景に、初代教養学部長の矢内原が植民地政策学の専門家であったこともあったという歴史的皮肉は想起され直すべきだろう。しかも、このような「コマバ」の教員たちによる脱植民地化の挑戦は、少なくとも一九九〇年代初頭まで続くのだ（私自身、七〇年代に本郷の社会学や政治学の伝統的諸教室に対抗してコマバに相関社会科学という新しい学科が設置されるとき、馬場修一や大森彌といった設置のコアメンバーがどれほど苦労したかを学生として目の当たりにしている）。しかしやがて、この脱植民地化は、九〇年代の大学院重点化で「コマバ」が大学院研究科となり、その後に駒場出身の映画学者蓮實重彦総長が誕生したことで一つの完成＝終わりを迎える。

重要なことは、東京大学における本郷と駒場という二つのキャンパスの関係は、歴史的には旧帝大と旧制高校の不均等な関係に由来し、ポスト旧制高校たる教養学部の一般教育は、最終的には旧帝大的な専門教育優先の体制から独立を勝ち取ったわけではないことである。事実はむしろ逆で、タテ割りの本郷の後期専門教育は、ヨコ串の駒場での前期一般教育課程をかなり早い段階から侵食し始めていた。すなわち、これまた理系を中心に、前期課程の一般教育は後期課程の専門に向けての「基礎教育」と見なされていくようになり、大学教育に関してまったく異なる理念を内包しているとは見なされなくなっていった。そのため、二年間で出発した前期課程教育はやがて一年半となり、実質的にはさらに縮小されて今日に至る。

同様の縮小は他の新制大学でも広く見られた。「一般教育の導入に対して専門学部が反対した主たる理由は、理系、とくに工学部では、専門教育の時間数が少なくなり、工学教育の水準を下げるというものだった。導入するとしても、人文科学や社会科学の履修をなるべく少なくする」ことが求められた。そして実際、理系諸学科は、一般教育科目をリベラルアーツ科目としてよりも、「専門教育の準備教育として利用」する傾向があった（吉田文『大学と教養教育』）。というのも、大学の制度的な位置づけが転換しても、旧制大学から受け継がれた専門教育の成り立ちを根本から変えようという考えは教授たちの間にはなく、一般教育を準備教育的なものとして捉えるほうが都合がよかったのである。

リベラルアーツは専門知の基礎なのか？

結局、七つの旧帝大で、東京大学のように旧制高校を再編し、新制総合大学のリベラルアーツ教育を担う学部に統合していった大学は他になかった。旧帝大を刷新し、リベラルアーツ教育を担うカレッジを育てていこうとするならば、たとえば京都大学は旧制三高を、東北大学は旧制二高を、名古屋大学は旧制八高を、九州大学は旧制福岡高校をというように、それぞれの旧帝大が対応関係を持つ旧制高校を中核にして教養学部を組織してもよかったはずだ。

しかし現実には、旧制高校の廃止は諸々の駆け引きのなかでなし崩し的に進んだのが実態だった。当時、文部省からは、旧制高校の身の振り方として、①新制高校への移行、②単独での大学昇格、③他大学・専門学校との合併による大学昇格、④既存大学の一部への統合という四つの選択肢が示されていた。このなかで新制高校への移行を選んだ旧制高校は一つもなかったが、これは当然である。というのも、旧制高校が新制高校に移行するということは、教員たちには大学教授から中学教諭になるようなものだと受け止められた可能性があり、そのような選択はされるはずがないからだ。結果的に、高等教育機関で新制高校になることを選ぶような機関はなかったから、新制高校は旧制中学からの「昇格」組が担っていくことになる。そしてその玉突きで、今度は新制中学のところが空白となり、そこには高等小学校(国民学校高等科)が「昇格」していくことになった。要するに、ほぼすべての学歴段階において、それまでの地位からの「昇格」、別の言い方をするならば「上げ底」が行われたのである。

したがって、当時の旧制高校にとって現実的な選択肢は、いかにして大学に転身するかであった。ところが当時、旧制高校が単独で教養大学になるのは困難だった。本当は、米国には良質な小規模カレッジが多数あるのだから、日本でも旧制高校がそのまま小規模で質の高いリベラルアーツ・カレッジになってもよかったはずである。事実、二〇〇〇年代以降、秋田県の国際教養大学をはじめ、かつての旧制高校をはっきり意識したリベラルアーツ大学が増えつつある。しかし本来、七〇年前の旧制高校廃止の際、それらがすべて小規模の最高水準のリベラルアーツ・カレッジとなれていたら、戦後日本の大学教育は実際とはかなり異なる様相を呈していたと想像される。だが当時、文部省は旧制高校がそのまま新制大学となることを認めなかった。また多くの旧制大学は、旧制高校を吸収合併し、占領期改革が要求していた一般教養教育に対応しようと狙っていた。教員たちも、旧制中学と同じレベルへの降格はご免だが、大学教授なら、もっと自分の専門を生かせると期待していたのではないだろうか。

ちなみに今日、各県の中核的県立高校が、同じ名前の旧制高校と連続しているかのように思われることがあるが、これは単純な誤解に基づいている。たとえば、旧制浦和高校は、戦後の新制浦和高校とは別の学校である。戦後の浦和高校は旧制浦和中学が発展したもので、最初から中等教育課程だった。旧制浦和高校は、東京帝大が教養学部を設置するにあたり、旧制一高や東京高校とともに吸収合併できないかと様々に画策した高校だった。南原繁はこの合併構想に熱心で、文部省の「一県一大学原則」の例外を東大には認めるようCIE（民間情報教育局）とも交渉していたが、CIE側は、国土全体で均衡ある高等教育を目指す大方針を無視し、東大ファーストを押し通そうとする南原の姿勢を、「農夫が、木からよく成長し熟した赤い林檎をむしりとるが、他の青くみすぼらしく、よく成長していない果実は置き去りにするようなものだ」と評していたという（羽田、前掲書）。この比喩は、旧帝大のほとんど無自覚な傲慢さに対する痛烈な批判といえる。そしてこの一例は、当時、旧制高校の身の振り方をめぐって、様々な思惑と生々しい争奪戦が水面下で戦わされていたのではないかと推測させる。結局、南原らの野心は文部省とＣＩＥの双方に阻まれて挫折し、旧制浦和高校は、埼玉師範学校などと統合して今日の埼玉大学となった。このように、曲折を経ながらも旧制高校の教員たちは、多くがやがて国立大学教授となっている。

結局のところ、文部省も旧制諸大学も、旧制高校が担ってきたリベラルアーツをどう戦後的に刷新していくかということよりも、帝国大学の中心性を維持しつつ、各県に一つずつ新制国立大学をバランスよく整備し、そこに旧制の専門学校や高等学校、師範学校の教員を体裁よく吸収していく実務処理を優先させたのである。他方で旧制高校の教員たちも、いかに大学教授に昇格していくかに最大の関心があった。当時を知る教育学者の城戸幡太郎は、高校教員たちに「従来の高等学校にあった一般教養的な役割をどうしてもどこかで生かさなくてはならんという考えは余りなかった」と回想している（堀尾・寺﨑、前掲書）。

学部タテ割りを増殖させた旧制高校廃止

ここにおいて、「タテ」と「ヨコ」の調整という大学の根本問題が浮上する。すなわち、専門学校や師範学校の場合、その教育はタテ型に構成されているので、一つの新制大学に統合される場合でも、それぞれの専門に応じて工学部や医学部、農学部、教育学部になっていけばよかった。ところが、新制大学には専門教育だけでなく、一般教育が必須とされていた。吉田文は、戦後、「複数の別種の高等教育機関が再編統合して一大学となった国立大学において、学部の独立性は高かった。学部間に共通の一般教育を一元的に導入することは、縦に並列する学部に横串をさすような試みであった。特定の専門分野に依拠して成立している学部にしてみれば、一般教育は異分子にほかなら」なかったと書いている(吉田、前掲書)。

このようなタテ割りの大学組織に対し、そもそも旧制高校はヨコ型の教育組織であった。リベラルアーツにとって重要なのは、学生たちが異なる分野の知を深い仕方で横断する能力を身に着けることである。したがって、この旧制高校の教育は、新制大学のなかで、本来は文学部や理学部などタテ型の教育組織に閉じ込められてしまうべきではない。一九九〇年代、大綱化によって教養部にいた教授たちが専門学部に移行することで教養教育が弱体化していったのと同じ構造上の問題が、すでにその半世紀前にも存在したわけだ。

ところが実際には、旧制高校の教員たちは新制大学で、多くは文理学部や文学部、理学部、法文学部といった学部に組み込まれていくことになる。しかも、当初は文理学部一つで統合されていた場合でも、やがて多くの大学が組織拡大のため、文学部と理学部、また法学部や経済学部、農学部と学部を分化させていった。天野郁夫は、旧制高校を併合して誕生した地方国立大学と、専門学校の統合だけで生まれた地方国立大学で、その後の学部数の増加、つまり総合大学化の度合いに顕著な違いがあることを示している(天野、前掲書、下巻)。これは重要な指摘で、大学側からすれば、旧制高校の教員を文理学部などに擁していれば、そこには多様な専門が含まれるから、そのそれぞれの専門教員を原資として新学部設置を計画していくことができた。旧制高校の合併は、新制大学の学部増殖策にとって有利な基礎となったのだ。こうして多くの大学で、旧制高校を基盤に複数の専門学部が誕生していった。

しかし、まさにこれが大学教育にとってリスクであることに、かの米国教育使節団報告は早くから気づいていたように見える。戦後大学改革論の原典として知られる同報告書は、日本の高等教育があまりにタテ割りの専門教育を優先させてきたことを批判し、学生たちの自由な思考を広げ、その知的創造力を伸ばしていくには、米国のカレッジでなされているジェネラル・エデュケーション(一般教養教育)、つまりヨコ型のリベラルアーツ教育が不可欠なことを強調していた。だからこそ、ＣＩＥは、戦後日本の国立大学再編の原則として、人文学、社会科学、文学、自然科学などの個別学部を認めてはならず、すべてリベラルアーツ学部に統合されるべきと明記していた。その本旨からするならば、学部として独立が許されるのは、医学部、法学部、工学部、薬学部、教育学部、農学部などの応用的で職能的な分野に限られ、他のすべての学部教育はリベラルアーツ学部に統合されるとされたのである。

これに対して文部省側は、文学部や理学部などの単独学部の設置は「大学基準協会の基準の中にもすでに出ているし、それを基にして大学設置委員会でも採用して公表しておることであるからして、それ(リベラルアーツ学部への統合)を厳格に言って貰っては我々として処置ができない」と反発し、CIEの「原則」を拒絶するスタンスをとっていた(同書)。この拒絶は実質的な必要から来ていたと思われるが、そもそもなぜCIE側がリベラルアーツ学部への統合にこだわったのかを、文部省側が理解できていたかどうかは疑問である。

実際、文部省だけでなく、新制大学側も、新たに導入される一般教育とリベラルアーツの関係を理解していなかった可能性が高い。吉田文もこの点について、新制大学の設立に際し、日本では「アメリカでは当然のことである、ジェネラル・エデュケーションがリベラル・アーツであるということが議論された形跡はなく、人文・社会・自然のカテゴリーにおいて多様な科目を用意するのが一般教育という理解で進んでいた。したがって、その後の議論は、どの科目をどの系列にいれるか、一般教育として何単位の履修を求めるかという技術論に終始」したと要約する（吉田、前掲書）。つまり当時の大学人は、「アメリカにおけるジェネラル・エデュケーションの多様なカリキュラム・モデルの存在や、その理念の歴史的変遷などを理解するには至らず、ましてや、配分必修制の欠陥がどこにあるかは知らないまま、配分必修制の表面をなぞり、「バランスを重んじた編成」に終始した」のだった（同書）。

結局、旧制大学は、新制への転換に当たり、廃止された旧制高校の遺産を一般教育の担い手として引き入れつつも、大学の学部編成では旧制大学の考え方を変えはしなかった。つまり、それらの旧制大学は、旧制高校を自校の一般教育を担わせるために吸収しながらも、それを学内措置による分校（教養部）とし、東大のような新しい高度なリベラルアーツを目指す「塔」の設置すら認めなかったのだ。その結果、「旧制下における旧制大学と旧制高校の教員の身分差を、そのまま新制大学に持ち込むことになった」（同書）。つまり、リベラルアーツとしての一般教育の独自性が理解されず、それらに専門教育のための基礎教育の位置しか与えられなかったために、後期課程に対する一般教育の、つまりは専門諸学部に対する教養部の従属的な位置が覆されることはなく、組織間の差別が長く残存し続けたのである。

だからこそ、一九九〇年代に文部省主導でなされた大綱化が、こうした長年の植民地的構造を断ち切ろうとするものであったことは改めて確認しておきたい。少なくとも諸大学の一般教養課程に配属されていた教員からするならば、専門学部に所属する教員はそれぞれの専門的研究に直結する内容を教えているのに、自分たちだけが「専門教育の基礎をなす」一般教養教育に縛り付けられているのは差別的待遇以外の何物でもなかった。だから当然、そのような差別は撤廃されるべきであると考えられていたのである。そして、大綱化によってその「差別」が撤廃されると、それまで教養部に所属していた教員は、大挙して専門課程のほうに移っていった。その結果、すでに述べた教養教育の弱体化が多くの大学で生じていく。これらはすべて、大綱化の前どころか、すでに新制大学成立期から予見できたことである。

カレッジとしての新制大学――未完のビジョン

問題の根本は何かと言えば、日本では、新制大学になってからも、リベラルアーツ・カレッジとしての大学という概念が未発達なままにとどまったことである。そのような概念が未熟だったからこそ、旧制高校は新しいカレッジの萌芽として発展させられるのではなく、占領軍に促されて導入した一般教育を教える教員の供給源として新制大学に吸収されていったのだ。旧制大学では自明の前提とされてきたタテ割りの専門知の場としての大学概念が、旧制高校を含みこむなかで根本から変わらなければならないとは考えられていなかったのだ。

ただし、この大学概念の転換には、旧制高校をそのまま新制大学として独立させることを志向していた人々のほうが自覚的だった。東京帝大に旧制一高を組み込み、駒場キャンパスに新たに教養学部を誕生させようとしていた南原繁らに、最後まで頑強に抵抗したのは旧制一高校長だった天野貞祐である。天野と南原の確執はよく知られているが、務台理作は後に、天野には、旧制一高を東大とは別の独立した大学にしようという考えがあったと回想している(堀尾・寺﨑、前掲書)。天野は、旧制高校が四年制の大学に発展し、旧帝大は大学院となるべきだと考えていた。旧制高校と旧制帝大を一つにするのではなく、それぞれを分離したまま一方はカレッジとして、他方はグラデュエート・スクールとして発展させる。その場合、カレッジ＝大学の教育の中核に据えられるのは総合的なリベラルアーツであり、タテ割りの専門知ではなかった。大学はタテ割りの専門知の空間から、そのようなヨコ串の総合知の空間に変身しなければならないというのが、旧制高校校長の新制大学観であった。

旧制高校のリベラルアーツを新制大学の仕組みの中核にしていくべきだという考え方は、大学紛争の直後あたりまで残っていた。旧制武蔵高校教授から東大教養学部教授に移り、南原・矢内原改革を支えた物理化学者の玉虫文一は、一九七〇年代初頭、紛争後の東京大学再生の方向として、「現在の教養学部が中核になって、リベラル・アーツ・カレッジに該当するものをつくり、同時にいまの教養学科を拡大する。そのかわり第一年級の定員を半減して煙突じゃなくて二階建にする。つまり四年のリベラル・アーツ・カレッジを組織する。これを中心において農学部、医学部、工学部、法学部のような専門学部を併置する。それらの学部には教養学部からトランスファーしていく学生もあるが、それと同時に他の大学の前期課程の単位終了した学生を収容しうるようにする」というプランを提案していた(同書)。

ここに示されているのは、その後に実際に進んだ専門学部中心の大学院重点化とはまったく異なる未来の高等教育へのビジョンである。それによれば、大学の主軸はリベラルアーツ・カレッジに置かれ、その脇で様々な専門研究や専門職人材育成の仕組みが発達していく。日本でこそ、こうしたビジョンは空想的と見えるかもしれないが、国際的にトップレベルの高等教育ではこちらのほうが主流だともいえる。実際、玉虫もリベラルアーツ・カレッジを主軸に専門的な教育が複線的に交差していく構造のほうが、米国のトップ・ユニバーシティでは一般的なのを強調しているし、その場合、大学院は学部が上に持ち上がるような仕方ではなく、学部とは別個のシステムとなっていかなければならないはずだった。

旧帝大の継続とは一線を画すリベラルアーツ・カレッジを構築しようというビジョンとは別

に、新制大学は専門教育と一般教育をタテヨコに交差させる仕組みを構築していくべきだとの発想も早くから存在した。一九七〇年代初頭、前述の城戸は一般教育と専門教育はそもそも前期課程と後期課程で分ける必要はないと論じていた。なぜならば、一般教育＝リベラルアーツとは統合的な総合知であり、「我々の知識を具体的な生活要求に応じて、人間の主体性から integrate していく」知だからだ。そのような統合知は、「何も前期にそれをやる必要はないんで、後期にやる必要もない、四年間を通じて専門教育をやりながら」、専門的な知を統合していく役割を担えばいい。つまり大学は、タテ型の専門知を教えるファカルティとヨコ型の統合知を教えるカレッジが交差するように組み立てるべきだと城戸は主張したのである。

北海道大学教育学部にいた城戸は、北大においてそのような仕組みを提案したらしい。ところがその提案は、即座に周囲からの反対を受けて挫折したようだ。それが「何故できないかと言えば、一般教養は前の北大予科なんですヨ。それだけで、一般教育をやらそうとしてたんですヨ。専門教育と一般教育との教授陣容そのものに一つの格差を考えていたわけですネ、だから専門教育の学部の教授会にも入れないというような、そんな考え方から、われわれの考えているような学部そのものの内容を integrate するなんていうことはとうてい出来ないわけですヨ。そこに大きな壁があるわけです」と述べていた(同書)。要するに、戦後の新制大学でリベラルアーツ・カレッジが発達しなかったのは、理念的な理由というよりも、ここに明瞭に示されているような学内教授会の差別意識に起因していた。

和田小六と東京工業大学の挑戦

しかし、敗戦直後の日本には、これらの旧制一高や新制東京大学を舞台にした幻のリベラルアーツ・カレッジ構想だけでなく、むしろ単科大学や専門学校によるリベラルアーツを軸にした構想も存在した。その代表は、和田小六に導かれた東京工業大学の教育改革である。和田は、木戸孝允の孫で、昭和天皇の内大臣木戸幸一の実弟だった。母方の祖父は日本の工学教育の父とされる山尾庸三、娘婿は経済学者で一橋大学学長をした都留重人である。つまり彼は、近代日本を代表する名家出のエリートだった。若くして東京帝大航空研究所(現先端科学技術研究センター)所長となり、レーダー開発で著名な八木秀次の後を受け、一九四四年に東工大学長となる。専門は航空工学で、戦時中は中島飛行機の総帥中島知久平とも交流があった。その彼は、早い段階で日本の敗戦は避けられないと見越し、敗戦後の日本復興のために大学をどう変えるべきかを密かに考えていた。

岡田大士によれば、和田は戦時中から戦後の大学に根本的な刷新が必要なことをメモに書き

和田小六（写真提供：東京工業大学博物館）

留めていた。すなわち、日本の大学教育は「職業教育に近きものが大部分」で、これは根本的な誤りである。戦後日本は、「今迄の研究組織、機構を一応全面的に解消し、新たに大規模な建直し」をすることになるが、とりわけ大学は特定職業に向けた「知識の切り売り」から脱し、「大学の学科を廃止し、科目を教授指導の下に自由選択せしめ、個性を生かした各種の人材を養成しなければならぬ。現在のごとく、学科、学級等に制約され、一様同一型の人材を作ることは職業教育に惰するのであって大学教育本来の性格として執るべき策でない」と、日本の高等教育の弱点を看破していた（岡田「東京工業大学における戦後大学改革に関する歴史的研究」）。

実は、東工大は戦時中、毒ガス兵器をはじめ兵器製造の研究に教員たちが従事していたが故に、海外の情報を比較的よく入手できていた。彼らが戦中期からモデルとしていたのはＭＩＴ（マサチューセッツ工科大学）の教育改革だった。そのＭＩＴが、工学系の職業訓練校から世界トップのカレッジへと大転換していった最大の理由は、何といっても隣接するハーバード大学との対抗関係だった。ハーバードは、すでに一九世紀末までに米国内では頂点に位置づく大学となっていたから、ＭＩＴからすれば相手の長所をさらに改善して組織化することが改革には必須だった。そして一九三〇年代のＭＩＴでは、学長のカール・コンプトンと副学長でコンピュータ開発の分野で決定的な役割を果たしていくヴェネヴァー・ブッシュによって大胆なカリキュラム改革が推進されていく。基礎科学的な科目が大幅かつ横断的に取り入れられ、ＭＩＴは工学専門訓練学校からユニバーシティへと一気に脱皮するのだ。東工大が目標としたのは、そのようなリベラルアーツ・カレッジに大転換中のＭＩＴだった。

そうした戦中期からの準備を経て、敗戦後、東工大では一九四五年九月から一〇月にかけて抜本的な教育改革に向けての学内論議が進み、和田学長の下に教学刷新調査委員会が組織されていく。そして翌四六年二月には、「東京工業大学刷新要綱」が策定され、改革は一気に実施に向かうのだ。その議論においては、「専門学科の画一的標準課程を撤廃し、学生の才能及び個性を尊重し講座選択の自由を与える」ことや、「高い識見と深い教養を持つ技術者を育成するために人文学科を拡充し、一般教養、社会学、経済学、心理学、科学史、技術史、現代哲学、統計学、研究方法論等に関する講座をもうける」ことが、他に先駆けて打ち出された。

つまり、東工大の戦後改革の柱をなしたのは、第一に、日本の大学で牢固たるタテ割りの壁となってきた専門領域ごとの学科を廃し、大学の研究教育組織を横断的な体制にすること、第二に、新しい人文社会科学系の講座を、「高い識見と深い教養を持つ技術者」育成にとって不可欠との考えから大幅拡充することだった。この改革のスピードたるや圧倒的に早く、やがて東京大学が南原繁を中心に旧制一高を併合して東京大学教養学部を発足させていくのよりよほど先駆けていた。戦後日本の高等教育で、戦前からのタテ割りを排し、リベラルアーツ教育を最初に大胆に導入したのは、実は東大や京大でも、早慶でもなく、東工大だったのだ。

留意すべきは、なぜ、東工大がこうした大学改革を真っ先に推し進められたのか、そのより構造的な文脈である。東京工業大学は、もともとお雇い外国人ゴットフリート・ワグネルの進言により、隅田川沿いの蔵前に設立された東京職工学校から出発している。創立は一八八一年で、ワグネルは七三年のウィーン万博に明治政府が参加する際、佐野常民らと協力して、日本からの出品や現地調査をまとめあげた中心人物である(吉見『博覧会の政治学』)。そのワグネルは、万博への出品や内国勧業博開催と並行して、日本のエンジニアリングの実践的技能を向上させていくために国立の職工学校設立を推進したのだった。

明治期を通じ、東京職工学校はエンジニア養成の中核であり続けるが、東京帝国大学工学部との間では卒業生の処遇に画然たる差別が続いた。つまり、一方は帝大、他方は専門学校という格差があり、職工学校出身者は、いくら技能が優れていても、キャリアで帝大出身者を超えることができなかった。この差別の解消が、一九一九年の大学令を機に同校が大学化を目指した最大の理由で、実際に二九年に大学に昇格する。折しもその直前、二三年の関東大震災で罹災し、キャンパスは蔵前から大岡山に移転することになる。しかし、キャンパスも新しくなり、制度的には大学に位置づけ直されても、戦前期にはまだ東工大は、帝国大学と同等の社会的地位を獲得できてはいなかった。とりわけ戦中期、東京帝大のなかに実践的な工学を目指す前述の第二工学部が設置されると、両者はその目指すところが重なっていたこともあり、東工大は優秀な学生層を東京帝大第二工学部に奪われるという危機に直面していった。

まさにこの危機のなかで、大学の性格そのものを専門学校から根本的に転換しようという動きが、学長の和田からのトップダウンというだけでなく、同大学で海外事情に詳しい若手教員たちからも湧き上がっていったのだ。こうして彼らは、日本の敗戦が間近いことを見通しながら、ＭＩＴをモデルとするリベラルアーツ・カレッジへの転身を目指していく。

そしてやがて、戦後東工大のリベラルアーツ系の教授陣には、キラ星の如き面々が揃っていく。まず、哲学では古在由重がおり、やがて鶴見俊輔が加わる。心理学では宮城音弥がいた。

教育学では、後に文部大臣となる永井道雄がいた。人類学では、やがて「発想法」で名を馳せる川喜田二郎がいた。科学史系では、田中実などの名前があった。音楽や文学では、園部三郎、中村光夫といった名前もあった。だからたとえば、「思想の科学研究会」などの戦後文化研究の中心的基盤は、東大ではもちろんなかったし、慶應や早稲田でもなく、東工大にあったのだ。換言するなら、戦後日本の大学におけるリベラルアーツでは、一九五〇、六〇年代の京大人文科学研究所、一九七〇、八〇年代の東大教養学部と並び、この戦後の東京工業大学が、もうひとつの大きな三つの山脈の一つをなしていたのだった。

ボタンの掛け違いはやがて複雑骨折に至る

戦後日本の新制大学は、戦争末期に爆発的に拡張した理工医系の専門機関を衣替えするだけで引継ぎ、そのような体制を前提に出発した。ここにおいて、旧帝大をはじめとする国立大学での理系優位の構造が条件づけられたわけだが、そうした体制は高度経済成長期に工学系が産業的な必要性からさらに拡張を重ねたことで決定的となった。旧帝大と他の国立大学、あるいは国立と私立という必ずしも対等とは言えない関係のなかで、そうした応用的な知に対置されるべきリベラルな知の概念は未発達だった。その結果、戦後日本の学問と教育の体制全体が、理工医系の応用的な知を優位に置き、文系、それもとりわけ人文学系の基礎的な知を下位に置く方向で構造化されていったのである。これが、第一のボタンの掛け違いである。

しかし、大学教育という観点からするならば、より重大なボタンの掛け違いが、旧制帝国大学が国立総合大学となり、旧制高校が廃止されていく際に生じていた。新制大学発足に際し、それまでの複線的な高等教育の体制は、六・三・三・四制という一元的な教育体制のなかに組み込まれ、多くの専門学校や師範学校が大学に統合されていくことになったが、そのようなタテ型の専門教育が大学に統合されていくに際し、旧制高校が担ってきたようなヨコ型のリベラルアーツの新しい大学教育のなかでの位置づけについての合意はなされなかった。東京大学では南原繁総長のリーダーシップがあり、それまで旧制一高のキャンパスだった駒場に後期課程までを含む教養学部が誕生したが、そのような例は稀で、多くの旧制高校の教師たちは、大学教授となった後も教養部として専門学部に対して周縁的な位置に留め置かれるか、あるいは文理学部のような仕方でタテ型の教育体制の一部として位置づけられていった。戦後日本では、旧制高校と新制高校の根本的な違いも十分には認識されてこなかったし、その旧制高校に内包されていたリベラルアーツが、高等教育にとっていかに根本的かも認識されてこなかった。これが、戦後日本の大学にとっての、最も根本的なボタンの掛け違いである。

これらのボタンの掛け違いは、一九九〇年代以降の「上からの改革」で、さらに複雑骨折化し、深刻な袋小路に陥っていくことになる。旧制高校廃止や新制大学における一般教育＝リベラルアーツの位置づけの問題が、大綱化以降の教養教育の空洞化と不可分の関係にあることは明白である。大学院重点化がもたらした困難も、もともとは新制大学発足の際、旧帝大が大学院大学への転換をせず、旧制高校を吸収しながら大学をカレッジとして再定義しなかったことと関係がある。九〇年代に実際に行われた大学院重点化よりも、政策として優れていたと思われる改革案は、すでに三〇年代、阿部重孝らによって提案されていたのだ。つまり、大学＝ユニバーシティにおけるリベラルアーツ・カレッジと専門知の教育機関との関係を長い視野から構造化できない限り、新しい時代の大学と大学院、そして社会の関係をデザインし直すことはできない。さらに加えて、国立大学法人化により拡大した文系と理系の貧富の格差は、そもそもは戦争末期にセットされた両者のアンバランスな関係を背景としている。

なぜ、単位制が理解されなかったか

だが、戦後日本の大学が囚われてきたボタンの掛け違いは、実はこれだけではない。組織の全体構造のレベルのみならず、一つひとつの科目というミクロなレベルでも、深刻なボタンの

掛け違いが生じていた。それは、科目と単位の関係について生じた掛け違いである。寺﨑昌男が指摘するように、単位制度そのものは、戦前の日本になかったわけではない。大正期の大学改革のなかで、日本女子大学校の創立者成瀬仁蔵がハーバード大学をモデルに導入しようとしたのが嚆矢であり、その後は東京帝国大学文学部や東京工業大学でも単位制という考え方の導入が試みられていた。しかし、前者では「学科ごとの最低必修単位数と学生が選択に応じて取ることのできる単位数とを定め」、それを学部規定に記しただけだったようだし、後者の場合、一週一時間通年で一単位という計算法が定められ、「学生の個性を伸ばして独創的な研究をなさしむるには科目制度を便利としたので」単位制度を採用したとされ、科目制と単位制があまり区別されていなかったようだ(寺﨑『日本近代大学史』)。

つまり戦前期、「単位」は選択科目をカウントする方法にとどまり、その「制度の採否は大学の選択に任され、計算方法も普遍性がなく大学間の共用は不可能」な状態だった。このような単位理解から、東工大のように通年で一週間、一時間の授業が一単位に相当するという考え方もあれば、慶應義塾大学のように通年で一週間、二時間の授業が一単位とされる場合もあった。選択科目導入によって、同じ学年学科の学生は皆で同じ科目を履修していくという画一性からは脱却しつつあったが、まず通年で開講される科目があり、単位はそれを数字に換算したものにすぎないと見られていた。しかも、同じ慶應義塾大学の経済学部でも、「経済原論」だけは「重い」科目として、通年で一週間、三時間が一単位とされたようで、「単位制度は教育方針を象徴的に表現する制度として活用」されていたことが見て取れる(同書)。

しかし戦後、占領軍の介入により、科目と単位について新しい考え方が挿入されかける。務台理作は大学基準協会のなかで単位制度の原案が出来上がっていく過程について、基準協会の日本側メンバーが当初、「単位数は一科目二時間で一単位と考えたところ、アメリカの助言者の方から、アメリカでは一科目四単位になっている。それは先生が研究する時間や講義のあと学生自身がそれを検討する時間をも考えている、だからただ二時間やるということで一単位ということにはなっていない」と指摘されたと述べている。この場合、CIEから来ていた助言者は、おそらく一セメスターの一科目が標準的には四単位だということを言ったのだろうと察せられるが、当時の日本はまだセメスター制よりも通年制が前提だったから、通年で一科目四単位とすれば注文に対応できると受け止めたのではないか(堀尾・寺﨑、前掲書)。

米国での常識からするならば、単位と科目の関係は教育の質保証の根幹だった。なぜならば、単位とは教授たちの教える科目＝知識の重みを示す数値ではなく、学生たちの学びの時間を構造化する基本「単位」であり、だからこそそれは大学のカリキュラムの基軸をなすものだったからだ。実際、ＣＩＥの担当者たちが単位と科目の対応に関する計算方式の基礎としたのは、日本人の一週間の平均労働時間であったという。その労働時間と同程度の時間を学生が勉学に使うとしたら、どのような時間配分が授業と予復習になされるのかという観点から単位数の計算がなされていった。つまり大学教育は、教授たちがどれだけの科目を教えているかではなく、学生がどのような学びの時間を営んでいるかという観点から組織されていかなければならない。そのような考え方が単位制の根底にあり、この共通通貨があらゆる科目を貫くことで、科目間に互換性が生まれ、学生の学びの横断性にもつながっていくのだった。この学修者の視点からの学びへの視座が、日本の大学には根本的に欠落していたのである。

日本の大学や文部省には当時、このように学修者の視点から大学教育を捉えていく発想がなかった。そのため彼らは、単位制は大学教育を画一化するとヤリ玉に上げていく。佐々木重雄によれば、当時、単位制には「文部省なんかが旗頭になって反対した。それ(単位制)は、大学側にも困る点があった――つまり抱えている先生を、内容がかわっても何とか帳尻合わせて使っていかなければならない。特に私立大学では、それで一般教育の方も科目が細分化された。二単位のものがウンと増えた。一番多いところは六〇余科目もあった。一般教育の方は増やさなくちゃいけないが人がいない。それで形式的に解釈した」のである(同書)。

つまり、新制大学の成立自体がある種の戦後処理だったわけだから、まずそこに様々な専門の教員たちがいた。それが所与としてあったわけで、大学側は、その先生たちと何らかの対応がつくような仕方で科目群を設定していかなくてはならなかった。他方、文部省からすれば、学生が授業時間外でする活動は視野の外だから制御できない。むしろ、個々の細かい科目に単位を割り振っていくことで、実質的に単位制を有名無実化していくほうが大学教育は落ち度なく実施されているように見える。こうした両者の思惑が一致するところで、単位制とは名ばかりの細分化された科目制のカリキュラムが出来上がるのである。ここではカリキュラムとは学修者の学びの時間を組織することだという視点が、ごっそり抜け落ちていた。

大学基準協会における曲折

当時、占領軍の考え方が日本の大学関係者に伝えられていく窓口は、南原繁のいた教育刷新委員会ではなく、和田小六がリーダーシップを発揮していた大学基準協会のほうだった。同協会には、東京帝大からは社会学者で文学部長もしていた戸田貞三や法学部長の我妻栄が参加していたが、南原自身は参加していない。他方、ＣＩＥ教育課高等教育班の主要メンバーはここに加わっており、米国的な大学教育の日本への導入という点では、教育刷新委員会以上にこちらが主戦場だった。この協会では、旧帝大や旧制高校組が一定の距離を取るなかで、早慶や東工大、東京商科大(現一橋大)、東京医科歯科大などの旧帝大以外の旧制大学、それに日本女子大、東京女子大、東京女子高等師範(現お茶の水女子大)、津田塾などの女子大系が主導権を取って占領軍と緊密に連携しながら戦後の大学教育の骨格を形作っていたのである。

そしてここにおいて、新しい大学教育へのビジョンを最も明確に保持し、大胆に改革を進めようとしていたのが、すでに述べた東工大学長の和田小六であった。彼は、戦後日本の工学教育は、「人間的教養」の醸成を根幹とし、「教養高き技術者」を養成することに向けて抜本的に転換されていかなければならないと考えていた。南原の改革意志は彼の哲学的理念から出ていたが、和田の改革意志は彼の実経験から出ていた。その分、和田はより実践的で、ある意味ではよりラディカルであったとも言える。実際、和田は理系学部にしばしばみられる応用的専門主義を警戒していた。その和田の意志を反映して、基準協会要綱案の工学系分野では、「大学教育の内容は文化的教養を高める学問・基礎科学及びその応用である工学が適当に調和されたものでなければならない」ことが強調され、また「教授の適切なる指導の下に広範囲に修学の自由を認める自学自習の習慣を養ひ修学の自主性を促すことにより学生の個性を充分に延ばすと共に教育の画一性を避けるやうにしなければならない」と特記されていた。

新制大学の単位制度をどう設計するかは、こうした大学基準協会での大学改革構想にとって核心的だった。基準協会の歴史を詳細に検討した田中征男は、「CIEは、日本の高等教育における過密カリキュラムを問題にし、学生の自由な学習を保障するために授業時数を大幅に削減するよう、強く指導した」と推定している(田中『戦後改革と大学基準協会の形成』)。戦前までの日本の高等教育において学生の履修科目数があまりに過密になってきた、つまり学生が細分化された多数の授業に出席しなければならない状況だったのを改善するために、統一的に単位と科目の関係を組織することは重要だった。

米国の大学での一般的な例に倣い、大学四年間で卒業するのに必要な単位数はだいたい一二〇～一三〇単位と想定されていたから、履修科目を統合していくためには、科目に対して単位を画一的に設定し、それを相対的に重くしていくことが必要だった。議論の結果、当初基準協会が出していた案は、「学年を二学期に分け、一学期を一五週とし一学期を通じ一週一時間を講義・実験・製図・演習の別なく一単位とする」ものであった。この計算法だと、だいたい一〇〇～一二〇分の授業は、週一回の開講ならば二単位、週二回の開講で四単位となる。他方で前述のように、CIE担当官は「アメリカでは一科目四単位が標準的」と述べていたわけだから、そこでは基本的に一週二コマ分開講の授業が標準的とされていたことになる。

ところがその後の基準協会での議論で、この案は変更を余儀なくされていく。教える側の感覚からするならば、講義、演習、実験、実習などの単位が一律に算定されるのは納得がいかない。講義は労を要するし、実験や演習では教師の負担は相対的に小さい。だからそれに応じて単位数も加減されるべきだとの主張が大勢を占める。また日本側は、「学生の自由な学習を保障するためには図書館や自習室など、充実した教育施設・設備を必要とするが、現在の日本の経済情勢ではとうてい望みがたい」と、敗戦国の現状では新しい学習を実現する前提が整っていないことを指摘していた。そしてさらに、彼らは「授業時数をあまり少なくすると、日本の学生は結局「遊んで」しまうのではないかという不安」も表明した(同書)。結局、CIEの考え方をストレートに反映していた原案は、紆余曲折を経て、卒業単位数は原案通り一二〇〜一三〇単位とする一方で、講義、演習、実験・実習の三種類に区分して一単位の授業時間数を一対二対三の比率とすることとし、結果的に授業時間数が増やされていくこととなった。今日の日本では、語学系の授業や体育系の授業など、一般の講義に比べて単位に対する授業時間数が大きい科目は少なくないし、そもそも一科目一セメスター四単位を基本とするという考え方が日本では確立していないから、授業科目数は際限なく増殖している。

それから七〇年以上を経て、新制大学成立期に問われた日本の大学教育の根本的な問題点はいささかも改善されていない。当時、CIE担当官たちが問題視した科目の過密さは、改善されないどころかさらに悪化している。今日では、多くの大学で、学部生たちは一週間に一二〜一四科目の授業を履修しているともされる。そのように履修科目が過密だから、学生たちは授業から授業へと忙しく渡り歩き、出席点を稼ぐ以上のことができないのだ。文科省や大学の教務担当者は、学生の実質的な学修時間がちっとも増えないとぼやき続けるが、当たり前である。すでに戦後改革のなかで危惧されていたように、履修科目があまりに過密で、細かく多く、しかも戦略的に組織されていないのである。要するに、学生たちの学びの時間のマネジメントが、日本の大学ではまるでできていないのだ。そしておそらく、この問題は比較的新しい大学よりも、旧帝大を引き継いだトップ校のほうが深刻である。戦後日本の大学は、ボタンの掛け違いを根底から問い直すことなく、さらなる掛け違いを続けてきたのである。

第三章 キャンパスは本当に必要なのか

——オンライン化の先へ

オンライン化の津波が大学を襲う

すでに序章で論じたように、二〇二〇年、コロナ危機が長引くなかで、オンライン化の奔流は全国の大学教育の現場にパラダイム転換をもたらしていった。大学の授業をオンラインですることは、多くの教員にとって避けて通れない選択肢の一つとなった。やがて数か月間の経験を通じ、オンライン授業の強みと弱みもはっきりしていった。大きな強みは、オンラインの教室ならば移動のための時間が消え、どこからでも容易に授業に参加できることである。異なるキャンパスでも自宅でも、地方でも海外でも参加可能である。何よりも、オンラインならば子育て中の学生や障碍者の学生、様々な理由で大学キャンパスまでやって来ることが困難な学生も、海外にいて来日できない学生も、授業への参加の意志さえあれば参加できる。つまり、オンラインは授業に参加する学生層のすそ野を広げるのである。だから、実空間での対面的な授業のほうがオンライン授業よりも常に優れているとは必ずしも言えない。

通信回線の安定性が増し、参加者がシステムの操作に慣れていけば、オンラインでの少人数授業は、教室での対面授業とさほど変わらぬ双方向の応答を可能にすることが少なくない。それどころか、少なくとも授業への集中度や議論の密度では、対面以上にオンラインで高い効果を期待できる場合がある。オンライン上の教師と学生の応答には様々な仕組みが用意されており、教師側が教育方法を熟達させていけば、より正確にそれぞれの学生の理解度を個別に観察でき、学生からより低いハードルで反応を引き出していくこともできるからだ。

実際、オンライン授業の受講学生からは、「大教室の授業よりも発言しやすく、チャットも意見を書きやすい」「遠隔でも対話は円滑で、自分の意見を全員に知ってもらえる」といった感想が、教員からは、「学生の発言回数が通常の授業よりも圧倒的に増えた」「対面よりも密度の濃い授業ができるかもしれない」といった感想が聞かれる。二〇二〇年夏頃までの感想を総合すると、オンラインの双方向授業には、予想以上にポジティブな反応も少なくない。

もちろん課題もあり、同時双方向型の授業では、学生の授業へのコミットメントが高まる一方、参加者相互に横で討論するのが簡単ではない。また、初対面の学生がお互いに仲良くなることや、参加者が場の雰囲気をつかむのにも困難が伴う。つまり、授業に参加する学生たちがある種のコミュニティを形成していくには、オンラインの対話だけでは難しいのである。さらに、学生はこれまでのところ、しばしば通信量節約のためにカメラをオフにするが、そうするとお互いの距離がまるで見えなくなり、その場の共有感は一挙に弱まる。物理的に離れ離れでも、お互いの顔が見えていることが心理的に重要なのである。

こうした技術的問題はしかし、比較的早期に解決されていくだろう。比較的少ない通信量でお互いの表情を見ながら対話を続けられる技術的環境が整備されるはずだ。端末の普及や通信コストの問題も、いずれ解決する。経済的理由から端末を持っていない学生には、大学や公的機関が無償で貸与する仕組みを整えなければならない。通信コストの問題も、経済的理由から限界を抱えている学生を補助する仕組みが必要である。小中高校でも同じだが、オンラインの基盤は教育の機会均等を保障する基本的条件である。これらは新しい施設を建設する費用に比べれば、はるかに安いコストである。今後、大学は全体として、コンクリートからオンラインへと予算の比重をシフトさせていかなければならないはずだ。

しかし、これらのすべての課題が解決されていったとしても、まだ残る問題がある。実技系や実験系の授業では、教師と学生が実際に同じ空間にいなければできないことが少なくなく、オンライン授業には限界がある。あるいは、ワークショップやフィールドワークが中心の授業もオンラインには代替できない。これらはいずれも、具体的な空間や場所に学生が身を置くこと自体に価値があるからだ。したがって、大学も完全にオンライン化されることは不可能であり、望ましくもない。未来の大学は、いずれにせよオンラインと対面の複合型となる。

大教室授業のオンライン化は本当に可能か

オンライン授業において、教師と学生が同じ時間を共有しているか、それともしていないかの差は大きい。時間の共有は、両者の間にコミュニティを形成させる最低限の条件である。しかしその場合、各科目の学生数が問題となってくる。たとえば、参加者が二〇人以下であれば、教師はオンラインでも全員から反応を引き出し、参加者相互の議論も活性化させることができる。しかし、参加者が五〇人、一〇〇人の規模になると、オンライン上では学生を「マス」としてしか認識できなくなる。もちろん、チャット機能を使って学生から質問を出してもらうことはできるが、画面の向こうに誰がいるのか、実感ではつかめない。個と個の具体的な関係性が匿名化されるのである。そうすると、授業はどうしても一方通行的になる。その場合、コスト面からも、学生の利便性という面からも、大学はオンデマンド配信型を選択していく。

大教室授業だと教師と学生のインタラクションは必然的に失われると思われがちだが、実はそんなことはない。熟達した教師は、対面ならば大教室の授業でも学生との間に対話的関係を形成していくことはできる。たとえば、一〇〇人の学生がいる授業で、一人平均一五秒の発言ならば、全員が発言しても三〇分以内である。九〇分授業で、教師の話は五〇分以内に収め、その途中で突然、この種の学生とのやり取りの時間を取ることができる。学生の自発的な発言を待っていては時間切れになるから、教室のどこかの席から順に発言させていく。どこから始めるかは、その時々の教室全体の反応を見て、反応が少し悪そうな席から始める。

当てられた学生が沈黙していると、「また後で当てるね」と言ってパスする。しばらくして、別の話題で同じ学生にまた発言させる。ただ単位が欲しいだけの学生は、こんな教師の授業はおそらく敬遠するだろう。昔の大学によくあった放任主義にもいいところがあったが、最近では、大学は出席管理を厳密化しているので、学生たちには出席の習慣がある。しかし、出席しているからといって、その学生が授業に真剣に参加しているとは限らない。出席した以上、学生は本気で授業に参加すべきである。教師には学生に発言させる権限があり、どのタイミングで誰に発言させ、学生間でどう対話を活性化させていくかが留意すべきポイントとなる。自分の手持ちの知識を学生に伝えるためだけに教師がいるのでは断じてない。

こうした授業はしかし、オンラインで実現するのは困難である。実際の教室ならば、教壇に立つ教師は空間的な肌感覚として、どのあたりの学生が食いついてきており、どのへんの学生は「引いている」かを感じている。だから、ちょっとあの席に矢を放っておくのがいいと瞬間的に判断する。しかし、オンラインではこうした空間感覚で相手の反応を感じることができない。つまり、大規模なオンライン授業では、実際の教室のような仕方で教師と学生が向き合えない。どうしても配信型が中心となるなかで、なお教師と学生の対話的な関係はいかに可能なのか――。大規模なオンライン授業で受講生から有効な反応を引き出すには、実空間の場合とはまったく異なる方法論や仕組みが必要なのだ。配信するコンテンツを作り込み、学習支援の仕組みを精密に設計しなければならないのである。

しかし、二〇二〇年春、突然のコロナ禍で、多くの大学で教師たちは俄か仕立てでオンデマンド配信用の授業コンテンツを録画するように要請された。十分な支援もなく、録画したコンテンツを将来どう利用するかという戦略があるわけでもなく、とにかく緊急対応で、各教師は自宅のパソコンの前に座り、今まで対面でしていた内容を、パソコン内蔵のカメラとマイクに向かって演じて見せたのである。当然、教師は収録した内容が、自分に見えないところで何度も視聴されていくと予想するから、普段の授業以上に熱心に準備をして授業の収録をする。したがって、今回の急激なオンライン化が、いわゆるFDとして果たした効果は計り知れない。その反面、この方式は「手間がかかりすぎる」との不満も生まれる。

学生側からすると、こうして配信されるコンテンツは、必要な知識を入手するには便利である。この便利さから、授業の大規模オンデマンド配信も不評ではない。学生は、自分の都合のいい時間に科目のサイトにアクセスし、先生が「熱演」している姿を視聴すればいい。分割視聴もできるし、重要そうなところは何度も繰り返す。主題に関係なさそうだったら、早回しにしてもBGM的に流すだけでも心配はない。学生は、講義配信サービスを試験対策のために最も効率的な仕方で消費していくであろう。もちろん、要求される小レポートは抜かりなくアップロードする。予備校的な学習に慣れている学生には、この方式のほうが馴染みやすい。

しかし、これは本当に大学教育のあるべき姿なのか。危機のなかで爆発的に広がった緊急避難的なオンライン授業は、果たしてオンライン教育の本来の可能性を生かすことになっているのか。あるいは少なくとも、それが目指されていると言えるのか。とりわけ大規模配信型の授業では、今まで教室でしていたことを、そのままビデオ録画すればいいわけではない。教育効果を上げるには、根本的に異なる方法と支援の仕組みが不可欠なのだ。

つまり、実空間であれオンラインであれ、大学教育の根幹は、教師と学生が何らかの学問的な問いを共有することである。この共有にとって、空間的な条件とは別に、最も重要なのは時間の共有である。しかし、配信型のオンライン授業では、学びの時間そのものは共有されず、学生が随時に授業を受信する。この空間も時間も非共有の状況で、それでも学問的な問いが共有されるには、物理的に所与としてあるのとは異なる仕方で、その問いを成り立たせる文脈が共有される仕組みが人工的にでも構築されていかなければならない。

オープン・エデュケーションにおける日本の遅滞

ところで、オンライン型授業を遠隔教育の一種とするならば、そうした対面とは異なるタイプの授業の始まりは、広くは戦中期のラジオ放送の教室利用にまで遡ることができる。日米開戦直前、総動員体制が整うなかで、小中学校の教室でのラジオや映画の利用が推奨された。とりわけラジオは、戦時に向けたプロパガンダ装置の役割が期待されていた。

こうして一九四一年、国民学校令施行と共に「修養訓話」などの道徳性の強い授業をラジオ放送の活用で実施することが推奨されていく。ファシズムは、しばしば技術の力で一つの声をすべての少国民に行き渡らせることを好む。これが四五年八月一五日、天皇の玉音放送を小中学校の校庭で聞く生徒の姿につながった。つまり、「八月一五日」の象徴的シーンに至る小中学校でのラジオ放送と生徒の関係は、戦中期を通じて培われていたものだった。

とはいえ、放送と学校がより深く結びつくのは一九五〇年代末以降である。NHK教育テレビが誕生するのが五九年。六〇年には有線放送を学校内に整備していく動きも顕在化している。たとえば、東京・世田谷区立の多聞小学校では、校内に有線テレビ放送の設備を整え、音楽室を仮放送スタジオにして、児童の遊戯、作文朗読、合唱、座談会などを教室に放送していた。この校内テレビは「学校独自の企画で自由に番組をつくり放送できる」のがメリットで、「校内で起こった問題」等の話題を取り上げていたという（『朝日新聞』（東京版）一九六〇年一二月四日）。級友が日々教室のテレビ画面に映るのだから、子どもたちにとってはエキサイティングな経験だったに違いない。新しいメディア技術の導入では、半世紀前の公立校のほうが今よりよほどオープンだったのかもしれない。

しかし、一九五〇年代までに試みられていたのは、ラジオや有線テレビを学校の教室にどう導入するかであって、教室の授業を家庭にどう配信するかではなかった。これに対して六〇年代末、日本でも放送大学設置の動きが本格化する。背景には、教育格差の是正、さらには高等教育のユニバーサル化とオープン・エデュケーションといった考え方があった。

このオープン・エデュケーションの潮流は、一九六〇年代以降の世界で持続的に広がっていく。当初、これをリードしたのは英国のオープン・ユニバーシティだった。労働党政権の強力なイニシアティブによりオープン・ユニバーシティが設立されたのは六九年、世界の大学で学生叛乱が渦巻いていたのと同じ時代である。英労働党政権は、労働者階級にも高等教育を行き渡らせることで英国の階級構造に変化をもたらしていく目論見をもって、中世からの名門校とは対極的な大学を設立していったのだ。そして、今日に至るまでに、アジアでは四〇校以上、ヨーロッパでは約二〇校、アフリカでは約一〇校の「オープン・ユニバーシティ」が設立されている。これらは一般の大学のように入学に高いハードルを設けず、授業料も相対的に安価で、やる気さえあれば誰もが高等教育を受けられるようにすることを目指していた。

十数年の準備を経て、一九八三年に開設された日本の放送大学も、こうした世界的潮流の一部だったと言えなくもない。しかし、同大学の当初の英語名称は「The University of Air」で、文字通り放送電波を用いる大学という意味だった。二〇〇七年に至り、世界の基調に合わせるように英語名称を「The Open University of Japan」に変えているから、ようやく「電波技術を用いた教育」が目的なのではなく、あらゆる階層、民族の人々のための大学となることが放送大学のそもそもの目的であると理解するようになったのかもしれない。

換言すれば、日本の大学の大きな変化は一貫して技術に先導されてきたのである。放送大学の設立と同じ八〇年代、衛星通信からの授業配信が予備校の教室に入り始めていた。さらに同じ頃、パソコンをどう教育現場に導入するかという議論も盛り上がり、これがやがてネットの教育利用についての議論に発展していく。九〇年代半ば、インターネットは学校教育の既成概念を壊し、教師と生徒の関係に根本的な変化をもたらすとの認識が広まっていた。

そして一九九〇年代後半、マルチメディア教育論のブームが沸き起こる。今日、オンライン教育について論じられることの大部分が、この時期のマルチメディア教育論ですでに出揃っていた。そこには国内外の複数大学をネット回線でつなぎ、同時双方向型の授業を共同で実施することや、ネット上のバーチャル空間で臨場感溢れる学習体験をさせること、デジタルアーカイブから動画や資料を自由に取り出して教材とできるシステムの提案までが含まれていた。四半世紀後、これらは世界各国で相当程度現実のものとなっている。

一九九〇年代後半と今で大きく異なるのは、当時のマルチメディア教育論は日本国内から海外にも活発に発せられていたのに対し、今日のオンライン教育では、国際的にみて日本が大きく後塵を拝している点だ。学校教育でのコンピュータ利用全般では、二〇〇〇年代初頭までは日本と海外諸国で大差はなかったが、〇九年に日本はOECD諸国のなかで最低水準となり、その後も停滞状態が続いてきた。九〇年代のマルチメディア教育論の華々しさとは裏腹に、その後の日本はオンライン化が最も遅れた国になっていったのである。

なぜ、このような遅滞が生じたのだろうか。文部省は、一九九五年の時点ですでに、マルチメディアが大学教育に普及することで、複数の大学や学部の授業がテレビ画面を通じて共有化されていく可能性や通信教育のスクーリングが遠隔型になっていくことも予見していた。二〇〇〇年には、授業をインターネットで海外向けに公開することや、ネット上で得た海外大学の単位を日本の大学での単位とすること、さらには通信制大学で最低限必要とされた対面授業をインターネットで代用できることなども可能にする法令等の改正が行われていた。

これだけ条件が整っていたにもかかわらず、それから約二〇年間、日本での教育オンライン化は、想定されていたスピードでは進まなかったのである。おそらく、この二〇年間の遅滞の最大の原因は、マルチメディア教育が先端技術主導の実験モデルであったのに対し、教育のオンライン化は社会組織の仕組みの変革を必要としていたことにあったのではないかと思われる。新しいメディア技術を基礎に、未来的な教育実験をしてみるところまでなら日本は世界の最先端に近かった。だが、教育組織の仕組み自体を変え、新しい職能の担い手を継続的に雇用する必要が生じたとき、日本社会はその組織変革力の弱さを露呈させたのである。

オープン・エデュケーションとしてのOCW

話をオンライン教育に絞るなら、その後の世界でこの流れをリードしたのは、二〇〇二年にＭＩＴで始まったＯＣＷ（Open Course Ware）である。ここでも根底に流れていたのはオープン・エデュケーションの考え方で、大学の授業映像や関連資料を広く公開し、人々の共有財産とすることが目指された。ＭＩＴのＯＣＷは大成功し、〇三年には五〇〇科目の、〇四年には九〇〇科目の公開を進めていく。この流れを受けて日本でもＯＣＷを推進する動きが主要大学に起こり、〇五年には東京大、京都大、大阪大、東工大、慶應大、早稲田大の六大学で授業コンテンツをネット上に公開する取り組みが始まった。

私自身、東京大学のＯＣＷに講師として何度か出演しており、役職的にもこれを推進する母体の近くにいたので詳しいが、関係者の真摯な努力と、これらの流れに参加した主要大学の持続的取り組みにもかかわらず、米国のような勢いでＯＣＷが日本の大学に急速に浸透していったわけではない。断言できるのは、日本で整えられてきたＯＣＷの技術的な仕組みは高度なもので、最先端とも言える精緻さを備えていたことである。したがって、大学オンライン化の日本での遅れは、仕組みや技術能力がなかったからではない。日本の困難は別のところにあり、その一つは著作権処理の複雑さやフェアユース概念の不在、もう一つは、コンテンツ供給側の教員にも需要側の学生にも、流れを拡大する切迫した動機が存在しなかったことにあった。

一方で、日本の著作権法では、コンテンツの公共利用のために著作権者の権利を制限する仕組みが未発達だった。海外で広く認められるフェアユースも認められず、著作物の教育利用でも公衆送信が認められない状態が長く続いてきた。しかも、権利者不明の著作物、いわゆる

「孤児作品」の処理でもハードルが高かった。近年、著作権法第三五条等の改正が進むことにより、この状況が大幅に改善され始めている。しかし、これまで長らく日本のオンライン教育は、著作権処理に膨大な労力と費用を割かなければならない状態が続いてきたのである。そのため、講師から了解を得られても授業映像を気軽に公開することができず、使用された資料についての膨大な権利処理で公開までに長い時間がかかってきた。

他方、コンテンツ供給側でも、授業力の可視化がその教員の評価に結びつく米国に比べ、日本では大学教員に自分の授業を公開する強い動機は生まれにくかった。日本の大学はタテ割りで、学生は一つの学部・学科に所属し、教員も自分の学部学生を相手にした授業に慣れている。学生の母集団が予め閉じられているのだ。もちろん大学には、広報的意味で優れた講義をネット公開する動機はある。しかし、教師側から見た場合、ＯＣＷで授業を公開することは、大学の広報に奉仕するという以上のものになりにくかった。

需要側の学生からしても、彼らの大学選択は、その大学や学部の偏差値がどのくらいで、就活に有利かどうかに左右される。その学部でどんな先生がどんな講義をしているかについての関心は低い。すでにその大学の学生である場合、自分の学部の授業科目にだけ目を向けていれば卒業はできるから、提供されている科目のなかで、最も楽に高い評価が得られそうな科目を選択する傾向が強い。日本の大学では学生の履修科目数が圧倒的に多いから、一つ一つの科目の中身を精査しようというインセンティブは、学生側にも弱いのである。

つまり、大学が「入試」と「就活」に挟まれた中間的期間に過ぎず、しかも履修科目数が過多で、カリキュラムが概ね学部ごとに閉じられている日本の大学の仕組みのなかで、授業のオンライン公開は、大学の広報戦略という以上の意味を持ちにくい。もちろん大学執行部は、優れた授業を可視化して社会的評価を高めていきたいと思っているから、ＯＣＷは一定の広がりは見せる。しかし、コロナ危機が生じる直前まで、授業のオンライン公開がその大学の教育の仕組みの根幹を変える可能性があるとは考えられてこなかった。

大規模オンデマンド配信型授業としてのＭＯＯＣ

日本での普及のこうした限界にもかかわらず、ＯＣＷはオンライン教育が次の段階に向かう重要なステップだった。そもそもネットは双方向的なメディアである。だからすでにマルチメディア教育論でも展望されていたように、教育のオープン化はやがてインタラクティブ化を含むことになる。すなわち一方で、それまでの受講者は発言者となり、他方で、オンライン上の個々の発言者の能力や努力が教師側から可視化されていくようになる。ネット社会の諸領域で起きているのと同じことが、教育分野でも生じるはずだった。

その際、量が問題となる。授業の受講者が数十人ならば、単純にオンラインでの授業コンテンツの配信とオフラインでの対面授業を組み合わせればいい。コロナ危機で多くの少人数授業が同時双方向型のオンライン授業に比較的スムーズに移行したのと同じである。しかし、オープン・エデュケーションの流れのなかで広がったＯＣＷでは、人気科目にアクセスするユーザー数は数十万の単位である。この規模の受講者に対し、一定のクオリティで双方向の学びを提供するにはどのような仕組みが可能なのか。この問いに対する回答が、二〇一二年から全世界で爆発的に拡大していったＭＯＯＣ（Massive Open Online Course）だった。

二〇一〇年代を通じたＭＯＯＣの発展はすでによく知られている。突破口を開いたのはスタンフォード大学で、一一年に三つのＭＯＯＣ科目を開設した。その一つの「ＡＩ入門」は一六万人の受講者を集め、この仕組みの将来性を世界に知らせることとなった。プログラムを推進したチームは商業的成功を確信し、「コーセラ（Coursera）」というベンチャーを立ち上げる。続いて一二年には、ＭＩＴがＯＣＷでの蓄積を生かして同様のプロジェクトを始め、ハーバード大学と共同で「ｅｄＸ」というプラットフォームを立ち上げる。さらに一三年、サンノゼ州立大学を中心に「ユダシティ（Udacity）」が立ち上がる。二〇一六年の段階で、コーセラは一五八

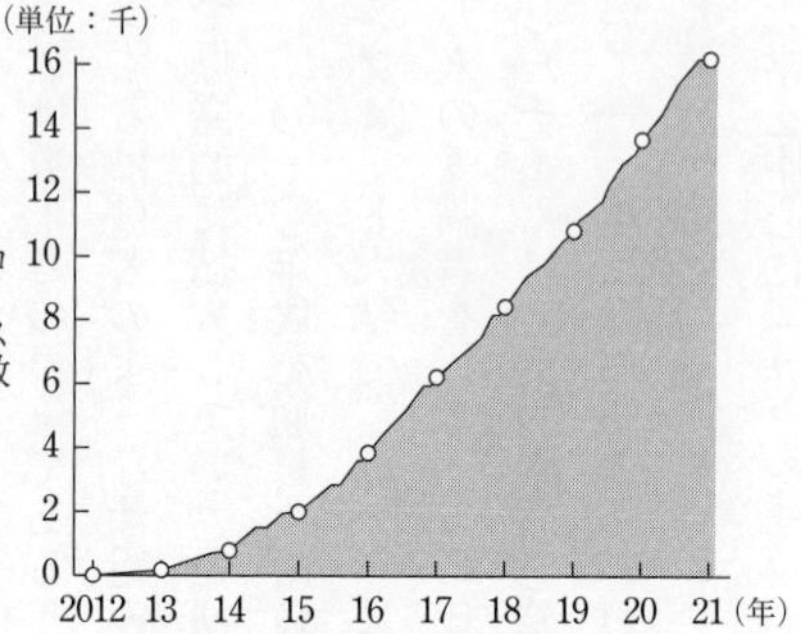

(注) 中国のデータは除く.
(出所) Class Central ホームページ(https://www.classcentral.com/report/mooc-stats-2020/)より作成.

図3-1　急拡大を続けるMOOC：コース数の推移

〇科目、edXは八二〇科目、ユダシティは一二〇科目を提供しているという(図3−1)。

だが、量以上に重要なのは運営の仕組みである。二〇一四年、私がedXで「Visualizing Postwar Tokyo(戦後東京を可視化する)」という八週間の英語科目を制作したときの経験から言えば、大規模な受講者との間に水準以上の双方向性を実現するため、MOOCにはいくつもの運営上の仕掛けが工夫されていた。

第一の鉄則は、講師が一つの話を必ず一〇分以下に収めることだ。一般に、大学教師は話が長い。一時間以上も話し続けることに慣れている。しかし、そのような長話はMOOCでは禁物である。とにかく、一〇分以内で話の起承転結をつけなければならない。一回の講義は、この一〇分以内の話を八〜九ユニット連ねて構成される。そして、それぞれのユニットの間にちょっとしたクイズが入り、学生たちはクイズに答えることで、学んだことの復習をする。

第二に、出席確認やクイズへの返答、様々な課題レポートをホスト側に送信し、一定の水準を超えた受講者には科目の修了証が授与される。この修了証は、それぞれの大学が正式に出すもので、卒業証書ほどの威力はないが、それでも受講者たちには目標になる。つまり、MOOCは単なる授業の公開ではなく、むしろそれぞれの大学が運営する準正規の特別プログラム的な位置づけを持っているのである。

第三に、受講者の学習履歴は、ホスト側のコンピュータに記録され、データ解析の対象となる。その結果、特に優れたパフォーマンスを見せる受講者には、たとえ地球のどんな僻地に住んでいようが米国の大学から奨学金付きで入学の誘いがかかる可能性がある。米国の大学サイドからすれば、MOOCは単なるオープン・エデュケーションではなく、全世界から次世代の優秀層を発掘していくオープン・リクルーティングの仕掛けでもあるわけだ。

このように、講義の分節化とクイズ、修了証、受講者のデータ解析等々の仕掛けが作り込まれているからこそ、MOOCは大規模なオンデマンド配信型授業であるにもかかわらず、その規模の大きさを逆手にとって新しい高等教育を先導するものと見なされていったのである。

ここまで来れば、大教室で教師が学生を相手にするときに駆使していた空間感覚に、オンデマンド配信型の大規模授業が何を代替させていくかは明らかであろう。つまり、コンピュータによるデータ解析技術である。広義のAIと言ってもいい。熟達した教師は、実空間でなら、おそらくAIよりもずっと敏速に目の前にいるそれぞれの学生がどの程度の理解に達していて、その場でどんな問いかけをするのが最適かを判断できる。AIは最後まで、実空間ではこの人間的能力を超えられない。しかし学生の数が数千人を超え、しかもオンラインとなったときには話が違う。どんなに熟達した教師も、学生全体に対する把握能力で、AIの足元にも及ばない。逆にここでは、参加者の数が多ければ多いほど授業におけるホスト側の把握能力が上がり、精密化もしていくことになる。ビッグデータ解析と同じ論理で、むしろ授業規模は大きければ大きいほど良く、理論的には学生数は数十万でも大丈夫なのだ。

MOOCはしかし、オンライン化する大学教育全体をカバーできるわけではない。まず、この科目制作にはコストがかかりすぎる。私の場合、八週間の授業のための映像資料の調査やスライド作成、一〇分以内で完結する英語の話を六〇本以上用意するために数か月の時間がかかった。そして、支援スタッフや撮影チーム、映像編集に要した労力は膨大である。何千とあるオンライン科目の一つひとつにこれだけのコストをかけることは現実的とは言えない。

それに、MOOCは対象とする学生が数千人、数万人の場合には有効な仕組みだが、数百人でもこれだけの労力を各教師が払って授業コンテンツを制作すべきなのかにも疑問が残る。それだけの人件費をかけるのなら、授業編成をもっと少人数クラス化し、ＴＡ（ティーチング・アシスタント）を充実させていくべきである。大学教育の根本は、少人数の学生と教師が密にコミュニケーションをする授業である。時には基礎分野や広くアピールするテーマで念入りに作り込まれた授業を大規模オンライン配信で受けるのもいいが、大学の根本はそこにはない。

ところが実際には、日本の多くの大学では、少人数の対話型授業でも念入りに仕掛けを埋め込んだＭＯＯＣ型でもない、中途半端に受講生の多い大教室授業が支配的である。コロナ危機に際しても、大学はこれらの授業のためにＭＯＯＣのようなコストのかかる方法は採れない。しかし、それらは同時双方向型で授業をするには参加人数が多すぎる。こうして結局、即席でオンデマンド配信型の授業の緊急録画を、非常勤講師を含めた多数の教師にわずかな支援で依頼することになる。その結果、無数の配信用授業コンテンツが、それぞれの教師の涙ぐましい努力によって、家内制手工業のような仕方で制作されていくことになる。

ミネルバ大学の挑戦――キャンパスなき全寮制大学

明らかに、ＭＯＯＣは一つのイノベーションだった。二〇世紀末からのオープン・エデュケーションの流れ、とりわけオンライン化で授業参加者をグローバルに大規模化し、しかも教師と学生のインタラクティブな関係を維持するぎりぎりの技術的可能性を、コンピュータのデータ解析技術によって開こうとした。しかし、大学の未来は必ずしもグローバルな大規模化にあるのではない。むしろそれは脇道で、大学教育の根本は、たとえ規模は小さくても、というか小さいからこそ可能な深い学びを実現することだ。だから、教育のオンライン化をこのもう一つの方向で生かし、MOOCとは別の未来を大学にもたらす道が残されていた。

二〇一〇年代半ば、このもう一つの少人数型教育のオンライン化を徹底させることに挑戦したのが、ベン・ネルソンによって創設されたミネルバ大学である。同大学設立の背景にあったのは、米国のエリート大学の現状に対する批判だった。まず何よりも、米国の大学は学費が高くなりすぎている。ネルソンらには、学費に見合う教育を学生たちは得られているのか、同水準の教育は、もっと安い学費でも可能なのではないかという疑問があった。実際、教育成果についての大学側の評価と実業界の評価には大きな乖離があった。加えて、これまで効果的な教育方法が様々に提案されてきたのに、それらが実行されていないという不満もあった。

米国のエリート大学では、高い学費のために出身階層が限定的になることに加え、留学生率も学部では決して高いわけではない。世界がこれだけグローバル化していながら、米国のエリート大学の学部教育は意外なほど同質的なのだ。このような大学の現状に対し、ネルソンらはミネルバ大学の学生たちに真にグローバルで多文化的な経験をさせ、そこから知的思考を深める習慣を身に着けさせていこうと考えた。

学費の低廉化と新しい教育法の全面展開、そして実社会との連続的な関係形成と真に多文化的な学び――これらを同時に実現するために、ミネルバ大学はキャンパスを持たないこと、つまりオンラインを徹底させることと、少数精鋭の高度な教育を実現することを結びつけた。オンラインで大学経営を成り立たせるだけなら多くの類似例があったし、日本ではそれを売り物にする受験予備校もある。だが、ミネルバが目指したのは、あくまでエリート大学が実践してきた以上に水準の高い少数精鋭教育をオンラインで実現することだった。

一方で、キャンパスを持たないことは、大学の運営コストの大幅削減を可能にした。ミネルバ大学には、立派な校舎もなければ、スポーツ施設や図書館や食堂、サークル活動のための諸施設もない。大学としての投資は、オンライン上で最高レベルの学生の学びを実現することに集中させている。ところがこれだけ大学施設を持たない決断をした同大学が、それでもなお優先的に確保している施設が一つだけある。それは世界各地の学寮である。学生たちが共同で学寮に住むことを、ネルソンらは大学が成り立つ根本と考えている。

この発想の根本には、大学にとって真のキャンパスとは都市そのものだという認識がある。学生は都市で学ぶのであって、その都市から切断された大学キャンパスのなかだけで学ぶのではない。こうした考え方は、学生たちが世界各地の七つの都市を集団で渡り歩きながら学びを深めていくフィールドワーク型のカリキュラムに見事に表現されている。

彼らは一年次にはサンフランシスコの学寮に滞在し、この都市の様々なプロジェクトに参加する。二年次前期はソウルに移る。後期はハイデラバード、三年次前期はベルリン、後期はブエノスアイレス、四年次前期はロンドン、後期は台北である。四年間で世界を二周くらいしながら、異なる社会文化的、政治的環境のなかで、実践的なプロジェクトに関与することを通じて学びを深めるのである。大学は、学生たちがこれらの都市で良質のプロジェクト型学習を進められるよう、これらの都市のパートナー企業やＮＰＯ等との連携ネットワークを形成している。キャンパスを持たないことが、逆に世界大の移動の自由の源泉になっているのである。

もちろん、世界の都市を渡り歩いてプロジェクトの現場に参加していくだけでは、同大学が目指す高度な学びは身に着かない。ここがオンラインの出番であって、一クラス一八人以下の小規模で、各都市の学寮と米国の大学本部にいる教師を結び、同時双方向型の授業が毎日のように繰り返されていくのである。授業の具体的な組み立ては、指定文献の事前予習を前提に徹底した討論を基本にする点で、多くの米国のトップ大学の授業と大差はない。しかし、現場のプロジェクトに半分身を置き、様々な現実的課題に直面しながら、もう半分の身でオンライン上の理論的討論を重ねていくのと、単に文献と概念的な議論の間を行き来するだけなのとでは、教育効果に雲泥の差が出るはずだ。

コロナ危機を経て、Ｚｏｏｍ等での授業が当たり前になった今の大学教師にとって、ミネルバ大学が実施してきたオンライン授業のフォーマットは、パソコン画面の印象としてはすでに馴染み深いものである。しかし、彼らはこのスタイルの授業をコロナ危機のずっと前から実践していたのだ。二〇二〇年、多くの大学が否応なしに取り入れていったのとは異なり、同大学はその方式こそが最も効果的だと判断して、適切なソフトウェアを開発し、教育の総合的な仕組みのなかに取り込んだのである。その分だけ、学生全員からの発言を効果的に引き出す仕組みや発言へのフィードバックの仕組み、授業がすべて録画され、後の分析の対象となることなど、オンライン授業をどう活用するかが考え抜かれている。

オンラインが生む時間と空間の再編

こうしてみると、コロナ危機で全世界的に大学オンライン化への津波が起きる以前から、大きく異なる二つの方向でのオンライン化への地殻変動が始まっていたことがわかる。その一方は、ＯＣＷからＭＯＯＣまでのオープン・エデュケーションの流れで、オンラインを通じて通常の授業以上に作り込まれたコンテンツを大規模な受講者に届けていく方向であり、他方はミネルバ大学が示したように、米国のエリート大学が実現してきた少数精鋭の討論型授業のさらにその先にある学びのかたちを先端的に実践していく方向である。

高等教育の未来のかたちとしてこのどちらがより優れているということはない。オンライン化が進んだ未来の大学で、両者は異なる機能を担い、相補的な関係をなす。一方で、毎年大人数が受講する基礎科目や、講師や内容の点で国内外の多くの受講者の関心を集めそうな科目は、経験を積んだスタッフによる支援体制をつけてＭＯＯＣ科目にしていくのがよい。最初の作り込みは大変だが、何年も使い込んでいくことができる。これは、定番の教科書を制作する感覚に近く、魅力的な教科書ならば数十年の寿命がある。

他方、本来、大学の学びの土台をなすのは、大教室での講義中心の授業ではなく、比較的小規模なクラスでの討論型授業である。このタイプの授業では、教師は本格的な講義をしてはいけない。重要なのは、シラバスでの精密なガイダンス、予習文献の指定、授業冒頭で議論の方向性を指し示すこと、そして優秀なＴＡが学生たちの議論をリードすること。教師はむしろ、そのTAの背後に隠れているべきなのだ。そのような授業が日本の大学で実現しているケースは稀だろうが、これが未来の大学における授業の基本型である。

そして、このスタイルの少人数の討論型授業は、比較的オンライン化が容易である。ミネルバ大学が採用した授業形式は、この点を的確に見抜いていた。すでに述べたように、オンライン授業にとっては教師と学生の間で時間が共有されているかどうかが決定的に重要である。オンライン会議システムの技術革新は急速だから、同時双方向型の少人数授業ならば、対面に劣らない、それどころか対面授業以上の対話的環境が早晩実現される。したがって、大学がオンライン化を前提に教育改革を進めていくには、必然的に個々の授業規模を小さくしていかなければならなくなる。大教室授業のまま、オンデマンド配信型の授業録画を、各講師任せで制作させて授業の質を上げるのは、そもそも不可能なのである。

この大教室授業から少人数対話型授業への大幅移行は、日本においてはとりわけ大規模私立大学を中心に大学運営のあり方に根本的な転換を迫っていくことになるであろう。施設面でも、大教室の需要は相対的に減少していき、ICT機能を備えた中小規模のスタジオ型教室の需要が増加していく。具体的な教育方法に関しては、すでに教育工学などで多くの手法が開発されているからさほど問題にならないが、これまでの非常勤講師に代わり、チームティーチングを可能にする熟練したTA人材をどう養成し、質保証を伴う仕方で大学間の需給をいかに調整していくかが課題となってくる。しかしそれ以上に、オンライン化の進捗に伴い喫緊の課題となってくるのは、オンライン授業と対面授業の時間割上の構造化である。

学生の立場からすれば、ある曜日はすべて対面授業、別の曜日はすべてオンライン授業ならば問題ない。しかし、同じ曜日に対面授業とオンライン授業が混在すると大混乱が発生する。したがって、大学は全学統一的な仕組みのなかで、対面授業とオンライン授業の振り分けをしていかなければならなくなる。しかも、対面からオンラインへの移行は、その分だけ教室が使われなくなるということだから、大学が学内スペースの有効な利用法を長期的な展望のなかで立てる必要が生じてくる。対面とオンラインの振り分けを戦略的に進め、それに連動させて教室を有効活用する仕組みを作れば、キャンパスに空間的な余裕が出てくるのである。

さらに、より広域的な視点からこの問題を捉えるならば、異なるスタイルの授業の時間編成は、都市のモビリティに一定の影響を与えていくことになる。大学側には、対面授業、オンラインの同時双方向授業とオンデマンド配信授業という三つの選択肢がある。学生側は、第一の場合はキャンパスに来て、第二の場合は決まった時間に主に自宅で、第三の場合には好きな時間にどこかで授業に「出席」する。このうち第一の場合は自宅から大学への移動が生じる。第二の場合は、逆に学生は自宅に留まり、移動はその授業が終わってからとなる。第三の場合は、いつでもどこでもいいわけだから、移動とは関係しない。少人数授業ならば、これらの編成は大した影響を及ぼさないが、大規模授業をどの時限に配置するかは配慮を要する。オンラインの選択肢が増えたので、対面の大人数授業は朝晩のラッシュアワーを避けて午後の早い時間に置くのが望ましい。逆に、対面授業と同じ曜日にオンラインの同時双方向授業を配置する場合には、対面授業が集中する時限との間に一コマ分の間隔を空ける必要が生じてくる。大規模大学であれば、数千人単位の学生の移動が時間割と連動するので、このようなマネジメントを地域の交通機関や商店街と連携して進めることも大切だ。

オンラインとともに町へ出よう

本章で述べてきたように、ミネルバ大学の挑戦が示唆するのは、「オンライン」という新しい教育パラダイムが、既存の少人数対話型授業の遠隔化以上のことを実現可能にすることだ。一九世紀、ナポレオン戦争に敗れたドイツの屈辱から立ち上がり、やがて大学の歴史を大転換させていったフンボルト原理は、「研究と教育の一致」を高々と掲げた。その基盤は、文系はゼミナール、理系は実験室で、いずれも学外の俗世間からは切り離された「理想の空間」としてのキャンパスやその教室で、いわば脱社会的に想像される「理想」の知が目指された。

だが、二一世紀の地球社会に求められているのは、そうした「理想の空間」から生まれる知ではない。そもそもここで一九世紀の西欧市民社会が掲げた「理想」とは、実のところ国民国家がイデオロギー的に必要とし、帝国主義と植民地収奪、ジェンダー差別によってはじめて可能になっていたものだった。だから一九六〇年代末以降、新しい思想的潮流のなかでこの「理想の空間」の化けの皮が剝がされていった先で、大学は底なしの方向喪失に陥り、ビル・レディングズが「廃墟」と呼んだ新自由主義的拝金主義の大渦に呑み込まれていった。

今、必要なのは、改めて大学に〈社会〉を挿入すること、否、むしろ大学が〈社会〉のなかに染み出し、社会課題の現場のなかで学問知の批判力や想像力を試し続けることである。ミネルバ大学の実践が、もしかしたら当事者の自覚以上に示唆に富むのは、このような大学の再定義にとって、オンラインという技術上の仕組みが有効なことを実証しているからに他ならない。上手に組み立てられたオンライン大学は、学生たちが社会の現場で課題に取り組むことと、教室で教師や他の学生と理論的思考を深めていくことを、まったく同時に可能にする。

大学の学びとオンライン、社会的実践のこうした関係は、多くの大学が危機対応で授業のオンライン化を進めている現状からすれば、随分と先の未来の話に聞こえるに違いない。現状では、多くの教員も学生も、あまりにも長い時間、自宅のパソコンの前に座り続け、オンラインでやり取りされる画面の動きやイヤホンからの音声に浸りきっているので、自分の身体そのものがデジタルの虚空に溶けていってしまうような感覚の毎日を過ごしているに違いない。

もしも大学が完全オンライン化し、実空間から撤退してしまったら、大学の学びは行き詰る。オンライン授業には外部の実空間が必要である。問題は、それが本当にこれまでのようなキャンパス内の教室でいいのかという点になる。この問いに対し、ミネルバ大学は実空間としての大学キャンパスがなくても、世界の都市がキャンパスとなり得ることを実証した。「書を捨てよ町へ出よう」ではなく、「オンラインの学びを携えて町へ出よう」なのだ。

世界の異なる文化の諸都市に学寮を設置し、それらの都市の企業やＮＰＯと連携関係を保ちながら、学生たちが諸都市を渡り歩いてフィールドワークを重ねていく。このモデルはどこか、中世西欧の都市ネットワークの上で、ある都市から別の都市へと遍歴していた第一世代の大学の学生たちを連想させる。中世の遍歴する大学生たちと二一世紀のミネルバ大学の学生たちが異なるのは、後者は世界のどこにいてもオンラインの討論型授業により諸分野でエキスパートの教授の指導を受け続けられる点である。このような学びを四年間続けたならば、そこで育った学生は、グローバルな理論的視座や批判的で創造的な知性を備え、様々な現地でのローカルな経験を積んだ未来のリーダーとして育っていくであろう。その際、学生たちは、渡り歩くそれぞれの都市で、大学が用意する学寮に共同で住む。それは単に機能的に必要という以上に、学寮こそがカレッジとしての大学にとって根本的な場だからである。教師と学生の協同組合として出発した大学は、その根を共同の生活の場としての寮に置いている。

そもそも大学は、知を求めて旅する人々によって創造された。旅人たちは都市に住み、生活を支え合いながら学知の空間を創造した。移動の自由と学問の自由は不即不離で、この二重の「自由」を可能にする場が都市だった。ところが、中世のペストから今日のコロナに至るまで、感染症パンデミックは、この移動の自由を何度も危機に陥らせてきた。

それでも人類は旅することをやめず、自由の知を希求し続けるのもやめなかった。今日、移動の自由と知の探究はまさに地球社会規模で行われており、それがゆえに目下のコロナ危機の衝撃も大きい。しかしこの衝撃は、短期的視点ではなく、数百年の都市と大学の関係史のなかに位置づけ直されなければならない。ここで論じてきたオンライン上での様々な大学の取り組みも、まさにそうした数百年の移動と越境、交渉や対話とそれらの封鎖、監視と隔離の歴史のなかに位置づけ直すとき、新たな歴史的含意を浮上させるはずである。

第四章
九月入学は危機打開の切り札か
――グローバル化の先へ

危機のなかの九月入学案

二〇二〇年春、コロナ危機による学校休校が続くなかで、全教育課程を九月入学に移行すべきとの議論が浮上した。この動きを最初に起こしたのは、大阪市の公立高校に通う二人の高校生である。彼女たちは、九月入学に移行すれば、「このまま少しずつ少しずつ学校開始が延ばされ、本来の学校生活を送れないまま三月に卒業となるよりは、まだ学校生活を全うするチャンスが生まれ」、受験生にとっては「外部検定の受験機会減少、地域格差や情報格差、一般入試より早く始まる推薦入試実施の可否などの不安も」幾分かは解消されるとネット上の署名サイトで提案し、「Spring Once Again 日本全ての学校の入学時期を四月から九月へ！」という運動を開始した。半年間、すべてを先送りにすれば、ギアチェンジできるとの発想である。

彼女たちが運動を始めたのが四月一九日、賛同の署名はわずか一週間で六〇〇〇人を超えた。そして、この署名運動を嚆矢に、他にも「全国一斉に年度の開始を九月に」「小中高大すべて九月入学に変更へ」「学校年度を九月始業にする——子どもたちを「コロナ世代」と呼ばせないために」等の動きが追い、萩生田光一文科相は四月二四日の記者会見で、「さまざまなところで（九月入学移行の）声が上がっていることは承知している」と述べるに至った。

こうした動きに真っ先に飛びついたのは、コロナ危機対策の最前線に立っていた知事たちだった。四月二八日には村井嘉浩宮城県知事ら一七人の知事から成る「日本創生のための将来世代応援知事同盟」が、「学びを継続させるため、遠隔教育を積極的に推進するとともに、子どもたちの学習機会を確保するため、九月入学制の導入」の検討を政府に要請する共同メッセージをまとめた。彼らは翌二九日の全国知事会で九月入学移行を提案し、知事会もこれを支持した。この知事グループがいち早く九月入学推進を打ち出した背景には、コロナ危機対策に加え、知事がまとまって意思表明することで国政を動かそうという関心があった。

とはいえ、この時点でも、九月入学移行への知事の賛否は、地域の事情に応じて様々だった。東京、大阪などの大都市圏の知事は積極推進の立場で、たとえば吉村洋文大阪府知事は、「日本は一回決めた慣習を変えにくい島国的な要素があるが、この機会に変えていくのが一〇、二〇年先の日本の未来にとってプラスに働く。混乱の状況にあるから、かじを切るべきだと思う。今年できなかったら、もうできない」（『朝日新聞』二〇二〇年四月二九日）と、強い語調で九月入学を支持していた。他方、人口減少が続く地方の知事、とりわけ年長の知事は転換に消極的だった。大都市は概してグローバル化に結びつき、深刻なコロナ危機に直面していたから、九月入学移行への誘惑は大きかった。しかし、後者は感染者も少なかったから、なぜそこまでして旧来からの制度を大転換しなければならないのかが分からなかった。したがって、これは「社会構造を大きく変え、国民投票にもなりうる問題」(福田富一栃木県知事)であるとか、「日本人の気質として、春からの方がよいだろう。海外が日本に合わせるべきだ」(佐竹敬久秋田県知事)といった主張まであった。大都市圏と地方との認識の違いは著しかった。

知事会が全体としては前向きの姿勢を示した四月末の時点で、首相官邸も九月入学案に飛びついた。四月二九日、安倍晋三首相は国会審議のなかで、「九月入学」を前向きに検討する姿勢を示した。高校生たちが提案を行ってから、わずか一〇日のことである。首相は答弁で「国際社会で九月が主流であるのも事実。様々な要素を勘案しながら前広に判断」すると述べていた。文科相も、「社会全体の問題として広く国民の間で認識を共有できるなら、(九月入学は)大きな選択肢の一つ」と述べた。この知事会から国会審議までの動きを受け、九月入学は一挙に全国のメディアが注目するところとなる。様々な専門家や関係団体が本気で議論を始め、やがてこの学事暦上の仕切りの転換の見かけ以上の難しさが浮かび上がっていった。

メディアも、五月上旬には実現可能性が高そうな伝え方をしていたが、下旬には悲観的な論調に一変した。文科省幹部は、当初から「九月入学によってどんな問題が起きるのかが今後明確になるに従って、様々な異論が強まってくることが予想される」(『朝日新聞』二〇二〇年四月三〇日)と冷静に語っていたが、これは九月入学賛成派を含め、この問題を深く考えたことのある者なら誰しもが抱く心配だった。「九月入学にすれば、学校休校で生じた遅れを取り戻せる」という程度の動機では、これはどうにもならない複雑な問題なのだ。

考えてみるまでもなく、四月入学を一気に九月に繰り下げにすれば、一学年の人数が一・五倍近くになる学年が生まれてしまうし、幼稚園や保育園で半年待たされる園児の問題も生じてくる。いずれの問題についても、厳しい世論が沸き上がるだろう。つまり、人口は連続的に変化しているのに対し、学年は非連続な区切りなので、連続性と非連続性の精密な調整がなければ解決不能である。政財界が一致して推進する方針を立て、政権が本気で取り組めば、大学生の就職や法制度の問題をある程度は解決できるかもしれないが、この学校教育の入口で必然的に生じるギャップの問題は、政治力だけでは解決できない。

案の定、この構想に対するメディアの論調は、五月半ばを境に反転する。五月一二日、自民党に発足した「秋季入学制度検討ワーキングチーム」は、発足からわずか三週間後の六月二日、当面の九月入学導入を見送る提言を首相に提出した。再浮上した九月入学案には、急発進の後で急ブレーキがかかることになったわけだが、この方向転換に大きく作用したのは、学校教育の基盤を担う諸組織が反対の姿勢を明確にしていったことだった。まず、五月一四日、全国連合小学校長会が、四月入学は「学校ばかりではなく社会全般に浸透している日本特有の文化」であり、九月入学の拙速な導入となれば「学校は大きな混乱をきたした」すと、導入に否定的な意見書を文部科学省に提出した。五月二五日、全国市長会はその傘下の八一五の市区長の意見をまとめ、その約八割が反対の立場であることを明らかにした。さらに保育団体の代表から大学トップまでの否定的な意見が表明され、日本教育学会も五月一一日、「政府に対して拙速な導入を決定しないよう求め」るとの声明を発表した。普段は立場の異なる専門家の諸団体が、このときには一致して大都市圏の知事や政府に「待った」をかけたのである。この四方八方からの「待った」の声に、政府も急ブレーキをかけざるを得なくなっていった。

一九八〇年代の九月入学案とは異なり、二〇二〇年春の動きの特徴は、最初はボトムアップ的に引き続く休校措置に悩む高校生たちから要望が出てきたことだった。やがて、その声が政治家たちの政策的な思惑と結びついていったのが第二段階。そして、専門家からの指摘や教育現場を担う諸団体からの反対の声に押されて提案が先延ばしになるのが第三段階である。

ここに示されるように、この問題に対する世代的な意見の偏りは大きい。四月下旬の朝日新聞の世論調査(四月二三、二四日実施)では、一八〜二九歳の若年層では九月入学移行に五一%が賛成し、反対の三九%を大きく上回ったのに対し、六〇代以上では賛成は三割程度に止まった。五月上旬の日本経済新聞の世論調査(五月八~一〇日実施)でも、一八~三九歳の若い層の賛成は六六%に上ったのに対し、六〇歳以上の賛成は五〇%に止まった。つまり、高い年齢層ほど、また左右を問わず既存の教育体制との結びつきが深い者ほど移行に否定的で、逆にそうしたしがらみのない若い層ほど、九月入学に移行すべきと考えていたことになる。

これまで学事暦の転換に対しては、なぜ慣れ親しんできた慣習を変える必要があるのだといういう年長世代や現場の担当者の反発と、利害関係者が部分最適に固執するのでは何も変われないという政策者側のいら立ちが対立してきた。二〇二〇年春、危機のなかで若者たちが上げた草の根的な声は、政策者側の改革願望を後押しした。それでも移行案は元の木阿弥、あれこれ指摘された問題点を解決できずに挫折していく。だが、ここで挫折を繰り返しても、必ず近い将来、この問題は再燃するはずである。この構想は、単に一時的な危機回避から生まれたものではなく、戦後日本の高等教育が陥ってきたより深い隘路に結びついているのである。

繰り返されてきた九月入学構想

九月入学構想は、一九八〇年代以降の日本で何度も浮上し、その度に実現に至らず挫折してきた歴史を持つ。もともと九月入学への移行が政策課題として議論され始めるのは古く、「地球社会の時代」への転換を標榜した大平正芳政権が、一九七九年一月の段階で、大学の「九月入学はいろいろな利点があるので十分検討したい」との国会答弁をしている（『朝日新聞』一九七九年二月二日）。しかし、最初に本格的にこの提案をしたのは、八七年の臨時教育審議会第四次答申である。答申は、「四月入学制は、長年にわたり、国民の間に定着してきた制度であるが、秋季入学制は、今後の我が国の教育にとって」大きな意義があるとして、「将来、我が国の学校教育を秋季入学制に移行すべく、関連する諸条件の整備に努める」よう要請した。

その際、秋季入学の利点とされたのは、次の三点だった。第一に、セメスター制（二学期制）で秋学期を九月から一二月まで、春学期を二月から五月までとする学事暦は、夏の暑い時期と年末年始をぴったり休暇とできるので、「学校教育のサイクルの観点からみて、より合理的」である。たしかに従来の三学期制の慣行は、四月入学の問題点を目立ちにくくしてきた。しかし、学事暦を国際標準にあわせてセメスター制にすると、四月入学には様々な不具合が生じる。第一学期がどうしても七月末まで食い込み、第二学期は正月を跨いでしまうのだ。学年の開始を九月にすればこの不具合は解消され、夏休みが国際標準化される。

答申は、九月入学制にすれば「長期の夏休み期間を活用して人事異動、新年度の年間教育計画の作成等が行われることとなり、校長、教員が十分時間をかけて新年度の準備を行うことができる」利点も付記していた。それで言えば入試も、九月入学ならば春学期が五月末に終わるから、六月に入試を実施し、七月上旬に合否判定をして、学校は通常の教育業務終了後に、入試業務に集中することができるとの利点も付け加えられたかもしれない。

第二に答申は、九月入学は国際標準で、日本の「国際的地位や責任が高まり、いまだかつて経験したことのない国際社会における相互依存関係の深まりのなかで、教育の面でも、制度や考え方で国際的に共通にできるものは、できるだけ国際社会に合わせ」るべきと論じていた。

この答申が出されたのは一九八七年だから、まだ日本の経済が上り調子の頃である。明るい未来展望のなかで、教育の仕組みを国際標準に適応させていくことが模索されていた。学事暦を国際標準化すれば、「諸外国との教員・学生の交流の拡大や帰国子女の受入れの円滑化が図られるなど、教育面での国際化が促進」される。まだ、今からなら間に合うと考えられていたのだ。しかし、それから三〇年以上、日本の教育行政は何ら根本的な構造を変えることができなかった。小手先の改革はほぼ失敗に終わり、絶望しか残されなかった。

第三に答申は、九月入学制への移行により、「生涯学習体系への移行」を目指していた。九月入学になると、秋学期は一二月で終わり、春学期は五月で終わる。六月から八月までの約三か月が夏休みとなる。一年の四分の一である。夏休みがここまで長くなると、ちょっとした休息期間では終わらない。むしろ、学校教育制度の枠内とは別の仕方で、「家庭や地域社会における様々な人間的交流や自然との触れ合い」を深め、「今日肥大化している学校教育の役割を見直す」契機とできると主張されていた。ある種の「脱学校化」、つまり若者たちが学年や学級、学部とは異なる繋がりを形成し、自然環境のなかや社会問題の現場、海外のサマープログラムなど、幅広い社会的実践のなかに学びの可能性を開くことが期待されていた。

　問題は、どうやって移行をスムーズに実現するかである。この話は、出口と入口の調整が難しい。出口とは、大学生の就職問題である。五月卒業の学生が不利になってはいけないから、大学界は産業界や行政、資格制度と一体になって卒業と就職の時期を変えていかなければならない。さらに、出口以上に難しいのは入口の調整である。大学だけで九月入学に移行するのなら、高校卒業との間に半年の空白が生じてしまう。その空白を回避するには、小学校就学を九月に変えるのが一つの道だ。しかしその場合、後ろに移せば、就学が最も遅い児童はおよそ七歳半で小学校一年生になり、これは遅すぎるとの意見が出るだろう。他方、前に移せば、幼稚園や保育園との複雑な調整が必要となる。

　その後、九月入学制は何度か議論されてはいるが、一九八七年の臨教審ほど踏み込んだ検討はされてこなかった。部分的には、九七年の中央教育審議会答申「二一世紀を展望した我が国の教育の在り方について」でも言及されたが、こちらは帰国子女や留学生、社会人に対する門戸拡大のための改革に限定される。二〇〇〇年には教育改革国民会議が「国際化を促進し、高校卒業後の学生に社会体験などの時間を与える観点から、大学の九月入学を多くの大学が実施するよう積極的に推進する」と提言したが、具体的方法は示されていない。

さらに二〇〇七年には、教育再生会議第二次報告で「九月入学の大幅促進」が掲げられた。ここでは「海外からの帰国生徒や海外からの留学生の要請に応える」ことと「日本版ギャップイヤーなどの導入による若者の多様な体験の機会を充実させる」ことを視野に入れ、大学・大学院での九月入学促進が謳われた。一九八七年には全教育課程を九月開始に転換する提案がなされていたが、その後の提案は、大学に限定した移行である。だがその場合でも、高校卒業と大学入学の間の空白をどう処理するかという問題が生じ、その答えが簡単には出ない。

東京大学における秋入学構想

再び、九月入学が本格的に検討されるのは、二〇一一年夏から議論が盛り上がった東京大学の秋入学構想である。この構想が新聞報道されたのは同年七月で、入試時期は現行のままとし

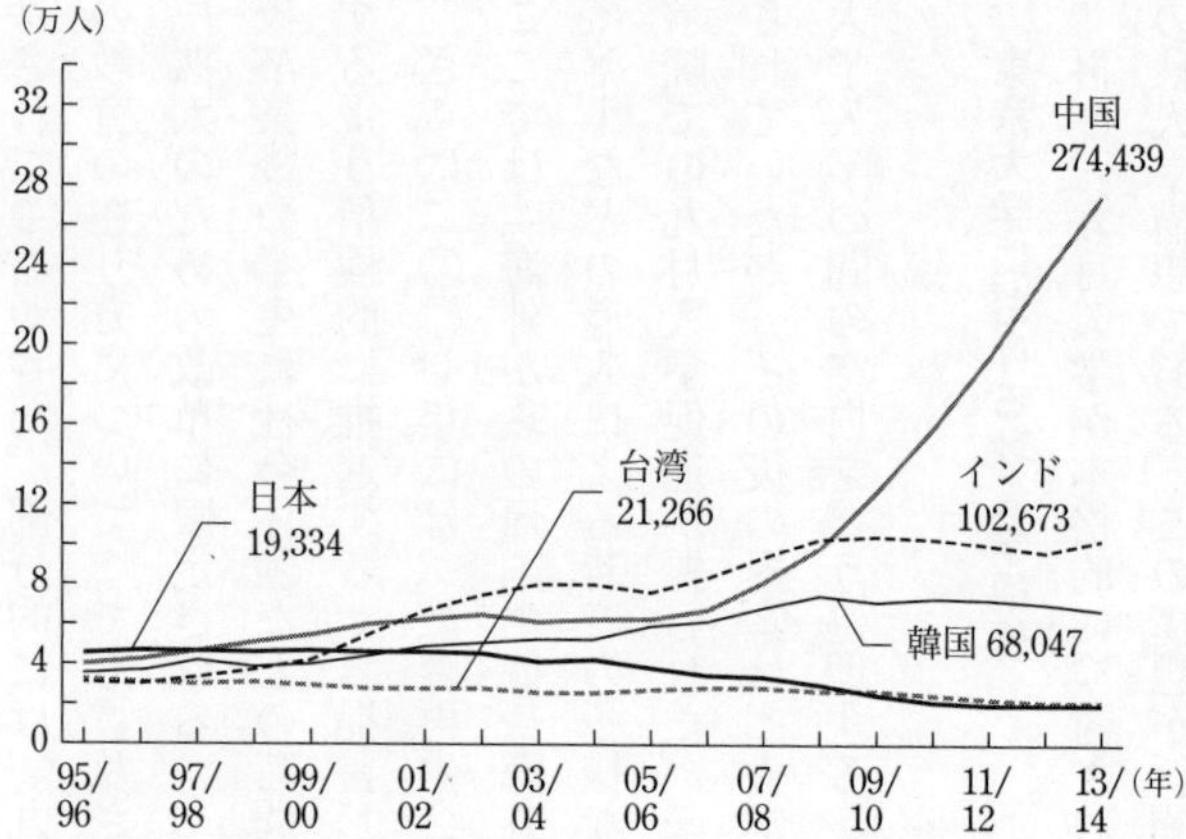

(注) 留学生数表示は最新年.
(出所) Institute of International Education, "Open Doors" (HP).

図 4-1　米国におけるアジア5か国・地域からの留学生数の推移

つつ入学時期を秋に全面移行し、空白の半年をギャップタームとして海外留学などの価値観の切り替えに充てる構想だった。この「東大の秋入学」構想は、言い出したのが東大であることと、全面秋入学という大胆さから大きな反響を生んでいった。

東京大学が秋入学を構想する根底には、日本の大学生の間で学びの国際化が進まない、それどころか地滑り的な後退が続いてきたことへの危機感があった。大学全体でみた場合、日本人の海外大学への留学生数は減少傾向が続いていたし、米国の大学に留学する日本人はもっと早くから減少していた。この傾向は、海外への留学生を激増させる中国はもちろん、緩やかな増加が続く韓国と比べても対照的だった（図4―1）。すでに〇七年の段階で、米国の大学で博士学位を取得した外国人の割合で、中国人が約三割を占めていたのに対し、日本人は二％で、韓国の九・一％にも、台湾の四・五％にも遠く及ばなくなっていた。アカデミックな世界での日本の存在感の希薄化は、目を覆いたくなるほどに進行していたのだ。

しかも、学生の英語力も、国際比較では悲惨な状態だった。二〇一〇年の数値では全世界で一三五位、八〇位の韓国や一〇五位の中国に遠く及ばず、カメルーンやトーゴ、クウェートと同レベルと見なされていた（表4―1）。日本人は、中学高校を通じて猛烈な受験勉強をしながら、英語はこの程度にしかできないと世界は見ていたのである。実際、海外大学の授業や国際学会に出れば、それなりに英語で自己主張をする諸外国の若者たちの間で、日本人学生はただ寡黙だったから、英語の実力もこの程度と思われて仕方ないのは事実だった。

これは、日本の大学生は内向きなのだとか、日本は居心地がいいので外に出たがらないのだなどと呑気に構えていていい状況ではない。二〇〇〇年代以降、日本は経済もジリ貧で、日本企業は構造転換を迫られていくし、人口減少も続いていて徐々に移民受け入れを本格化させざるを得なくなっていくから、日本の若者は、上位校の卒業者でもいずれ国内での既得権益にしがみついてはいられなくなる。ゼロベースで他国の若者たちと競り合っていかなければ労働市

表 4-1　TOEFL(iBT)の国別ランキング

〈全体順位〉(163 か国中)

順位	国名	TOEFLスコア
1位	オランダ	100
2	デンマーク	99
3	シンガポール オーストリア	98
	⋮	
80	韓国	81
	⋮	
105	中国	77
	⋮	
135	カメルーン トーゴ クウェート 日本	70
139	ギニア シエラレオネ	69
	⋮	
163	モーリタニア	58

〈アジア内順位〉(30 か国中)

順位	国名	TOEFLスコア
1位	シンガポール	98
2	インド	92
3	マレーシア パキスタン フィリピン	88
	⋮	
9	韓国	81
	⋮	
16	中国	77
	⋮	
24	アフガニスタン モンゴル ベトナム	73
27	日本	70
28	ラオス人民民主共和国	67
29	タジキスタン	66
30	カンボジア	63

(注) TOEFL(iBT)は 120 点満点.
(資料) ETS-Test and Score Data Summary for TOEFL Internet-based and Paper-based Tests JANUARY 2010–DECEMBER 2010 TEST DATA.
(出所) 首相官邸ホームページより.

場で活路を見い出せなくなる。そのようなグローバルな地平で自分の力の基礎を身に着けるのに、大学生時代は決定的に重要な意味を持ち始めてきた。豊かさの「戦後」はもうとっくに終わってしまっていること、その先の「二一世紀」の日本は、もっとはるかに厳しい環境のなかで危機をしのいでいく時代になることが、すでにはっきりしていたのである。

そして、東京大学もまた同じ困難に直面していた。学内調査によれば、二〇一〇年の時点で、東大生中で高校までにすでに海外留学(短期を含む)を経験した者は八%近くいたが、東大入学後に留学を経験する者は、どの学年でも二・五%以下で、大学入学後にむしろ国際性を失う傾向が見られた。彼/彼女らは好んでそうなっていたわけではなく、約三三・四%の学生が積極的に留学をしたいと考えていたにもかかわらず、留学ができないでいたのである。

そして、そこで留学しない最も大きな理由として挙げていたのは、「帰国後、留年する可能性が大きい」ことだった。「大学の年間スケジュールが留学の妨げとなった」と答える者は全体の約三五%に上り、「経済的理由で留学をあきらめた」(約三〇%)と答える者や、「語学力の問題で留学をあきらめた」(約二二%)と答える者よりも多かった(東京大学教育企画室『大学教育の達成度調査』二〇一〇、一一年)。東大では、英語の基礎力があり、経済的に余裕がある多くの学生が、学事暦等の日程的理由で留学を諦めていたのである。彼らの海外体験を拡大していくには、もちろん経済支援や英語力強化も必要だが、学事暦上の障壁を撤去することが喫緊の課題だった。

こうして提起された東大の秋入学構想で、秋入学のメリットとして挙げられたのは以下のような点だった。第一は、国際的にトップクラスの大学ではすでに標準となっている学事暦に適応し、学生留学や国際交流を大幅に促進できることである。とりわけ、学部でも大学院でも国際的に交流が活発化するサマープログラム期に学生を自校の授業に縛りつけている状況を脱することができる。また、自校でのサマープログラムによって優秀な留学生を短期で受け入れやすくなり、教員の国際交流も活発化させられる。第二に、秋入学になれば秋学期は九月から一二月まで、春学期は一月下旬から五月下旬までとなるから、夏休みと冬休みは、いずれも学期と学期の合間に入るように設計できる。第三に、学部から大学院までを九月入学に集約できるのであれば、すべての入試業務を六月から七月の時期にできる可能性が出てくる。第四に、高校と大学、あるいは大学と大学院の間にギャップタームを挿入することで、長い受験勉強の間に身についてしまった点数至上主義の価値観をリセットし、社会体験などの多様な経験と結びついた仕方で学びを充実させていけるかもしれない。

他方、この構想のリスクと想定されたのもギャップタームである。秋入学はギャップターム期の家計負担を発生させるおそれがある。また、この期間に受験勉強で得た知識が剝落し、入学者の学力が低下してしまうかもしれないし、教員が何らかの学習機会を提供するとなると、結果的に経費や教員の負担が膨らんでしまうかもしれない。加えて、日本の高校の優秀層が国内外の他大学に流出してしまうかもしれない――。

この秋入学構想に対し、最も傾聴すべき批判は、学外のメディアや知識人、財界人からではなく、むしろ学内の中枢的な中堅教員から成る委員会から提起された。一連の議論のなかで、東京大学に毎年入学してくる三〇〇〇人の教育を駒場キャンパスで受け持つ教養学部（大学院総合文化研究科）では、学部長の下に「入学時期検討特別委員会」が組織され、ここに同教養学部の次の時代を担うと見なされていたメンバーが結集されたのである。

この委員会から提起された批判もまた、ギャップタームに集中していた。すなわち、高校卒業後にギャップタームという半年間が不用意に置かれるなら、それ自体が学生間の格差を助長しかねない。この制度が普及すれば、「一部の予備校・学習塾や旅行業者などが「ギャップビジネス」ともいわれる「ビジネス」体制を構築」していくであろうし、「それらの「ビジネス」に上手く乗ることのできる「入学予定者」と、そうでない「入学予定者」とのあいだに格差が生ずる可能性」がある。「入学前ギャップタームという名のもとに低所得家庭の国内学生や地方出身の国内学生に対して結果的にであれ負の圧力をかけるということは、階層差別・地域差別を生み、その格差の拡大を助長する危険性を本学がその教育システムに制度的に内在化させるということ」を座視できないと意見書は述べていた(東京大学大学院総合文化研究科入学時期検討特別委員会『教育の国際化ならびに入学時期の検討に係わる意見書』二〇一二年)。

クオーター制という補助線

他方、この委員会では、日本の大学で国際化を推進するためには、六月から七月までの時期を通常の授業期間から外す必要があることは理解されていた。いくら海外留学や国際交流を推奨しても、この六〜七月に学生を授業や期末試験に縛りつけている限り、それらは限定的な成果しか生まない。この問題を解決するためには、「現行の入学時期を維持した上で二学期制を四学期制に改編することにより、夏季休業期間を国際標準化する」必要があった。

その場合、第一学年では四月から五月までを「第ゼロ学期」とし、新入生には主に外国語や数学などを集中履修させる。そして六月以降はサマープログラム期間として通常の授業科目は置かない。第一学期は九月から一二月までで、これは前半と後半の二か月ずつに分けられる。冬休みを挟んで一月下旬から第二学期が始まり、それが五月まで続くのだが、これも前半と後半の二か月ずつに分けられる。そして再び六月以降は夏季休暇に入るというものだった。

東京大学が学内の合意形成で苦労をするのを横目で見ながら、他大学は、東大の構想と同じ問題意識に基づくグローバル対応を、ギャップタームとは異なる仕方で考えていった。国立大学で、早期にこの方向に動いたのは一橋大学である。同大学は、四月入学は変えず、第一学年の四月から夏休みまでは導入学期として基礎教育を行い、九月以降は国際的な学事暦にあわせる検討をした。この場合、四年間で実施されるセメスターが七つとなり、通常より一つ少なくなる。四年生は一二月で全科目が終わり、翌一月以降は修了期間とされた。つまり、四月入学、三月卒業という外枠を維持したまま、内側の一年生九月から四年生一二月までをグローバルな時間の流れに合わせる構想で、やや中途半端という印象を免れない。

国際的な時間の流れに合わせるという意味では、より巧妙な仕組みを導入したのは早稲田大学である。同大学は、二〇〇八年頃から海外大学と日本の大学の学事暦上の不整合が教育の国際化に大きな障害を生んでいるとの認識を強め、改善策を模索していた。そして、同大学がたどり着いた結論は、学期を「セメスター」から「クオーター」に分割するというものだった。クオーター制とは、通常のセメスター制(一五週)を前半と後半で二つに分け、約二か月(八週)を一学期とする考え方である。その場合、現在の四月入学制では、第一学期は四月から五月末まで、第二学期が六月から七月末までである。春学期をセメスター運営すればどうしても終わりが七月末となって海外のサマープログラムに対応できない。だからこの春セメスターを二つの学期に分け、第二学期に必修科目は入れない工夫をすれば、学生たちは第一学期の科目履修だけで海外に旅立てる。これはたしかに、考え抜かれた改革案だった。

早稲田大学はしかし、秋学期の開始時期を動かさなかった。つまり、単純に既存学期の前半と後半を二分したのである。そのため、第一学期は四月から五月まで、第二学期は六月から七月まで、第三学期は九月末から一一月末まで、第四学期は一一月末から二月上旬までとなった。たしかに、これだけでも六月から七月にかけての期間、海外サマープログラムに学生たちを送り出す最低限の条件は整う。しかし、海外の多くの大学では九月から一二月までが秋学期、一月から五月までが春学期であるから、これらの学期と早稲田の秋冬学期はかなりずれる。つまり、既存の学年や学期の開始時期を変えず、セメスターを二分しただけでは、その効果は海外サマープログラムに対応できる可能性が広がったというだけにとどまるのである。

九月入学に一気に移行することが難しいから、その補助線として一学期が約二か月のクオーター制を導入しようという東京大学教養学部や早稲田大学の方策は的を射たものである。しかしその場合、日本の大学の学びの時間全体を再設計するには、第三学期のクオーターを九月上旬から始め、一二月末に第四学期が終わる設計のほうが未来への布石となる。そうすれば、後述するように、一月下旬から初春の学期を始め、四月からの春学期とつなぎ、やがて一年間に四つのクオーターがあることを維持しつつ、六月から八月までを全面的に夏休みにする道が開けるからだ。しかし私立大学の場合、二月から三月までは入試業務が圧倒的に重要なので、そこを学期化する可能性は最初から諦めていたのではないかとも推察される。

早稲田大学はまた、クオーター化には二つの方法があること、つまり既存科目を単純に二つに分ける方法と、どちらかのクオーターに科目を寄せて学期当たりの単位数を二倍にし、週一回開講から週二回の開講に転換する方法があることを知っていたはずだ。つまり、学期の科目を「短く多く」していくか、「短く重く」していくかの違いである。海外サマープログラムへの対応だけならば効果に大差はないが、教育の質向上にとって両者の違いは大きい。

世界的な視野で見れば、日本の大学の科目は圧倒的に多すぎ、軽すぎる。それを改善するには「短く多く」はあり得ない選択肢で、「短く重く」に転換すべきである。しかし、個々の教員から見れば、「短く多く」は今までしていたことを半分に分ければいいので容易だが、「短く重く」は生活時間の仕組みを変えなくてはならない。当然、転換の主導権を教員の意志に委ねれば、大勢は「短く多く」に流れるだろう。逆に言うなら、クオーター制導入の真なる目的は、単純に海外のサマープログラムに日本の大学の学事暦を適合させることだけではない。この学事暦上の転換を契機として、個々の科目における学生たちの学びの質そのものを、国際標準にまで底上げしていくことが試みられるべきなのである。

二〇一〇年代前半に論じられた秋入学問題への対応は、①学事暦を大学の教育国際化にとって避けて通れない問題と考えるか、それとも学事暦改革とは異なる仕方で国際化対応を進めるかの考え方の違いと、②この改革を学生の海外サマープログラムへの参加や国際交流を促進することに限定して考えるか、それとも日本における大学と社会の関係全体を変えていく契機として位置づけるかの違いで整理できる（図4-2）。グローバル化対応よりも地域との関係や学生の国内での就職により関心のある大学や、逆に学部教育よりも大学院博士課程での研究力強化により関心のある組織は、学事暦問題を優先的な課題とは考えなかった。他方、学部で教育の国際化

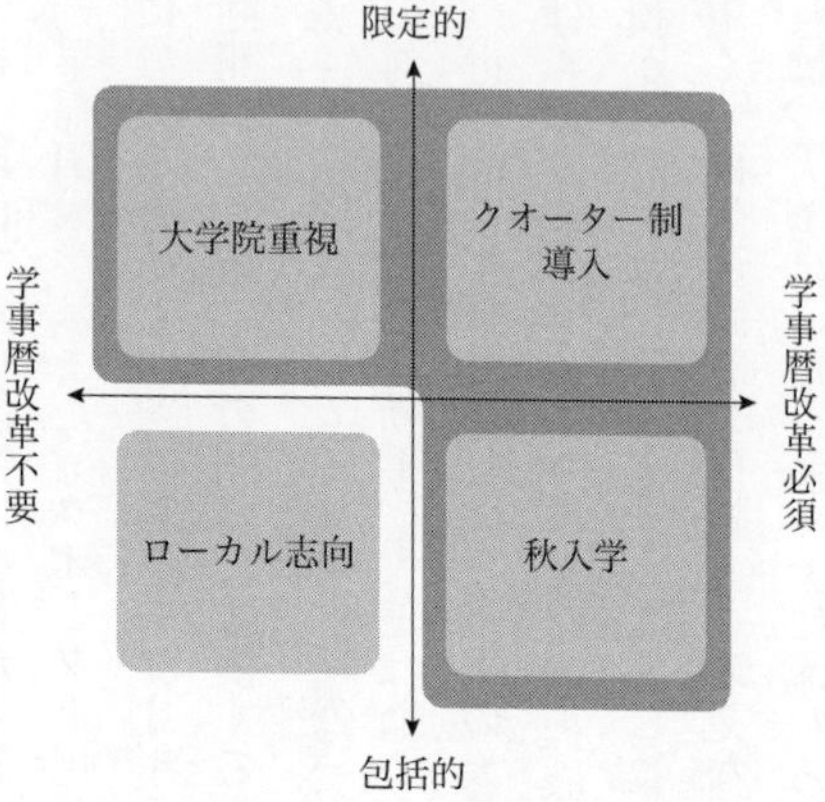

（注）▬内は，グローバル志向．

図 4-2　グローバルな学事暦への 4 つの対応

を推進する大学は、学事暦のずれの改善がどれほど重要かを理解していた。しかし、その場合でも目標の限定の度合いで対策も異なったわけで、この点では、直接的な実質を取った早稲田と、遠くの目標を追った東大の姿勢の違いが明瞭である。

困難列挙主義と越えられなかった壁

過去三〇年以上にわたってなされてきた議論を通覧するなら、九月入学にすることのメリットとして挙げられる項目は一貫している。まず挙げられてきたのは学事暦を国際標準化することで、海外との交流が格段に容易になり、教育の国際化が進むことである。繰り返しになるが、国際的には多くの国で春学期は五月末で終わり、六月から七月にかけては様々なサマープログラムが盛んに展開されてきた。ところが日本では、この時期は猛暑のなかでもまだ春学期の真っ最中で、七月末に期末試験を課すところが多く、真面目な学生であればあるほどこの時期に数週間、海外に出ることはしない。ところがこの種のプログラムは、若い人々が自分を世界に開いていく導入的な機会となることが多い。日本の若者にはその可能性が閉ざされているので、帰国子女や特別に意欲のある場合は別にして、平均的な若者の場合、どうしても他のアジア諸国の若者と比べて「出遅れ」感が生じ、その後も国内派となり続ける。

他方、九月入学制移行の困難とされた点も、過去三〇年間で大きく変化してはいない。最大のネックは、入学が半年ずれることによる既存の仕組みとの不整合である。大学だけが九月入学に移行する場合、高校卒業時と大学始業時の間に約五か月の空白が生じる。このギャップを有効活用しようと東大から提案されたのがギャップタームだったが、これが最も反発を呼ぶことになった。他方、もともとの臨教審答申や二〇年春の長期休校で検討されたのは、小学校からの九月入学だから、小学校就学時での半年のずれをどう処理するかが難題となる。入口で生じるこれらの諸課題に加え、出口で生じる問題もある。卒業が半年ずれることで、就活や資格試験の時期との不整合が生じることが何度も指摘されてきた。しかしこれは、この三〇年で社会がかなり変化してきている。日本の大企業がこだわってきた新卒一括採用の仕組みは今や崩れ始めており、優秀な人材を丁寧に判別していくためには、年に複数回の卒業者がいたほうがいい。だから徐々に卒業時期による不利益はなくなっていく方向で採用側が変わっていくだろうし、そうならなければ日本に未来はない。

これらに加え、九月入学制に移行すると、学校の学事暦と国の予算年度にずれが生じてしまう問題も、三〇年前から指摘され続けてきた。会計年度が四月に始まり、三月に締めることになったのは、もともと稲の収穫が終わり、その米が換金される時期に合わせたことから来るとも言われている。そうすると、日本の会計制度は今日に至るまで、「百姓」が「年貢」を米で納めていた時代の伝統を遵守していることになる。日本はたいそう「伝統」を大切にする国らしい。その伝統の基盤となっていた国土や文化は、すでに開発と市場主義が粉々にしてしまったのに、抜け殻の仕組みは遵守し続けるということか――。

結局、様々な問題点の指摘が重なるなかで、学事暦を九月開始に移行させる構想は挫折し続けた。平成時代の日本の失敗の多くは、既存の前提はそのままにして小手先の改革に終始してきたことに起因する。多くの日本人が、できない理由を次々に見つけ出し、自らの手足を縛った。人は、こんな難しさがある、あんな問題があると言い募られれば、大手術は「時期尚早」と先延ばしにするほうを選ぶ。たまにビジョンを掲げ、大きな転換を志向する流れも生じるが、結局は足の引っ張りあいで論点が単純化され、表面だけが塗り替えられる結果に終わる。多少の知識と弁舌の才があれば、大仕掛けの改革構想ならいくらでも問題点を見つけ出せる。世間もまた、そうした「正しい」批判を聞いて、何もしなくていいことに安心するのだ。

入口問題の解決だけが壁突破を可能にする

以上の前史を踏まえるならば、二〇二〇年春に急浮上した九月入学への移行構想が、そう簡単に実現するはずもなかった。いかに急を要するとはいえ、困難な課題に挑戦するには提案する側の準備が足りなさすぎたからだ。コロナ危機による学校休校が長引くことへの対策と、九月入学制への大胆な移行の間には、やはり論理的飛躍がある。

だから提案する側は、公にこの提案をする時点で、考えられる困難とそれを越える方策を用意しておくべきであった。そもそもコロナ危機終息の先が見えないなかで休校による学習の遅れを取り戻すためには、二〇二〇年度の学事暦に時間的余裕をもたせていく方策として何が考えられるのかから出発しなければならないし、その結果として同年度を二一年四月以降にまで食い込ませることも選択肢の一つだったろう。他方、九月入学制に様々なメリットがあるとしても、移行の困難も明らかで、とりわけ小学校からの移行を考えるなら、入口の部分での緻密な計画が不可欠である。思いつきや時の勢いだけでは、この構想は決して実現しない。少なくとも、この入口問題への完璧な解答が、この構想実現の最低限の必要条件である。

この入口問題で、考えられるべき課題ははっきりしている。必要とされるのは、入学前と入学後の時間をシームレスにつなぎつつ、四月入学を九月入学に破綻なく移行させる精密な計画である。小中学校まで含めて九月入学を考えるなら、当然ながら小学校の就学時期が問題になる。だから将来的に、六・三・三・四制自体をどう変えていくかの展望がなくてはならない。

就学を半年遅らせるのは急場しのぎで、いずれは小学校就学を半年早める、つまり九月に五歳半以上の子から小学校に入る仕組みへの移行が必要だろう。しかし、実はそれだけでも不十分で、中学と高校の年限が今の三・三制のままでいいのか、大学の学部教育は四年でいいのかにも疑問が残るのである。そしてこの問題は、実は戦後教育改革、そのなかで旧制中学・高校が解体され、新制大学と中学・高校に再編されていった過程を問い直すことにもつながる。

しかし、これを大学の学事暦に限定して考えるなら、九月入学移行に至る手前の有力な補助線はクオーター制にある。これを本格展開させ、一年のサイクルのなかで夏休みを国際標準化し、六月から八月までにしていくことに連動させていくことは決して不可能ではない。

何よりも、この問題を考える際に重要なのは、「学期」からよりも「休み」から学生生活を捉え直すことである。大学の「学期」は、実は一年一二か月続くわけではない。セメスター制なら一五週間が一学期だから、これは約四か月である。クオーター制ならば八週間、つまり約二か月が一学期となる。だから、どちらも八か月が授業期間で、この点は世界のどこの国も大差はない。つまり、大学は世界のどこでも、残りの四か月が「休み」なのである。

ポイントは、この四か月を一年間のなかにどう配置するかである。日本の場合、多くは夏休みに二か月、春休みに一か月半、冬休みに半月というパターンである。しかし、世界の多くの大学では、六〜八月の三か月を「夏休み」とする。つまり、四か月の主要な部分を学年の切れ目に重ねているのだ。日本の大学は年間の「休み」を概して分散させるが、海外の大学では大半を夏に集中させている。この「休み」は、単なる休息期間ではない。長期休暇は年間の学びにメリハリを与え、新しい経験や思考の基盤を形作る。つまり、かつてヨハン・ホイジンガが見事に看破していたように、「遊び」こそが知的創造の源泉なのである。大学の学びは、授業だけでなされるのではない。大学生活が「遊び」の時間を本当に充実させているかどうかは、長い目で見た時の大学の創造性の根幹に関わる。

だから、九月入学制への移行では、この六月からの三か月の活用が、様々な階層、地域において準備されていなくてはならない。この準備期間を視野に入れるなら、必ずしも四月から九月へと一挙に入学時期を移す必要はないし、それは望ましくもない。実際、多くの大学で、すでにクオーター制の導入が進んでいる。理論的には、クオーター制ならば一年間に五つの学期を設置できる。このうち実質的に開講学期とすべきなのは四つだから、残り一つは段階的に学期から外していくことになる。コロナ禍のように突然の危機で大学を長期に閉じなければならなくなったときは、休校にしたクオーター以外の四つを学期として使えばいい。さらにもっと休校が長引いたら、翌年度の第一クオーターまでを今年度の学年に組み込めばいい。

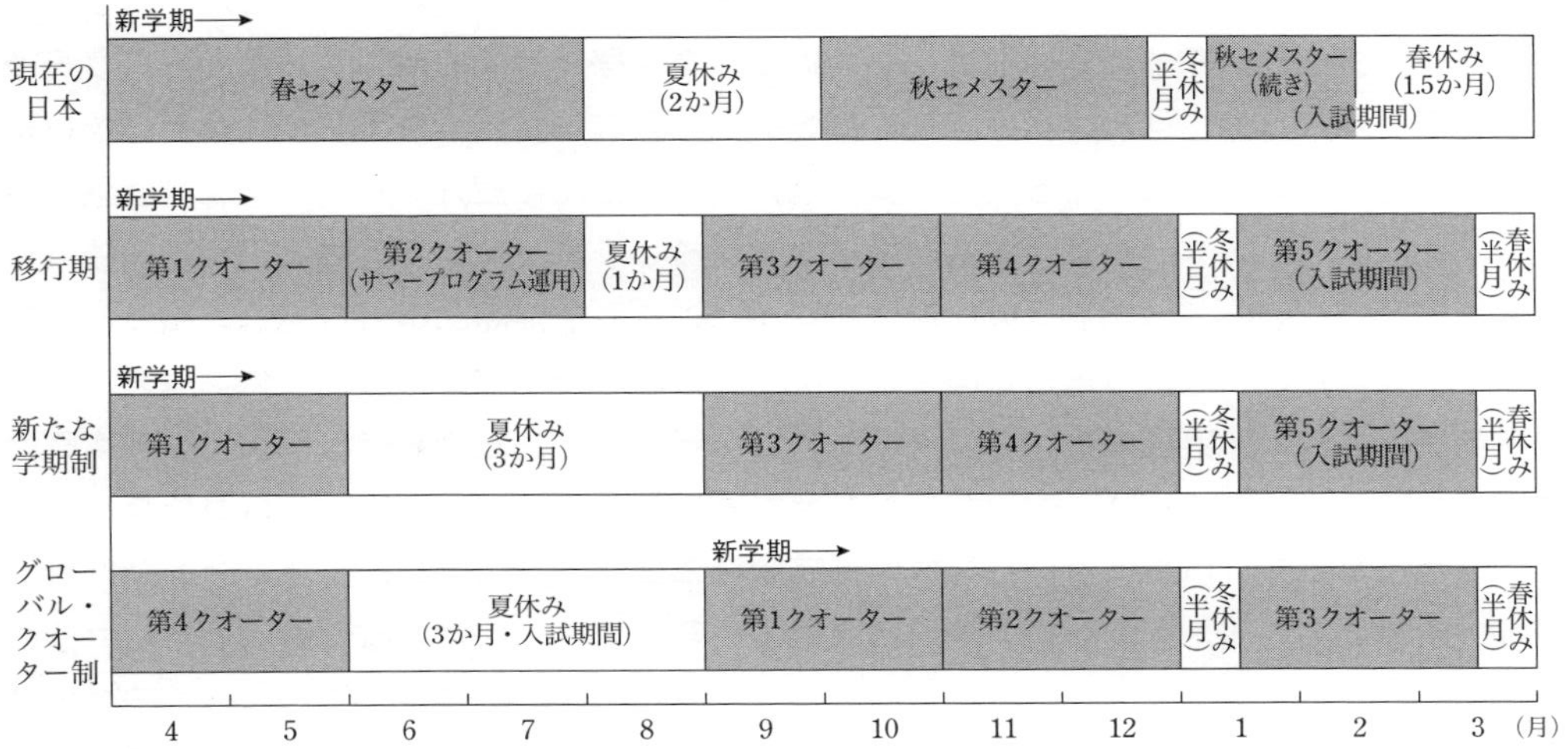

(注) 1セメスターは15週, 1クオーターは8週とする.
(出所) 著者作成.

図 4-3 学事暦の移行イメージ

しかし、この新しい学期制で、将来的に学期から外すべきなのは、もちろん六月から七月にかけての第二学期である。この時期を日本から海外への学生の送り出しや海外からの学生の受け入れに使っていくべきだからだ。そのためには、一月から三月にかけての第五学期を学期として実質化する必要がある(図4-3)。

しかしこれが、簡単ではない。それにはこの時期に実施されている入学試験の業務との調整が必要になるからだ。入試業務で大学教員が多忙すぎれば、とてもそこに正規の学期を入れられない。だからこのプロセスは、日本の大学における入試改革、つまり入学者選抜の分業化と切り離せない。入学者選抜を担当するアドミッションオフィスの専門性と公正性、処理能力が高まり、大学教員が業務を負担しなくても信頼性の高い選抜ができるようになれば、一月から三月までを第五学期にする可能性が高まる。そうなったとき、第五学期と翌年度の第一学期の連続性が高まり、実質的に秋入学にいつでも移行できる体制となる。

この問題に対する、より大胆な解決策は、大学入試を現在の一～二月から前年初夏に前倒しすることである。全国的な共通試験は高校三年の夏に実施してしまう。すでに多くの大学で理系を中心に大学院入試は前年夏に実施されているから、大学入試も半年早い入試となる。これは、受験生や受験産業には不評だろうが、そうすれば高校最後の秋から翌年春までの半年間を高大接続の有益な期間として活用できるようになる。大学側では、一月から三月までの入試業務は徐々に軽くなり、この期間を教育改善に活用していく余地が広がる。つまり様々に高校の教育と大学の教育が重なり合う接続実験を重ねながら、最終的には現在よりも半年早い九月に若者たちが大学に進学する方向に向かうことになる。

「空間の壁」の消失と「時間の壁」の浮上

九月入学制は、グローバル化が現代の基本潮流となった一九八〇年代半ば以降、挫折を繰り返しながら三〇年以上にわたり提案され続けてきた。この事実は、この課題の解決の困難さを示すとともに、この課題が一時的なものではなく、二一世紀の世界に日本の高等教育が適応していく上で根幹的な課題であることを示唆している。つまり、問題の根が深いのである。この根深さは、それが単に学事暦の問題という以上に、日本の学校教育がグローバル化にどう折り合いをつけるのかという問いに触れていることに由来する。つまり、二一世紀の地球社会を基盤に浮上しつつある越境的な学びのネットワークやその創造的な地平と、戦後どころか明治以来の長い年月をかけて積み上げられてきた日本のタテ型の学校教育の間に、どのような相乗的な架橋をしていくのかという問いが、九月入学問題の背後には横たわっているのだ。

実際、九月入学問題に象徴される日本の学事暦の海外からの構造的なずれは、日本の大学生たちが世界標準の時間の流れからずれた「孤島」に留まる足かせとなってきたし、ポストコロナ時代にはこれまで以上に複雑な問題を惹起していくだろう。なぜならば、コロナ危機を通じ世界規模で急速に進行した教育のオンライン化により、少なくとも大学教育では今後、グローバルな地理的障壁はますます低いものになっていくと予想されるからだ。

そして、グローバル化に加えてオンライン化によって大学教育の空間的な壁がますます低くなっていくと、今度は時間的な壁がせり上がってくる。オンライン授業にとって学生と教師が同じ時間を共有していることはきわめて重要である。しかし、そのような「時間の共有」を成り立たせるためには、大学側がカリキュラム上で、また学生側が自分の生活でどのように時間をマネージするかがこれまで以上に重要な課題となる。つまり、空間と情報のマネジメントの先で、時間のマネジメントが学びの基盤条件となるのである。

たとえば、オンライン化による空間障壁の撤去は国境を越えて進むから、ある学生が世界のどこにいても、東大、ハーバード大、オックスフォード大の授業に同学期に参加することも技術的には可能となる。実際は、この三校がそうした共同プログラムを始めるかどうかは疑問だが、同様の国際共同プログラムが連携する大学間で徐々に増えていくだろう。そうして世界各地で国境を越える教室が徐々に立ち上がるなかで、何が障害になっていくかといえば、もちろん時間の壁である。たとえば同じ大学でも、異なる学部、キャンパスが異なる時間割や学事暦で運営されていれば、授業の共有化は不可能である。国内の異なる大学が共同で教育プログラムを運営していく際も、時間割と学事暦の統一が必須の前提となる。そしてもちろん、同じことは国際的にも当てはまり、今後、オンラインの仕組みを用いて大学間で教育の国際連携が進んでも、時間割や学事暦の共通化がなされていない限り、連携は困難に直面する。

もちろん、時間割の共通化の最初の障害となるのはタイムゾーンの違い、つまり異なる経度に位置する東アジアと南北アメリカ、ヨーロッパやアフリカが大きく異なる時間帯を生きていることである。しかし、より深刻な問題となるのは学事暦上のずれである。タイムゾーンだけの問題ならば、共同化する部分を現場で調整できる。しかし、学事暦は大学全体のシステムであり、その進行が他と著しくずれていれば、連携は解決不能な困難に直面する。

この点において、日本は世界で最も不利な条件にある。すでに述べてきたように、世界の主要大学の学事暦はほぼ一様に八〜九月から一二月までが秋学期、一〜二月から五月までが春学期である。オーストラリアや南アフリカのように南半球は九月入学ではなく一月入学だが、これは一学期分ずれているだけの話で、学期の時期は同期している。韓国が三月入学だが、これでも六月には春学期を終えられるので世界の時間の流れに適応できる。春学期も秋学期もいずれも世界の時間のリズムから大きくずれているのは日本とインドくらいである。

オンライン環境がグローバルに前提化し、国境を越えた高等教育のプログラムが拡大していくなかで、このずれはいずれボディブローのように効いて、日本の大学をグローバルな地平でますます見えなくしていくかもしれない。国と国の交流がかなり限定されたものならば、それでも大きな障害は生じない。しかし、オンラインで教室を共有化する試みを増やしていこうなどと考えれば、この度量衡の不統一は躓き石となる。言語の多様性はそれぞれの文化に深く根差しているので、必ずしも英語だけに高等教育の言語を統一することがプラスとは言えないが、時間の多様性は文化的な豊かさよりも実務的な混乱の原因となる。

このような未来的文脈において、九月入学制を含む学事暦の国際標準化の問題が、いずれ再び課題として浮上してくる。二一世紀の大学は、徐々に国民国家の大学から地球社会の大学へと移行していくからだ。一九八〇年代からのグローバル化はその大きな流れを導いたが、とりわけコロナ・パンデミックを契機としたオンライン化の地球規模での進展は、地球社会の大学の姿をよりはっきりと浮上させていくことになるであろう。

第五章
日本の大学はなぜこれほど均質なのか
――少子高齢化の先へ

オンライン化、グローバル化、そして少子高齢化

二一世紀初頭、日本の大学の行く末を枠づける大きな歴史的条件は、オンライン化とグローバル化、そして少子高齢化の三つである。すでに第三章と第四章で、オンライン化とグローバル化の大波を今日の大学がいかに乗り越えていくかについて論じた。まだ論じられていないもう一つの課題は、少子高齢化、あるいは人生の長寿化のなかでの日本の大学の変化である。二一世紀を通じて日本の大学が経験するのは、二〇世紀に前提にしてきたのとはまったく異なる人口構造である。たとえ戦争の悲惨を挟んでであれ、二〇世紀の日本は拡張する社会であった。しかし二一世紀の日本は縮小し続ける社会である。この持続的縮小を、どのように学びの豊かさや深まり、生きることの価値に結びつけていけるかが大学の課題となる。

知られるように、日本の総人口は、二〇一五年の約一億二七〇〇万人から約四〇年後の五三年には一億人を割って約九九二四万人となり、六五年には九〇〇〇万人台も割って約八八〇八万人になると推計される(図5-1)。とりわけ一四歳以下の年少人口は、一九八〇年代までの二七〇〇万人規模から二〇一五年にはすでに一六〇〇万人規模へと縮小している。そして、五

六年には一〇〇〇〇万人を割り込み、六五年には約八九九八万人にまで縮小すると予測されている。一九八〇年代からすると三分の一以下である。他方、六五歳以上の老齢人口は、二〇〇五年の約二五〇〇万人から増え続け、四二年には約三九三五万人にまでなる。したがって、年少人口の全人口に占める割合は、〇五年の一三・八%から減り続け、三一年には一二・〇%、六五年に

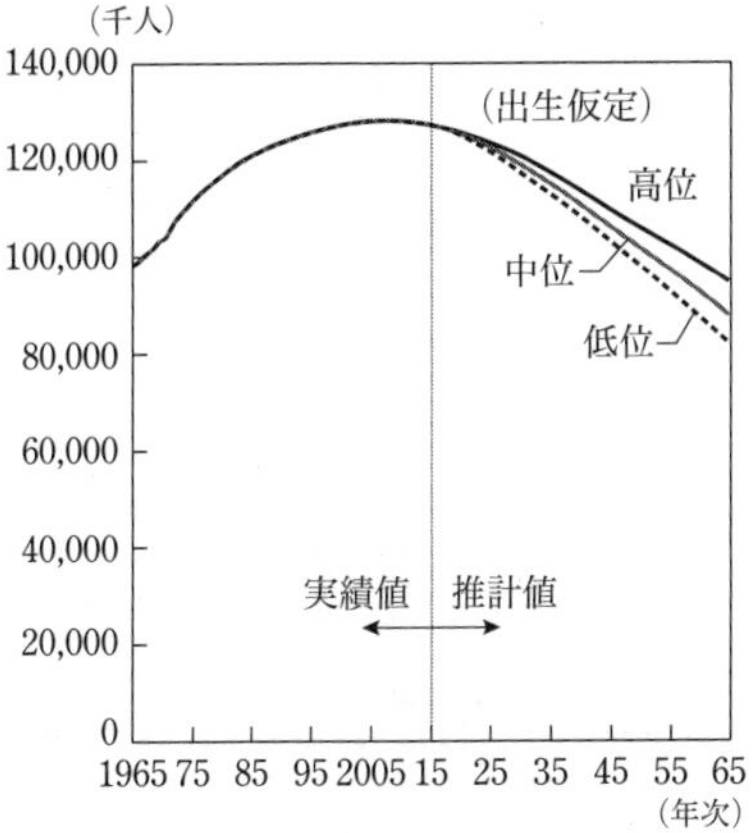

(注) 出生中位・高位・低位(死亡中位)推計.
(出所) 国立社会保障・人口問題研究所「日本の将来推計人口」(2017年推計)より.

図 5-1　日本の総人口の推移・予測

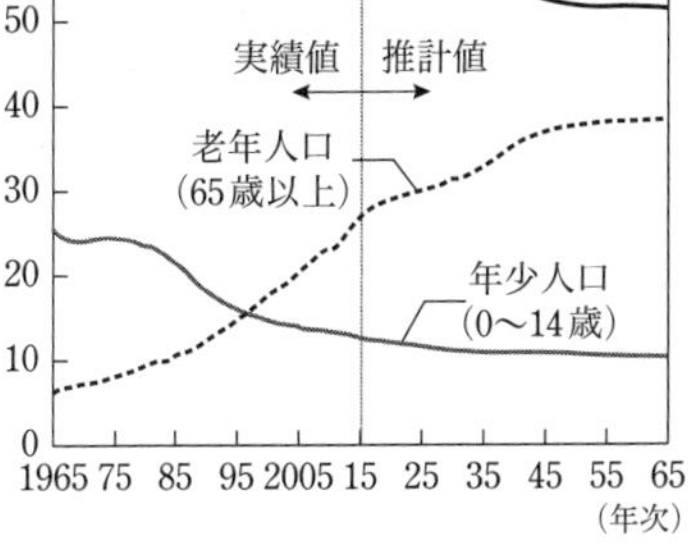

(注) 出生中位(死亡中位)推計.
(出所) 図 5-1 に同じ.

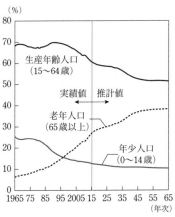

図 5-2　年齢 3 区分別人口割合の推移・予測

は一〇・二%になるとされる(図5-2)。

他方、日本の六五歳以上の人口割合は、一九八〇年の九・一%から、二〇一五年には二六・六%となり、四五年には三六・八%にまで上昇する。二〇四〇年代以降の日本は、一〇人に四人近くを六五歳以上の高齢者が占める「老いた国」なのである。総人口が縮小を続け、高齢者がどんどん増えていくこのような社会を、いまだかつて日本は経験したことがない。

いうまでもなく、この超高齢化は、個々人の人生においては長寿化として経験される。一九五〇年の時点で男性は五八・〇歳、女性は六一・五歳だった日本人の平均寿命は、二〇〇〇年までに男性が七七・七歳、女性が八四・六歳と大幅に延びた。さらにその後も緩やかに延び続け、五〇年には男性は約八四歳となり、女性は九〇歳を超えるとされている(図5-3)。

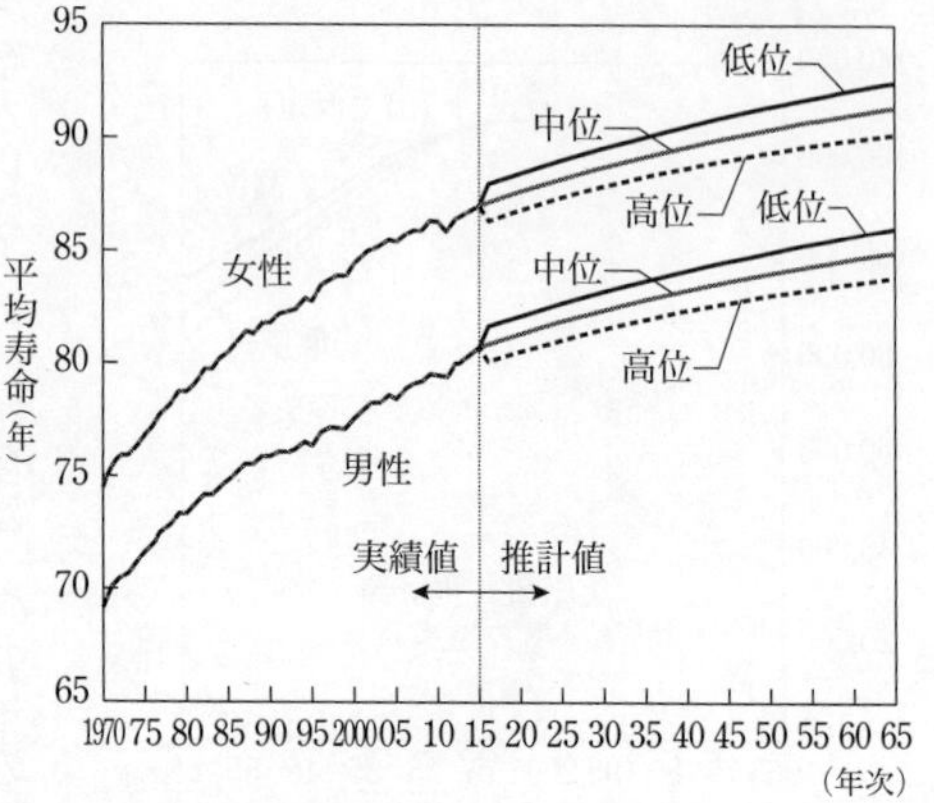

(注) 中位・高位・低位推計.
(出所) 図5-1に同じ.

図5-3　日本の男女別平均寿命の推移・予測

かつて平均寿命が六〇歳程度であった時代、小学校から大学までの約一六年の修学期間は、人生の約四分の一を占めていた。大学卒業後、仕事を始めたり家庭を持ったりした人が、五〇代後半まで働き続ければ三〇年余となる。つまり、大学まで進んだ者は人生の四分の一を学びに、半分を仕事や家庭生活に当てていた。この比率を八〇〜九〇歳にまで延びた人生に当てはめるなら、学びの時間は約二一〜二二年となり、平均でも五〜六年は延びる。これは、もちろん同じような比率で仕事の期間も延びた場合で、仕事の期間の延びがもっと少ないなら、学びに当てられる人生の時間はもっと長くなる。つまり、長寿化する人生のなかで学びの時間をどう設計するかは、二一世紀の私たちの人生の帰趨を決めるほどに重要な問いなのだ。

マルチステージ化する長寿化社会の人生

リンダ・グラットンとアンドリュー・スコットの『ＬＩＦＥ　ＳＨＩＦＴ』は、この寿命が一〇〇歳近くまで延びる社会の人生戦略について影響力のあるビジョンを示した著作である。同書は長寿化によって「老後」とされてきた人生段階のありようが根本的に変わり、人々は「マルチステージの人生」を過ごすようになるという。

近代化以降、多くの人々が「学習」「仕事」「老後」という三つのステージの間の移行を当たり前のものとして受け入れてきた。しかし、こうして三つのステージで分節化される人生があまねく浸透したのはそう古いことではない。一八世紀までの世界では、多くの人々に「学習」や「老後」という段階は存在しなかった。ところが一九世紀末以降、社会全体の産業化と寿命の延び、学校教育の長期化によって「仕事」の前と後に比較的長い「学習」や「老後」の期間が誕生した。二〇世紀を通じてこの「学習→仕事→老後」という順番に人生を歩んでいくモデルが全世界化し、「同世代の人たちが隊列を乱さずに一斉行進することにより、確実性と予測可能性が生まれ」ていった。この確実性や予測可能性こそが産業社会の生産力を支えていたのであり、人々も「機会と選択肢の多さに戸惑う」ことなしに済んでいた。

このような人生サイクルが、人生一〇〇年時代には崩壊する。「マルチステージの人生が普通になれば、私たちは人生で多くの移行を経験するようになる」と、グラットンらは言う。これまでは「学習→仕事」「仕事→老後」という二回だった移行が、三回、四回と増えていくのである。多くの人に、何度も「新しい人生の節目と転機が出現し、どのステージをどの順番で経験するかという選択肢」が劇的に拡大するのだ。人々は「仕事を長期間中断したり、転身を重ねたりしながら、生涯を通じてさまざまなキャリアを経験」していく。この人生構造の転換がもたらす最大の変化は、「年齢とステージがあまり一致しなくなる」ことである。これは大きな変化で、この対応が崩れると、これまで年齢とライフステージがある程度は対応することを前提に構築されてきた様々な制度が根底から怪しくなる（『ＬＩＦＥ ＳＨＩＦＴ』）。

個人のレベルでも、大きな問題が浮上する。「マルチステージ化する長い人生の恩恵を最大化するためには、上手に移行を重ねること」がポイントとなるにもかかわらず、現状では「ほとんどの人が生涯で何度も移行を遂げるための能力とスキルをもっていない」のである。移行を上手に重ねるには、それぞれの人が「柔軟性をもち、新しい知識を獲得し、新しい思考様式を模索し、新しい視点で世界を見て、力の所在の変化に対応し、ときには古い友人を手放して新しい人的ネットワークを築く」ことができなければならない（同書）。

かつてデイヴィッド・リースマンは、消費社会における人々の社会的性格の変容を、自らの「羅針盤」に従って一方向に歩み続ける「内部指向型」から他者たちの評価を絶えず気にしながら「レーダー」を働かせて軌道修正していく「他人指向型」への転換として特徴づけた。日本にそもそも「内部指向型」がどれほどいたのかは微妙だが、この国ではタテ型社会の同調圧力が結果的に人々をまるで羅針盤に従っているかのように同方向の人生に仕向けてきた。ところがそのような社会の仕組みが、長寿社会では徐々に無効化するのである。

長寿社会で人々が獲得するように促されるのは、もはや羅針盤でもレーダーでもなく多面的な複数の役をこなせる変身術である。産業化による経済成長期が終わり、低成長のなかで人生の長さが大幅に延びていくと、これまでのような単線的な人生設計は不可能になっていく。ポスト近代の社会では水平的に多数のキャリアが並行し、流動的な状況のなかで人々はその一つのキャリアから別のキャリアへと移動する柔軟性を身につけなければならなくなっていく。

その結果、一方で個人の側では、「人生が長くなり、人々が人生で多くの変化を経験し、多くの選択をおこなうようになれば、選択肢をもっておくことの価値が大きくなる」。私たちは何かを選択するとき、同時に何かをしないことも選択しているのだが、それを固定的にするのではなく、他方のオプションを残しておこうとし始める。たとえば、就職も結婚も必ずしも一生を決めるものとはならなくなっていく可能性が高い。こうして若者たちは、「選択肢を狭めないように、将来の道筋を固定せずに柔軟な生き方を長期間続け」、その先でも自分の人生が「一定の行動パターンにはまり込むのを避ける」ようになる。他方、社会的には、年齢とライフステージが一致しなくなることにより、「異なる年齢層の人たちが同一のステージを生きるようになって、世代を越えた交友が多く生まれる」(同書)。つまり、マルチステージ化した社会とは、世代の関係構造が根底から変化していく社会なのである。

要点は、個人の人生も社会の仕組みも柔軟化していくことであり、そのために社会には世代を越えた風通しのよさが、個人には変化に対応できる変身術が求められていく。そしてまさにここにおいて、二一世紀の大学も根底から再定義を迫られていくことになる。

なぜならば、一方で個人に求められる変身術は、単なる職業再訓練的なものではない。そのような「再訓練」は、すでに確立した既存の社会機能や職能に対応したものでしかなく、二一世紀を通じてその機能や職能が変化していこうとしているときに、既存の仕組みを前提にした「再訓練」では、新しい社会でイニシアティブを発揮できる人材は育たない。グラットンらも述べていたように、求められるのは、「新しい思考様式を模索し、新しい視点で世界を見て、力の所在の変化に対応」していく力である。新たに与えられる役割を忠実にこなす優等生ではなく、新たな状況やシナリオのなかで、それまで多くの人が思いもしなかったような役柄を組み立てていける柔軟な俳優術が期待されていくのである。真に優れた俳優は、どんな役にも観客の思いもしない仕方で変身することができる。そして、人々がそのような変身術を身に着ける道場のような場になり得るところは、現存の社会では大学以外にあまりない。

他方、異なる年齢層の人々が同一のステージで交友していくのは、大学においてだけではない。職場でも、遊びの場でも、同じ変化が徐々に進行する。しかし大学は、個々の学生の知的能力や創造性を伸ばし、同時にそれらを評価する仕組みを発達させてきた組織である。様々な世代の、異なる文化的背景を持った人々が、いくつかの専門性の高い領域において、また時にはそのような領域の既存の価値を越境して、創造的なパフォーマンスを実現していくことを大学は支援し、その結果を厳しく評価する。だから、大学の学びにとって重要なのは入試ではない。むしろ入試のハードルはできるだけ低く、多様な階層、年齢、国籍、性向の人が入れることが望ましい。しかし、大学は厳しい評価の場であり続ける。個々の科目での学生の努力に対する成績、卒業や修了についての評価は厳しいものでなくてはならない。そして社会は、その大学による評価を信頼し、卒業生たちの知的な変身を受け入れていくのである。

それでも大学は期待されていない――通過儀礼でしかない日本の大学

しかし、日本の大学の現状は、このような学びの未来に向けた展望からはほど遠い。よく知られていることだが、大学への二五歳以上の入学者の割合の国際比較では、北欧諸国やバルト海沿岸諸国、オセアニア諸国、イスラエルなどが二〇～三〇％という高い数値を示す一方、日本の大学入学者で二五歳以上の者が占める割合は、ＯＥＣＤ平均の一六・六％をはるかに下回って二・五％に過ぎない(図5-4)。しかも、これは通信制大学の学生数を含んだ数字なので、通学制大学だけならば約一％という絶望的な数値となる。これほどまでに差があるということは、単なる経済状況や勉学意欲の差に還元できない構造的な特殊性が背景にあると考えざるを得ないだろう。日本では、大学での学びが極端に高校を卒業したばかりの同質的な集団に限定され、社会的キャリアのなかでのその価値が重視されてこなかったのである。

しかも、このような日本の大学の極端な年齢的同質性は、近年になっても変化の兆しを見せてはいない。学部入学者のなかの社会人学生数の推移を調べても、通学制大学ではずっと約五〇〇〇人以下で推移している。若干の増減があるのは通信制大学の社会人学生数で、この増

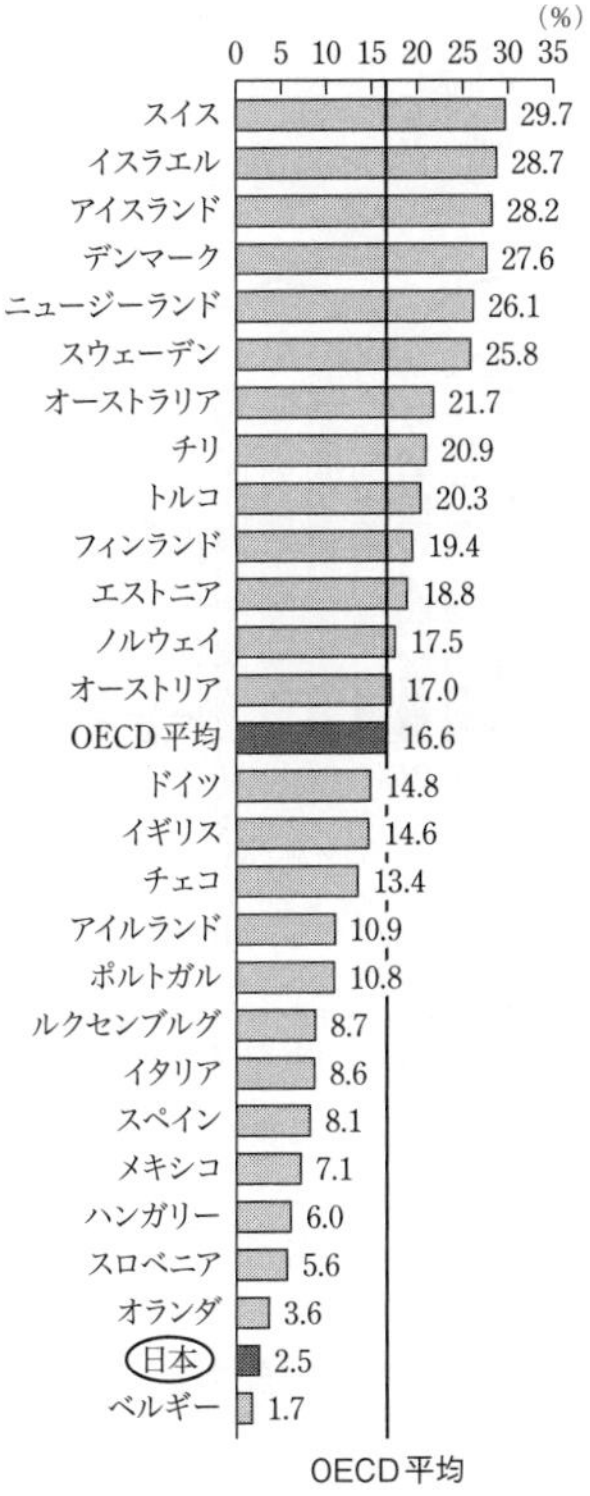

（注）日本以外の諸外国の数値については，高等教育段階別の初回入学者の割合.
（資料）OECD Education at a Glance (2017)（諸外国）及び「平成27年度学校基本調査」（日本）.
（出所）秋山弘子「人生100年時代の大学」（『IDE　現代の高等教育』2018年10月号）.

図5-4　学士課程入学者における25歳以上の学生比率の国際比較（2015年）

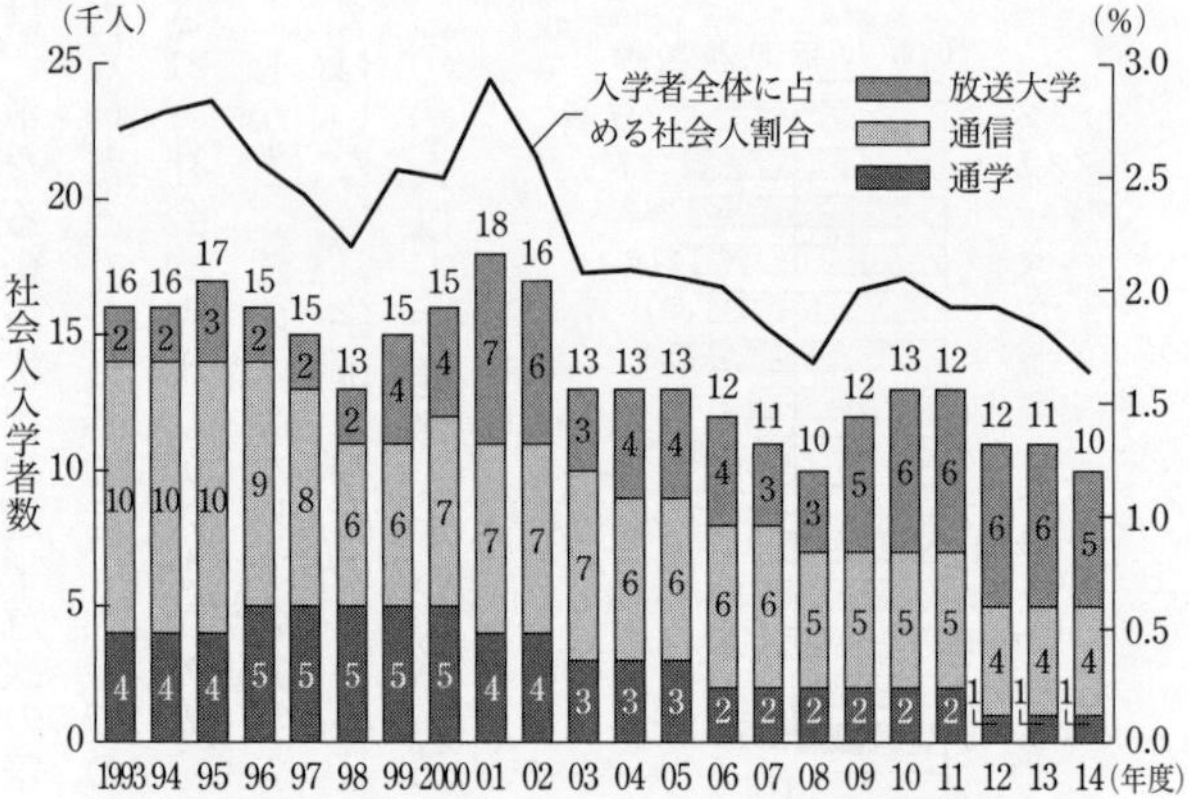

(注1) 通学の社会人入学者は,「国公私立大学入学者選抜実施状況」の「社会人特別入学者選抜による入学者数」を引用.
(注2) 通信, 放送大学は推計である(「学校基本調査報告書(高等教育機関編)」をもとに, 通信制学生のうち職についている学生の割合から按分).
(注3)「社会人」は, 職に就いている者(経常的な収入を得る仕事に現に就いている者), 経常的な仕事を得る仕事から既に退職した者, 主婦・主夫を指す.
(資料) 文部科学省「学校基本調査」等を基に作成.
(出所) 文部科学省ホームページ「社会人の学び直しに関する現状等について」より.

図5-5 大学への社会人入学者数(推計)の推移

減は日本経済の好不況と緩やかに対応しているように見える(図5-5)。この通信制大学を加えても、社会人学生は一万五〇〇〇人程度、その割合はせいぜい二・五%までで、それ以上に増えていく兆しはないのである。他方、大学院でも、大学院重点化が進んだ一九九〇年代後半から二〇〇〇年代にかけて社会人学生が激増したが、学位取得者が必ずしも良いキャリアを歩めていないことがはっきりしてきた二〇〇〇年代半ば以降、増加傾向は止まり、近年では入学者数一万七〇〇〇人前後、一七%程度で横ばい傾向がはっきりしてきている。

このような日本の大学に根強い年齢的な同質性は、大学本来の知的創造性を恒常的に疎外してきた。仮にそのような同質的な環境に少数の社会人が入っても、彼らはすぐさま自分は少数派だと感じてしまう。もちろん、社会人学生の割合が大幅に増えていけば、若い学生たちの認識地平を彼ら社会人学生が変える可能性はある。社会人学生が、まだ若い学生たちを社会につないでいく媒介役となり、大学で学ぶことへの目的意識やキャリア観を変えてくれるかもしれないのだ。同じように社会人学生にとっても、若い学生たちとの出会いが、慣れ親しんできた人生観を変える契機となるかもしれない。

それにもかかわらず、日本の大学や大学院で社会人学生が増えていかない根本的な理由は明らかで、要するに大学での学びに価値があるとは職場は評価していないのである。もちろん、各組織は職員のスキルアップは必要と考えており研修プログラムを用意している。それらの研修は、それぞれのキャリアの延長線上で個々人の能力を伸ばしていくことを目的としており、その結果、既存システムが強化され続けることになる。職員が真面目に研修を受ければ受けるほど、既存の体制やそこでの価値観がさらに正当化されていくことになるはずだ。そのため、職場が自明の目標としてきたことを別の観点から捉え直したり、今までとは違うキャリアに向けて人生を設計し直したりする能力は育たない。ところが本当は、社会がボーダーレス化し、流動化し、マルチステージ化していくなかで必要とされているのは、むしろこうした能力なのである。これは、既存組織内部での研修の仕組みが最も不得意とするところで、むしろ一定期間、そこから離れて学ぶほうが可能性はある。

ここに立ちはだかるのが、長い「ブランク」を嫌う日本社会の組織体質である。数日から一、二週間までの「休み」は推奨すらされるのだが、数年職場から離れると、その人がその期間に真剣に何かを学んで新しい認識地平を得たとしても、もともとの職場はそれを「ブランク」としか見なさず、それが当人のキャリアにダメージとなってしまう。そのようなリスクは、少数の変わり種によってしか選択されないのである。日本社会はタテ系列の連続性を好み、それが不連続となることを嫌うのだ。この直線的連続性への固執こそが、一九九〇年代以降、日本社会を袋小路に陥れ、大学をもまた改革疲れさせてきた主因である。

たしかに一九九〇年代以降、文部省はこうした現状を変えていこうという様々な制度改革努力を重ねてきた。社会人特別入学者選抜制度や長期履修学生制度、専門職大学院や専門職大学の制度化など、社会人学生拡大のための涙ぐましい政策努力がなされてきた。それにもかかわらず、日本の大学で社会人学生の比率は増えていないし、今後増加傾向に転じるかもしれない兆候すら見えてはいないのである。吉田文によれば、学士課程への社会人の入学者は二〇〇一年をピークとして減少を続け、大学院への社会人入学者も〇八年をピークに微減傾向にある。もともとの数が極端に少ないので、仮に微増傾向にあったとしてもあまり喜べないのだが、それすら実現していないのが現状である。つまり日本の大学の現状は、国の努力によって「学習の利便性を高める制度が充実しても、社会人学生は減少するという皮肉な状況にある」(吉田「労働市場・社会人学生・大学(院)のトリレンマ」)。

この皮肉な状況の原因はわかっている。日本の大学がその極端な同質性をいまだに変えられていない最大の要因は、国の政策にあるのではなく、むしろ日本社会自体、それぞれの職場の意識や人事制度、企業や官庁の極度にタテ割りで風通しの悪い組織体質のほうにある。たとえば吉田は、五七四社の日本企業に、社員が経営系大学院で学ぶことを推奨しない理由を尋ねているが、「社内で充分に育成が可能」と答えた企業は一一・二%に過ぎないにもかかわらず、「経営大学院で学ぶことで、具体的にどのような効果があるのかよくわからない」との答えが三八・三%、「どのようなことを、どのように学ぶのかなど、具体的な内容がよくわからない」との答えが三一・六%と、大学が提供する教育内容やその効果への不信を表明する企業が多数を占めたという(同論文)。日本企業は、もはや自分たちだけで社員の能力を伸ばせていけるとは思えなくなり、将来への不安を抱えているのだが、さりとて大学ですることは「具体的に」よくわからず、「効果」もあまり期待できないと思っているのである。

結局のところ、日本で大学は、いまだに高校生が受験勉強の苦労を乗り越えて「入試」に合格し、やがて「就活」を経て社会に出ていく間の通過儀礼でしかない。大学に期待されるのは、一定の基礎学力がある若者を選抜し、思い出深い人生経験の場となることだ。大学生活は、それまでの高校と同じように一つずつ学年の階段を上っていく過程であると理解され、その途上での学修の中身が本気で問われることはないのである。そしてこの学びそのものへの社会的関心の不在が、日本の大学のありようを呪縛し続ける最大の桎梏《しっこく》となってきた。要するに、入試による若者の学力の選別機関としての大学の役割への社会的期待は大きくても、入学後の大学教育に、社会はそれほど大きな期待を抱いてこなかったし、今もそうなのである。

人生で三回大学に入学する——トランスミッションとしての大学

この社会では、大学が学生に課す最大のハードルは入試となる。日本の大学を成り立たせているのは、厳密な入口管理、そして実質的な出口管理の不在である。大学に入るのは大変だが出るのは簡単という仕組みをこれほど徹底させてきた国はない。そして九〇年代以降の量的拡大により、この入口の管理もタガが外れ、日本の高等教育のレベル低下は深刻である。もしもここで、日本の大学も欧米の大学と同じ出口管理、すなわち入学するのは容易でも、在学者の限られた割合しか卒業できない仕組みに転換できるのなら話は簡単である。しかし現実には、大学経営の実態、社会通念、大学教員のハビトゥスなどの面で、この転換は不可能に近い。

だから、せめて成績評価を厳密化し、学修の体系化や個々の授業の質向上に努めていくというのが文科省の推進する教育改革の指針なのだが、それすらも容易ではない。たとえば、成績評価の適正化は諸々の改善の前提となる課題だが、日本の多くの大学では、これすらも長く疎かにされてきた。学生たちが「ラクタン（楽単）」と呼ぶ科目では、出席もとらず、試験も課さず、たった一回のレポート提出で履修者の大部分を合格にしてきた。教員には、成績は学生が自分の授業を受講してくれたことへの報酬のようなものと受けとめられてきたのである。「大切な君の時間を使って僕の話を聞きに来てくれてありがとう」というわけである。

しかも、日本の大多数の大学では、高校までの教育と同様、「学年」がカリキュラム編成の基本枠である。したがって、それぞれの学生には、一年生から四年生までの各学年で何を学ぶかが決められており、それを満たさなければ「留年」となる。これは、すべての学生に同じ学びを与え、同じように四年間で卒業させていくには効率的な仕組みだが、学生の多様性や高い能力や意欲を持つ学生への配慮を欠いている。大学での学びを多元的に開き、優秀で意欲のある学生が能力を十分に伸ばしていくには、学年制ではなく厳密な意味での単位制、つまり構造化されたカリキュラムのなかで学生一人ひとりの目的に合わせて科目が選択され、学生は一定の要件を満たせばいつでも次の段階に移行できる仕組みのほうが望ましい。基礎学力を身につけることが主目的の小中学校の教育と、事象を深く考え、課題解決や新しい発見に向かう力を育むことが主目的の大学教育では、本来教育の仕組みは大きく異なるのである。だが、日本の多くの大学教員の単位についての認識は、第二章で述べた新制大学成立期のそれと大きく変化してはおらず、単位が学生の学びの時間と結びつけられているという実感はない。

このような現状の先に、大学の未来はない。絶望的な状況のなかで、なお大学の未来、そして当然ながら大学と社会の関係の未来的な結び直しを構想するのなら、いかなるビジョンが可能なのか？　その答えのポイントは、人生で大学に三回入るのが当たり前の社会をいかに作っていくかである。だから大学でなされるべき本来の学びからするならば、大学生になるのは高校卒業後の若者ばかりでなくていい。そもそも大学に求められるのは、高校生と社会人の間をつなぐ中間点の役割ではなく、人生における様々なキャリアや認識地平の転轍機としての役割である。地球規模でキャリアの流動化が進むなかで、大学は直線的な人生上のある区間としてではなく、非連続的な人生のマルチステージをつなぐ媒介的な仕組みとなる。一流大学を出て大企業に就職すれば、安穏と一生を送れる時代はすでに終わっているのである。

当然、大学は、高卒者が人生で一度だけ入ればいい機関ではなくなっていく。おそらく未来の大学に、人は人生で三度入る機会を持つことになるはずである。まずはこれまで同様、高校を卒業した若者たちが入学してくる。次に、だいたい三〇代前半の年齢で、人はもう一度大学に入り直す。三〇代前半は、就職した者たちが職場での経験を一通り積んだ段階である。既存の職場の仕組みにはほぼ習熟し、ただその延長線上で同じ職場にとどまるのか、それとも新しい職能や人生のビジョンに転進していくのかの分かれ目だろう。有職者が新しい人生のパラダイムに転換していくために、大学や大学院に入り直す。さらに人は、五〇代の終わりにも大学に入り直す。すでに職場で一定の地位を得ているが、まだ人生にやり残したことがあると感じており、残りの人生でそれをやり遂げる余地がある。大学には、こうした三種類の入学者を受け入れ、それぞれを新しい人生に転換させていく媒介装置となるポテンシャルがある。

ここに含意されているのは、大学と社会の間で営まれるリカレント教育の革新である。日本ではいまだに、社会の側でも大学の側でも、単なるスキルアップや労働力調整という目的を超えて、キャリアの質的転換のための「リカレント＝循環」の回路が根づいていない。そして問題は、社会と大学のつなぎ目で起きているわけだから、この構造的袋小路を打開していく決め手は、つなぎ目の風通しを徹底的に良くすることである。つまり、大学と社会の関係を、人生上のキャリアでも、学生層の広がりでも、徹底的にフレクシブルにしていくような大学教育をデザインしていくことが必要なのである。実は、そうしたデザインを実現していくために、大学側が仕掛けていくことのできる手がかりが、少なくともすでに二つはある。

「通信制大学」という回路

手がかりの第一は、通信制大学の経験である。すでに触れたように、日本での社会人の大学入学者は、その大部分を通信制大学に負ってきた。もともと通信制大学の起源は、明治大正期の郵便を用いた教育に遡れる。しかし、これが正式に「学士」の資格が得られる課程となるのは、一九四七年制定の学校教育法以降である。相前後して大学基準協会が「大学通信教育基準」を定め、大学の通信教育課程が正規の大学教育として広がった。この流れで一九四〇年代末から五〇年代にかけ、法政大学、慶應義塾大学、中央大学、日本大学、日本女子大学、玉川大学などが通信教育を正規課程に組み入れていった。この時代の高等教育への幅広い層での熱心な需要を背景に、「対面ではない大学教育」が正式にスタートしていったのである。

通信制大学の戦後史は、放送大学が誕生する以前の一九七〇年代までと、八三年に放送大学が設置され、この種の大学の基本型が放送を基盤にする方式に移行して以降、さらに二〇〇〇年代、インターネットの普及によってオンラインで双方向的な教育が容易に可能になってからという三段階に分けることができる。最初の段階の大学通信教育は、経済的その他の理由から大学に通うことができない、あるいは過去にできなかった人々が、通信制ならば大学の学びに自分も参加できるという思いから受講し、数多の努力を重ねて卒業していく仕組みだった。しかし放送大学の誕生により、授業の「受講者」と番組の「視聴者」の境界線がボーダーレス化しつつ学生の母集団が一挙に広がった。最後のネット段階では、それまでの通信教育とオンライン教育の仕組みが徐々に融合し、通信制大学に新しい注目が集まり始めている。

今日、通信制大学を特徴づけるのは、そのメディア的なハイブリッド性である。今でも通信制大学は、印刷教材に基づく自己学習とレポート提出、それに対する添削による指導を重視している。「読んで、考えて、書く」というのがリカレント教育の基本だと矢野眞和は書く（「リカレント学習の条件」）。一九八〇年代以降、これに放送教材が加わる。放送大学以外でも、いくつもの私立大学がビデオ教材を作成してきた。さらにこれに、「スクーリング」と呼ばれる対面授業やオンライン授業も加わっていく。つまり、コロナ禍で対面からオンラインに移行した一般大学の多くが、複数の形式を組み合わせるハイブリッド化に苦労するなか、通信制大学では長い時間をかけて、印刷物、放送、オンライン、対面といった複数メディアの複線的な組み立てが実験されてきたのである。

他方、この特徴に学生の側で対応しているのが、通学制の大学とは顕著に異なる学生のダイバーシティに他ならない。二〇一九年の時点で通学制の大学の場合、一八、一九歳の入学者は全体の九四・七%を占めている。前述の二五歳以上の者の占める割合が約一%であることからして、これを一八歳から二一、二二歳までとするならば、割合はもっと高くなる。これに対して通信制大学の場合、逆に一八〜二二歳の学生の割合は一一・五%にすぎず、約八八%を二〇代半ば以上の者が占めている。有職者の割合も四二・六%に上り、通信制の大学は、決して高校卒業者が中心の同質的な場だとは言えない(図5-6)。ここから容易に想像されることだが、卒業までにかかる年限も、通学制と通信制で大きく異なり、通学制では九七%近くの学生が四年の在学年限内で卒業しているのに対し、通信制では標準年限内に卒業している人は、卒業者全体の約四二%にすぎない。つまり、通学制大学と通信制大学の間で、高校卒業者のための大学と社会人や退職後の人々のための大学という画然とした棲み分けが見られるのである。

通信制大学の学生がこうした特徴的な構成となるには、いくつかの理由がある。第一は、通信制大学には入学資格があればほぼ試験なしで入学できるので、大学生となるハードルがきわめて低い。第二に、通信制大学は通学制に比べて授業料がかなり安い。国立大学と放送大学を比べても、卒業までに要する学費は後者が前者の三分の一以下である。第三に、通信制大学はメディアに媒介される教育が基本なので、通学制の大学に比べて時間と空間の制約に縛られる度合いが低い。前述の矢野は、通学制の「大学に進学するためには、働くことを諦めなければならないし、勉強する場所も固定され、大学は大都市に集中している。働かなければならない人たちの教育機会として誕生したのが、通信教育」だったと述べる。もし通信制大学が、その特性を生かして「時間と空間の自由」をもっと有効に生かすハイブリッド型の教育プログラムを高度化させていくなら、そのポテンシャルはきわめて大きい(同論文)。

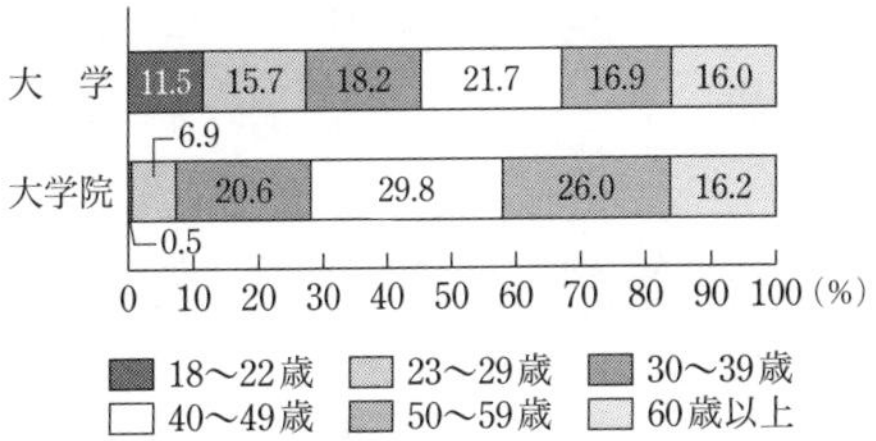

(注) 正規の課程のみ.
(資料) 文部科学省「学校基本調査報告書」2019年度による.
(出所) 公益財団法人 私立大学通信教育協会ホームページ「大学通信教育の現状」より.

図5-6　通信制大学学生の年齢構成

　総合すると、通学制大学よりも通信制大学のほうが、欧米の公立大学に近い面を含んでいることに気づく。通信制大学は、通学制の極端な同質性とは比べものにならない多様な学生を擁している。とりわけ社会人や中高年の割合が高いことは、通学制の大学にはない社会の結びつきを内包していることを示す。また、「入試」の壁が通信制大学にはないに等しいので、教育の質保証をするには出口管理、つまり卒業までの審査を厳しくしていかざるを得ない。実際、通学制大学の卒業率は八〇%以上だが、通信制の場合は一五%程度で、入学者で卒業まで至るのは一〇人中一人か二人という狭き門である。

前述のように、日本はすでに世界でもとりわけ激しい少子高齢化を経験しているにもかかわらず、通学制大学の二五歳以上の大学生比率は約一%と、OECD諸国平均をはるかに下回るアンバランスな国である。長寿化社会を迎えるなかで、このアンバランスは社会全体にとっても、個々の人生にとっても、大学の未来にとってもマイナスである。せめて、一般の通学制大学でも二五歳以上の学生比率を現状の約一%からOECD諸国の平均に少しでも近づかせることを目指すなら、すでにその比率が八割以上とされる通信制大学の経験は参考になる。

逆に言えば、日本の大学はこれまで、「入試」という入口管理を厳格化することで、高校卒業者のなかのきわめて同質的な学生が、きわめて同質的な教育を受ける仕組みを作り上げてきた。そしてその分、この同質性から零れ落ちる部分を、たとえば女子短期大学や通信制大学などのシステム全体からすれば周縁にある組織に押し付けてきたのである。長寿化社会のなかで、この構造的差別とすら言いたくなる体制全体が根本から見直されなければならない。

実際、コロナ禍によるオンライン化への流れのなかで、通学制の大学も通信制大学が経験してきた様々な課題に直面していく可能性が高まってきた。つまり、長寿化社会の大学は、これまでのように一八歳人口だけを相手にする「入試」と「就職」をつなぐ通過儀礼的な場であり続けることはできない。いずれ、間口を広げ、もっと幅広い層のリカレント人口を取り込んでいくしかなくなる。その時、オンライン授業や通信教育的な双方向性、対面による様々なスクーリングの取り組み、教育全般のオンライン化による授業料の低減、同時に教育の質保証のためにオンライン機能を用いた学生と教員のパフォーマンスの管理といった諸々の取り組みをシステマティックに進められる大学が、このプロセスのなかで台頭してくるだろう。

「高専」という回路

さて、大学と社会の間にタテ系列で風穴を開けていくもう一つの、よりラディカルな手がかりは、高等専門学校(高専)にある。高専の誕生は、様々な専門学校を「一県一大学原則」によって統合して出来上がった新制大学の工学教育に対する産業界からの不満や批判が高まっていった結果である。新制大学では、「一県一大学原則」によって性格の異なる旧制の高等教育が強引に統合されていったので、それぞれの学校で培われてきたカリキュラムは分断され、さらに当事者がその意味を十分に呑み込めないまま「単位制」が導入され、「学修」の空洞化が生じた(矢野眞和・濱中義隆・浅野敬一編『高専教育の発見』)。

そのような新制大学の工学教育に、産業界は早くから不満の声を上げていた。彼らは新制大学を旧制の工業専門学校と比較し、専門教育の不足や一般教育との連携不足、高等教育の学力低下、さらには新制大学工学部の教育が旧制の工業専門学校の教育にはあった実践的な性格を失ったことを批判していた。産業界にとって必要なのは、名ばかりの「大卒」ではなく、実質を伴った「中級技術者」だった。だから「大学」とは異なる仕方で、そのような実践的な中級技術者を養成する高等教育がやはり必要ではないかとの声が産業界に強まり、たとえば日経連は一九五六年から五七年にかけて、「科学技術教育振興に関する意見」等の文書によって高校段階から始まる五年制の専門大学の新設を提案するに至ったのである。

このような産業界の要望を受け、文部省は高校卒業以降の二年または三年、これに新制高校に準ずる三年を前期課程として加えた五年制ないし六年制の専科大学構想をまとめ、そのための学校教育法改正案を一九五八年に国会に提出した。ところがその際、この仕組みに短期大学

（短大）も乗せようとしたため、短大側からの反発を受けて計画は頓挫した。

もともと短大は、多くの旧専門学校が大学への「格上げ」を達成した新制大学成立時に、すぐに「大学」となる要件は満たしていないとして暫定的に終了年限が二年の「短期」大学に据え置かれたところが多かった。多くが女子教育を掲げ、その後も「女子大」と「短大」はしばしば重ねられてきた。専科大学構想は、ちょうどこの短大二年に高校の三年を下に接続させれば、形式的に専科大学五年に一致するとの発想から、短大の専科大学化も併せて計画されたのだ。だが、短大側からすれば、目指しているのは上に二年を接続させて四年制大学となることであって、下に高校を接続させることではない。計画は男女差別を学歴的に固定化させかねず、受け入れられる案ではなかった。しかも短大は家政学部が中心で、実践的な工学教育とは教育理念が異なった。構想に短大側は猛反発し、結局、文部省は初心に戻って技術者教育に特化した五年制高等専門学校を一九六一年にスタートさせたのである。

以上の経緯が示すように、高専がモデルとしていたのは、戦前期の旧制専門学校である。新制大学発足の際、占領軍の圧力で一斉に否定されてしまった教育制度を復活させようという動きが起き始めたのは早く、吉田内閣に設置された政令改正諮問委員会からである。新制大学発足直後から、新しい教育制度が決して十全ではないことは認識されていた。一九五一年、同委員会が出した答申は、①大学を四年以上の「普通大学」と二〜三年制の「専修大学」に分ける、②「専修大学」は専門職と教員の養成を行うものを分ける、③特例として新制高校と合わせた五〜六年制の「専修大学」の設置を認めるという提案を含んでいた。明らかにここには、専門学校や師範学校が大学と並行した旧制の複線型高等教育の復活が目論まれていた（天野郁夫「高等専門学校の50年」）。

したがって高専は、まだ古い制度の記憶がはっきり残っていた時代、そのような古い制度を復活させようとする保守勢力と、同時に現場での実践的な技術力を必要としていた産業界の圧力によって復活させられた例外的な仕組みであった。しかし、それは時代の変化のなかで、廃れるどころかむしろ社会的評価を高め、日本の現場的技能を支える「ＫＯＳＥＮ」として世界的にもよく知られた存在になっていった。実際、高専の当初の目的はあくまで中級の工業技術者育成で、したがって「工業に関する学科を置く」と改正された学校教育法でも分野を限定されていた。しかしその後、一九六七年には商船に関する学科が設置され、九一年に学科の分野制限も撤廃され、現在ではビジネス系の高専も誕生している。

その一方で、一九六〇年代以降、大学は工学部を中心に入学者を激増させる時代に向かっていった。もはや大学はエリートの養成機関ではなくなり、中級レベルの職能の人々を大量に育成する機関となった。そして、「高専がマイナーなままで大学が大衆化したことは、政策の意図した技術者教育における高専と大学との役割分担を変え」る意図せざる結果ももたらしていった（矢野ほか、前掲書）。やがて高専卒には、実質的に身に着けられている能力で、一部の大学卒よりも高い評価が産業界から与えられていくのである。つまり、「大学＝エリート養成」「高専＝中級技術者養成」という階層的な構図は、大学が規制緩和で社会全体の人口減を無視した拡張に向かう九〇年代以降、崩壊していったのだ。今日では、不景気になると多くの大卒者が就職難に苦しむ傍らで、高専卒の若者たちはいつも引く手数多である。

たしかに高専の欠点として指摘されてきた諸問題もある。何よりも、分野制限が撤廃されたとはいえ、いまだに高専で教えているのは実践的な工業技術が中心である。これはもちろん高専が産業界での人材需要と一体をなしてきたからなのだが、産業界が求める能力は、今や狭義の工業技術からデザインやマーケティング、データサイエンスや金融工学に関わる分野に急速に変化しつつある。「高専＝工業技術」という結びつきに固執し続けるなら、高専のこれまでの発展には未来がないだろう。ところが、これまでのところは工業技術系の教育にあまりに特化してきたために、高専の教育は人文社会系に弱く、高専生は英語能力がかなり不足しているという評価もある。工業化段階の発展途上国ならばともかく、グローバル化時代が必要とする高度な技術人材を養成していくのに、現状の体制では明らかに不十分である。

こうした限界を抱えながらも、一九九〇年代以降、高専はその高等教育機関としてのありようを基層から変化させてきた。これを如実に示すのは、学生たちの進学理由である。一九七〇年代までは、高専への進学理由の筆頭を占めたのは、何よりも「学費が安い」ことだった。つまり、経済的な理由で大学には進学できない家庭の中卒者が、貧しくても学修を続けられる数少ない選択肢が高専だった。ところが九〇年代以降、高専への進学理由で上位を占めていくのは、「学費が安いから」ではなく「就職に有利だから」である。人生のキャリアとして「大学」の価値が下落し、相対的に「高専」の価値は上昇していった。しかも、大学の後期課程に相当する高専専攻科が設置され、長岡や豊橋の技術科学大学設置と発展によって高専卒業後も大学後期課程や大学院課程で学修を続ける道が拡大したことにより、高専生が大卒にはなれないという前提はすでに崩れている。いわば大学入試の受験勉強をバイパスして専門的な勉学に集中できるキャリアパスとして、高専は特別な意味を持ち始めているのである。

実際、高専生の卒業後のキャリアは、近年では大きく変化している。高専卒の就職者は、九〇年代を通じて八〇〇〇人から六〇〇〇人に減少し、大学後期課程等への進学者が激増した。二〇一一年の段階で、高専卒業者の四二・二%が大学や専攻科に進学している(図5-7)。一九九〇年代、日本経済全体が下降線をたどるなかで、大学工学部卒業者の専門的技術的職業への就職率は下落の一途をたどったのに対し、高専卒業者の同様の職業への就職率はまったく下がらなかった(図5-8)(新谷康浩「データで見る高専」)。つまり九〇年代以降、大学工学部の専門教育は、学生のその後のキャリアにあまり「役に立たなく」なっていったのだが、高専ではそのような無用化は起きてはいない。それにもかかわらず、高専生の多くは、高専卒であることに加え、今は大卒、さらには大学院修了を目指しているのである。そして大学側からしても、受験勉強とは異なる大学的な学びを早くから始めている高専卒業者は、一般の大学生よりも概して「成熟した」学生に見えている。

金沢工業大学・国際高専の挑戦

高専に入学するのは中学を卒業したばかりのティーンエージャーだから、一般の高校生と変わらない。ところが高専は、大学と同じく高等教育なのである。つまり、中学生から高校生をバイパスしていきなり大学生になってしまうという驚くべき回路が、実はすでに日本の高等教育システムのなかに制度化されているのだ。何よりも、高専の最大の特徴は、一般の大学よりもはるかに学寮生活を重視している点にある。設立当初から国立と私立の全高専には学寮が設

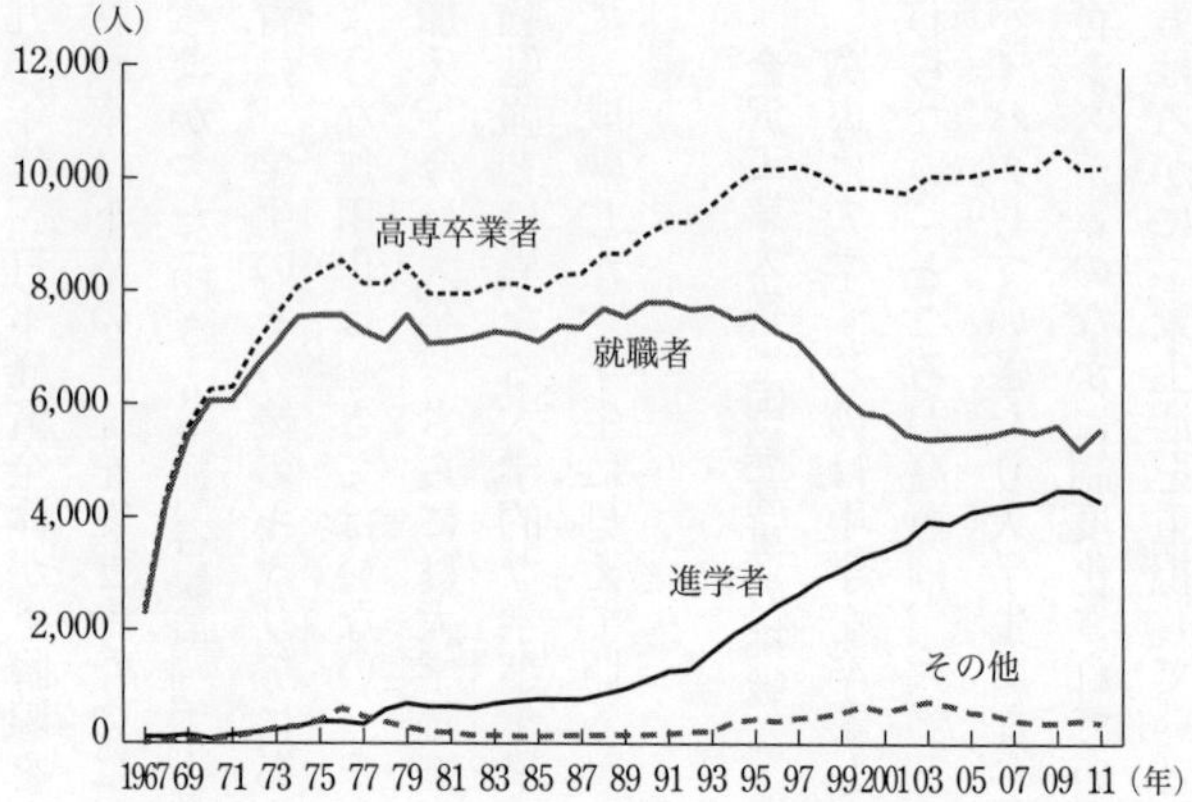

(出所) 新谷康浩「データで見る高専」(『IDE 現代の高等教育』2012年10月号)より作成.

図5-7 高専卒業者の進路

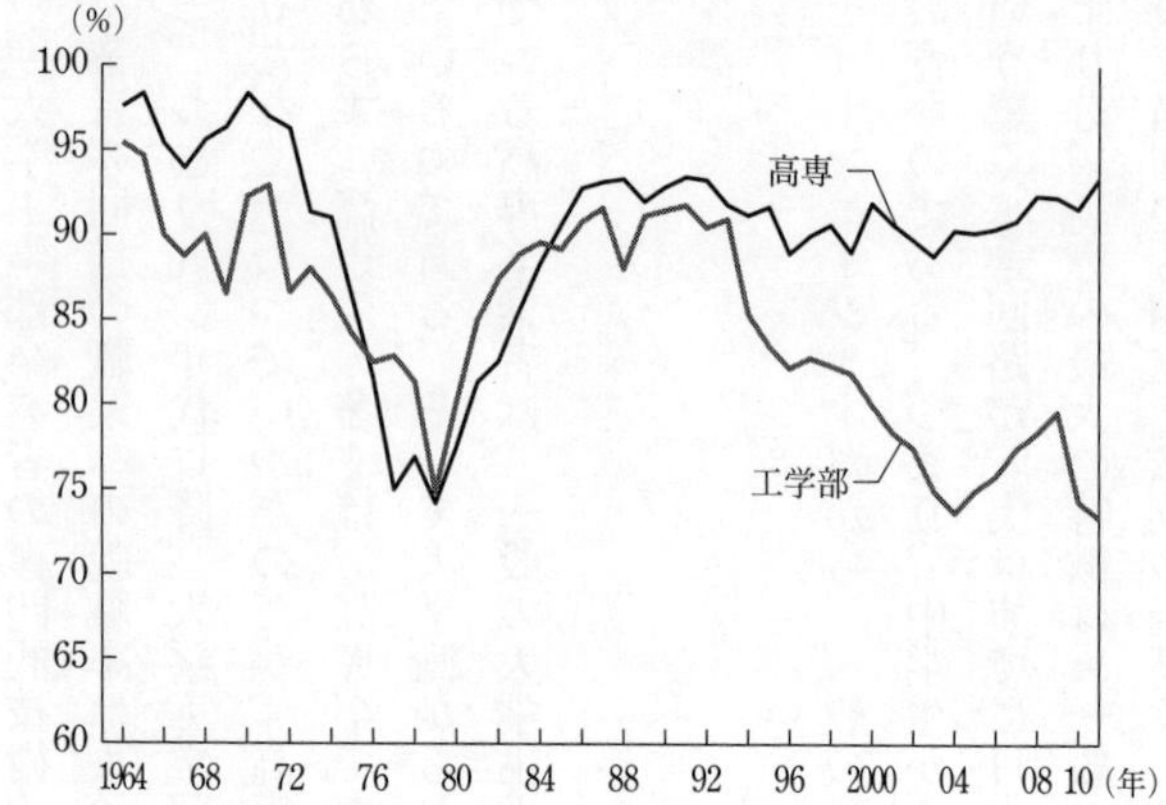

(出所) 図5-7に同じ.

図5-8 専門的技術的職業就職率の推移

置されており、低年次では全寮制をとる高専もある。つまりここには、学寮を基盤にした欧米的な意味での「カレッジ」に最も近い仕組みが実現してしまっているのである。

そして、高専もまた高等教育である以上、ヨコ型のリベラルアーツ教育と工学系を中心とするタテの専門教育が交差的に構造化されている。これに加えて高専は、とりわけ最初の三年は新制高校と重なる面があるので一般の大学以上に学年制に基づかざるを得ない。したがって、多くの高専のカリキュラムは、学年制を基盤にリベラルアーツと専門をクサビ形に配置し、一六～一七歳の段階ではリベラルアーツが大きく、一九～二〇歳くらいになると専門を深めていく教育課程を編成している。つまり、大学が四年間に圧縮して実施するカリキュラムを、もっとずっと早く義務教育終了段階から、五年かけてゆったり実施しているのである。

要するに、高専という仕組みの最大の可能性は、これが「高校」と「大学」の二つの顔を鵺のように持ち、そのことによって両者の中間にある「入試」の壁を見事にバイパスしてしまっていることにある。中学卒業後、この仕組みを使って大学的なスタイルの学びを五年間続けることができ、その先で大学後期課程に進学すれば、人生のなかで最も感受性が豊かな高校時代を入試問題ばかりを解いて過ごすことなく一挙に専門的思考を深めていける。つまり高専は、大学入試と高大接続の問題を同時に解決するコロンブスの卵となるかもしれない。

そして二〇一〇年代になると、この可能性を戦略的に大学と高専の関係のなかに組み込んでいこうとする学校法人が現れてくる。その先頭を走るのは、今のところ金沢工業大学・国際高専である。やや脱線するが、金沢の工学系高等教育史はややこしい。もともとこの地には、官立専門学校の金沢高等工業学校が一九二〇年に設立されていた。これが戦後、新制大学化のなかで金沢大学工学部となっていく。他方で五〇年代、これとは別に工業系高等教育機関設置に向けての動きが起こり、五七年に私立北陸電波学校が設立される。六一年に高等専門学校の制度がスタートすると、翌六二年、この学校は私立金沢工業高等専門学校に転身し、電気工学科や機械工学科を次々に設置し、六五年には金沢工業大学になっていく。その際、同大学法人は高専を廃止しなかったようだ。遅くとも二〇〇〇年代には、大学側と連動して高専側でも改革の動きが出始めており、二〇一八年、学校名を国際高等専門学校に改称、一、二年生は全寮制、三年生はニュージーランドの国立ポリテクニクへの一年間留学、四年生、五年生で金沢工大のカリキュラムに接合していくという、きわめて野心的な方向に踏み出した。

同高専のカリキュラムを検討すると、前述の高専の未来的な可能性を明確に意識していることがわかる。同校は、教育目標に「グローバルイノベーターの育成」を掲げ、「最新の理工学知識や洞察力を持つだけでなく、創造的な解決策を用いて、新しい価値を生み出す」と共に、

「文化や価値観の多様性を尊重し、より良い世界の実現に向け、変革の波を起こすスキルを持つプロフェッショナル」の育成を目指すという。そのため、最初の二年間は白山麓の全寮制キャンパスでデザインシンキングを英語で学ぶ。授業科目を見ると、科学・技術・工学・数学分野（ＳＴＥＭ）の科目の他、「パフォーミングアーツ」や「ビジュアルアーツ」、「世界文学」なども学び、地域プロジェクトへの参加や企業インターンシップも組み込まれている。全寮制なので午後七時半から九時半までは「夜の学校」と題されるラーニングセッションが行われる。学生同士がチームで学び合い、教員はそれをサポートすることになっているという。

理念や施設、カリキュラムを見る限り、圧倒的な人気が出ても不思議ではないのだが、学生募集面でまだ奮闘しているようなのは、おそらく授業料と寮費が最大の理由だろう。公開されている資料によれば、最初の三年間は、毎年三〇〇万円の費用がかかる。バブル全盛の八〇年代ならばともかく、貧困化した今日の日本で、高校生の年齢の子に年間三〇〇万円をかけられる家庭はそう多くないはずだ。英米のボーディングスクールの標準からは、これでもそう高くないのかもしれないのだが、いくらプログラムを魅力的と感じても、多くの親はこの費用を見た瞬間に躊躇するであろう。逆に言えば、こうした経済的ハードルを低くする改善がなされれば、国際高専が提起している高専教育のモデルには大いにポテンシャルがある。

また、これだけ高度な教育を高専段階で実現しようとしているのに、それを受けて育った学生たちの行き先が、主に国内の大学工学部になってしまうのだとしたら、その面でも親の心理にはややマイナスとなるかもしれない。同高専が本気で「グローバルイノベーターの育成」を目指すのならば、やはり金沢工大がどんなに少数でもMITやスタンフォードといった世界的にトップレベルの工学系大学とのジョイントディグリーを実現し、この高専を卒業した学生たちの多くがそれらの世界トップ大学の卒業資格も得られるというウルトラCを用意していくべきである。年間三〇〇万円を支払っても高くはないと保護者に思わせるには、そこでの学修歴が東大や京大以上に価値のあるものにつながることを、教育の中身においてだけでなく学歴面でも示す必要がある。グローバル化は、そうした逆転を可能にする最有力の回路である。

ダイバーシティとコミュニティの両立に向けて――大学の本分

以上のように、一方で、通信制大学は、郵便や放送、オンラインなどの様々なメディアを活用しながら学びの双方向性を確保する仕組みを発達させ、そうして学生を空間と時間の制約から解放し、通学制大学とは顕著に対照をなす年齢的、地域的、階層的な多様性を実現させてきた。もちろん、この多様性は入試のハードルの低さや授業料の安さによってももたらされたものである。その分、通信制大学は質保証のために出口管理を徹底しなければならず、卒業率は高くならない。こうした学生の多様性やメディアの積極活用、入口管理ではなく出口管理で質保証を図ることなどは、他の通学制大学以上に欧米の公立大学などに似ている。

しかし、同じ大学でも通信制と通学制の落差はあまりに大きく、コロナ禍による大学教育のオンライン化が両者の距離を埋めつつあるとは言え、一挙に両者が融合するとも思えない。つまり、ポストコロナの時代にあっても、概して閉鎖系の極致である日本の大学教育が、開放系の性格の強い通信制の大学のありようを本格的に取り入れていくようにはなりそうもないのである。その最大の要因は、通学制大学の背後にある学校教育の概念と、通信制大学の背後にある生涯教育の概念が、構造的に分断されていることにあると矢野眞和は指摘する。

矢野によれば、この分断は、第一に「年齢主義」の絶対化により、第二に「学歴の職業的無資格性」により固定化されてきた。一方で日本の学歴は、一五歳(中卒)、一八歳(高卒)、二〇歳(高専卒)、二二歳(大卒)というふうに学校卒業経験に閉じて定義され、人々の学びのプロセスは、「この年齢規範から大きく外れないように暗黙に標準化されている」。つまり、年齢が学歴を一元的に条件づけているので、この年齢階梯から外れることを人々は極度に怖れるのである。他方で日本では、一部の職業を除き、「学歴の取得は特定の職業資格とほとんど関係がない」。これは欧米で「職業資格が職種と職位の組み合わせによって縦横に定義」され、誰にでもその「職業資格と学歴との対応関係が見える」のとはまるで異なる。実際には、「学歴と職業の並存システムを前提にして、世界の高等教育機関は、年齢を問わず、いつでも、誰でも入学できるように、広く開かれた生涯教育機関になっている」(矢野ほか、前掲書)。そのようなキャリアと学歴の関係が、日本に存在しないのだ。

こうした年齢主義と職業的無資格性によって、日本では学歴と仕事の関係が限りなく希薄化し、学歴は仕事の中身に結びつけられるものというよりも、年齢と結びついてそれぞれの人の能力に貼られるレッテルとして機能してきた。その結果、「「いい学校を卒業して、いい会社に就職したい」という見えるところだけ見る学歴競争に拍車がかかる」(同書)。いくら国が「リカレント」や「専門職」を強調しても、そもそも大学で学ぶ専門とその後の人生のキャリアの結びつきが弱いので、学んだことの中身よりも、所与の年齢軸のなかでその人が得たレッテルとしての学歴のほうが機能するのである。その反面、画一的な年齢主義により、学び直しや異なる年齢層の混合は、正常な状態からの逸脱と見なされがちである。

ここで、もう一方の手がかりである高専の出番となる。なぜならば、高専教育は、一五歳の中卒者を人生キャリアと結びついた仕方で大学相当の教育課程に入れ、大学入試をバイパスし、二〇歳にして実質的に大学四年生と同等かそれ以上の専門的かつ社会的な能力を身に着けた人材を育成してしまっているからだ。高専は、明らかに戦後日本の高等教育のなかでは例外的な変種だが、そのような高等教育制度全体が行き詰った現在、変革の数少ない希望となる。「飛び級」や「早期卒業」の場合、優秀な学生を例外的に早くに上の段階に進ませようとするだけなので、年齢主義自体を打破していくことにはつながらない。年齢主義の打破を可能にするおそらく唯一の方法は、教育制度全体を、年齢的に画一化された単線的構造から、年齢との対応がより緩やかな複線的構造に再転換することであり、それは新制大学導入時に実施された複線的構造から単線的構造への大転換を、部分的に裏返していくことなのである。

年齢、職業、階層、ジェンダーなど様々な面で大学生のダイバーシティをヨコに拡げていく通信制大学と、高等教育を複線化することで年齢主義を打破し、大学の学びをタテに自由度のあるものにしていく高専は、ヨコとタテで方向性が交差しており、必ずしも多くの動きで立場が一致するわけではない。何よりも両者が顕著な対照をなすのは、キャンパスについての考え方である。一方で通信制大学は、郵便からオンラインまでの諸メディアによる空間的制約からの自由を根底にするので、キャンパスは全国、さらに全世界となり、特定の場所や空間に拘束されない。これに対して高専では、学寮がきわめて重要な役割を果たす。高専は、長く欧米社会が高等教育の基盤としてきたカレッジに近い姿を残している。そのような仕組みを、かつて日本は旧制高校に持っていたのだが、戦後の改革過程で多くが失われた。高専は、カレッジを志向していた旧制専門学校や旧制高校の仕組みの生き残りなのであり、学寮はカレッジの根本中の根本である。空間的制約こそが、コミュニティとしての大学を生むのである。

この二つはしかし、実は相補的な関係にある。たしかに通信制大学は入口のハードルが低いから、学生のレベルも様々となり、そこに高度な知的コミュニティを生んでいくのは容易でなさそうだ。そうしたコミュニティの形成には、進学や卒業に向けた出口管理を厳しくし、意欲のある優れた学生を絞り込んでいく選別的なプロセスも必要となる。他方、高専のようなカレッジでは、どうしても学寮維持にコストがかかり、かなり高額な学費が必要となってくる。経済的に裕福な家庭の子でないと、その知的コミュニティへの参加は難しいだろう。その結果、階層的にはあまり多様な学生の構成にはならなくなる。要するに、第三章で論じたオープン・ユニバーシティが、オックスフォードやケンブリッジのようなカレッジ型教育に対する社会政策的アンチテーゼだったのと同様、通信制大学はより普遍的な高等教育を、カレッジ型大学はよりエリート的な高等教育を目指すことになる(図5-9)。

戦後日本の高等教育は、このどちらの方向も周縁化し、年齢で輪切りにされた若者を「入試」というほぼ同じ尺度で序列化していく画一的な仕組みを発達させた。それは、たしかにとても平等主義的な仕組みではあったが、これが徹底するとそれぞれの大学・学部・学年で同質性が強化されるから、学生間で様々なダイバーシティへの繊細な感覚が育たなくなるし、異なる価値観について深く思考する能力も育たなくなる。それは、同じ年齢平面にいる「みんな」が同じ尺度で序列化され、その序列が人生の後半までをも規定してしまう仕組みだった。

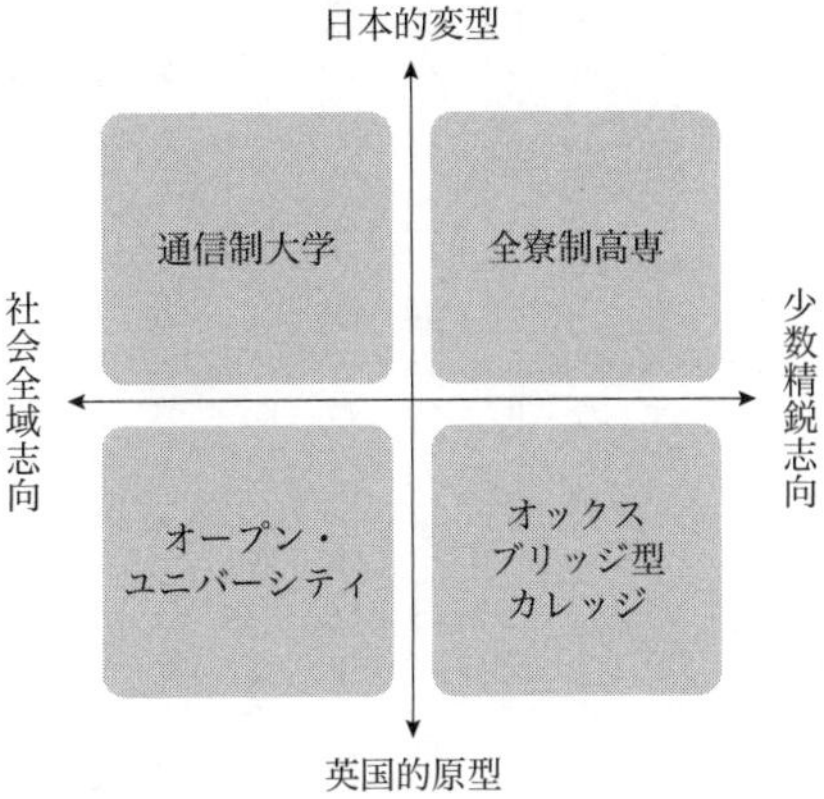

図5-9　複線・異質的大学システムを構成する諸類型

そして何よりも、この仕組みは知的創造性を育てる仕組みではなかった。なぜならば、知的創造性とは根本的に、異質な世代、文化的背景、思想的立場のぶつかり合いの只中からこそ生まれてくるものだからだ。異なる価値の信奉者が、同じ議論の土俵で学びを深めていけないということはない。少なくとも大学は、その何百年もの歴史を通じ、異なる認識の接触、そのノイズの狭間から知的創造性を生み出していく技法を蓄積してきた。

創造的なノイズの発生装置であることは、大学の自己規定そのものなのである。だからこそ、大学がその本領を発揮するためには、異なる世代、ジェンダー、文化的背景や民族、それに異なる分野が共存し、互いに折衝していくことが条件となるのである。

大学を包摂していくべき様々な多様性のなかで、本章で論じてきた年齢の壁は、たとえば階級の壁などに比べれば、実は乗り越えることがずっと容易な壁である。実際、本章の冒頭で示したように、海外の大学では、この壁はもうとっくの昔に乗り越えられている。高等教育で年齢の壁がいまだに厚いのは、かなり日本に特殊な状況なのだ。現代世界の高等教育で、すでに年齢の壁が決定的なものではなくなっているということは、大学をユニバーシティの原理に従って発展させていけば、この壁は自然に越えられるはずのものであることを含意している。日本の大学にそれができていないのは、日本の大学がそもそものユニバーシティの原理に忠実ではないからである。つまりそれは、かなり根本的なところで「ボタンの掛け違い」をしてしまっているのであり、その根本的錯誤を直視せず、弥縫策でやりくりしてここまで至った限界が、まさにこの年齢の壁をめぐる問題でも露呈しているのである。

第六章
大学という主体は存在するのか
——自由な時間という稀少資源

大学とは誰か——カレッジ、ファカルティ、ユニバーシティ

ネット化とグローバル化、少子高齢化という、二一世紀の日本を条件づけている三つのマクロな条件は、一九九〇年代以降、新自由主義的な諸政策と結びつくことによって様々な窮状を大学に発生させてきた。大綱化と大学院重点化、国立大学法人化という一連の改革政策が、どのような結末と結びついてきたかについてはすでに論じた。さらに本書では、日本の大学が解決を迫られていく複雑骨折が、三〇年代末から四〇年代末までの、戦争末期から占領期にかけての大学再定義に端を発していることについても説明してきた。このときに埋め込まれたのは、理工系が圧倒的に優位な体制であり、また初中教育から高等教育までの単線性であった。そうした構造転換のなかで、高等教育の複線性やリベラルアーツへの可能性が見失われた。

問われるべきは、誰がこのボタンの掛け違いを解きほぐし、今や複雑骨折が悪化しているとしか言いようのない日本の大学を治療していけるのかという点である。もちろん、その最初の答えが大学自身となるのは疑いない。しかし大学とは、いったい誰なのか？

企業や自治体、国ならば、答えは明快である。企業が株式会社なら、まずステークホルダー

としての株主がおり、次にその企業に雇われている社員がいる。そしてこの両者の間で、企業の行く末に責任を負うのは経営者である。自治体や国ならば、まず有権者としての住民や国民がおり、彼らから権力を託された首長や政府がある。ところが大学の場合、これらのアナロジーでその主体を捉えることはできない。学生は、大学の「ステークホルダー」でも「有権者」でもないし、大学に雇われているのは教員だけではない。それにもかかわらず、大学の中核をなすのは学生と教員で、しかもこの両者は高い自立性を有している。

つまり大学は、企業などと同じような意味での「組織」ではないし、国や自治体などと同じような意味での「制度的機構」でもない。さらにそこにいる人々は、教団のように同じ考えでまとまっているわけでもなく、現代の都市のようにばらばらなのでもない。一面で大学は、近代国民国家のなかで発展した大学は、やはり教育研究のための制度的機構でもある。さらに「教師と学生の協同組合」という起源からするならば、中世の都市共同体に近い面を持つが、近年、「知識基盤型社会」とも呼ばれるアカデミック・キャピタリズムのなかで大学はますます企業組織に近い面も備え始めている。つまり大学には、これらの異なる組織的性格が共存しているのであり、この複合性に大学の難しさがある。

私はいくつかの著作で、大学を「カレッジ」と「ファカルティ」と「ユニバーシティ」の複合体として捉えてきた。まずカレッジとは、中世の大学、すなわち教師と学生の協同組合としての大学にまで遡れる大学概念であり、大学は単に特定の専門知識を教えるだけの機関ではない。むしろ知的生活が共同で営まれるコミュニティとしての性格を有し、だからこそこのカレッジにとって学寮は決定的に重要である。次にファカルティとは、とりわけ近代の大学、すなわち研究と教育の一致を目指したフンボルト型大学のなかで発達してきた大学概念で、関連の深い専門領域の研究者たちから構成される学部や学科の連合体として大学は理解される。フンボルト原理そのものは教師と学生の双方向的な学びという視点を含んでいるが、ファカルティとしての大学は、基本的には教授中心の大学概念である。最後のユニバーシティとしての大学は、現代の大学、すなわちアカデミック・キャピタリズムのなかでの知的創造のエージェントとしての大学概念である。この意味での大学は、決して単に教授中心でも、あるいは教師と学生中心でもなく、様々な知的専門職の分業化されたネットワークを含む。

これら三つの、時には矛盾し、対立する大学概念のどれか一つを欠落させても、大学の未来は切り拓かれない。大まかに言えば、今日、最も顕著になってきているのは、ユニバーシティとファカルティのせめぎあいである。九〇年代以前の、つまり規制緩和やグローバル化以前の日本の大学では、明らかにファカルティとしての大学が支配的地位を占め、「カレッジ」も

「ユニバーシティ」も後景に退いていた。とりわけ国立大学、それに大規模私立大学では、概して学部教授会自治の意識が強く、学長室といえどもその均衡の上に立っていた。

それが九〇年代以降の新自由主義的諸改革により、今ではファカルティとユニバーシティの力関係は微妙に変化している。しかし日本の大学で、今日なお脆弱なのは、カレッジとしての大学の観念である。この点は、大学概念の根本がむしろカレッジにある欧米の大学とは著しい対照をなす。近代日本の「大学」は、そもそも「カレッジ」を欠いたところから出発したので、アカデミック・キャピタリズムのなかに大学が呑み込まれ、旧来的なファカルティが大いなる転換を迫られるなかでも、依然としてこの面が意識されることはない。

若手研究者たちの絶望と疲弊

このいびつな構造において、一九九〇年代以降の変化では、ファカルティの底辺が最もダメージを受けていった。すなわち、若手研究者たちの基盤が崩壊していったのだ。科学技術・学術政策研究所による二〇一五年の調査から小林淑恵がまとめたところでは、日本社会全体では、二五〜三四歳の男性の非正規雇用者の割合は一〇〜一五％程度であるのに対し、大学職の非正規率は五〇％を超える。さらに、博士課程修了者の一年半後の状況では、雇用されている場合でも六割が任期制だという。つまり、大学進学者のなかでも成績が良く、大学院入試に合格して博士課程まで進み、苦労をして論文を書き上げた若手研究者が、同世代の若者たちよりもはるかに不安定な雇用環境に置かれているのだ。不条理としか言いようのない現実がここにある（小林「若手研究者の任期制雇用の現状」）。

小林によれば、従来から問題となってきたポスドク、つまり博士学位取得後、短期の国の支援で研究を続ける若手研究者の数は、二〇〇八年度の一万七九五四人がピークで、それ以降は緩やかに減少傾向にあるが、他方で任期制研究者の数が、〇一年度の一六六六人から、〇三年度は五〇〇〇人を超え、〇六年度は八八〇〇人へと激増していった。つまり、それまで「ポスドク」の形だった多くの若手が、それぞれの組織が競争的資金を得て「特任研究員」や「特任助教」といった有期の研究職で雇用されるようになっただけで、問題の本質が改善されたわけではない。しかも、この数値は国立大のみで、私大で雇用されている任期制教員の数を加えれば、実態はもっとはるかに深刻な状況にあるはずだという。小林は、このポスドクと任期制研究者を合わせた人数の変化を示しているが、それを見ればポスドクないし任期制研究者の数が二〇〇〇年代以降、一貫して増え続けているのがわかる（図6-1）。

大学院重点化により大学院を修了する若手研究者の数が激増したのを受けて、二〇〇〇年代

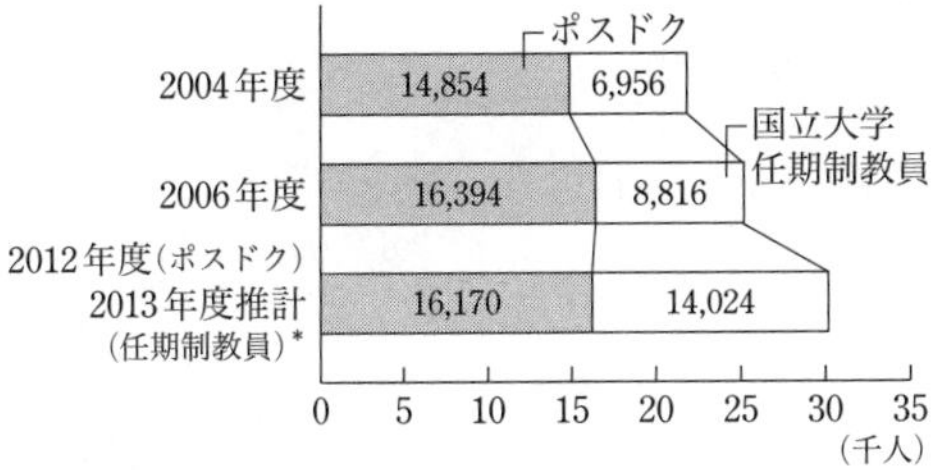

(注) 2012年度については，主要研究大学(学術研究懇談会)の2013年度の数値から，国立大学全体の値を単純な倍率(1.215)で推計したもの.
(出所) 文部科学省調査資料より作成.
(出典) 小林淑恵「若手研究者の任期制雇用の現状」『日本労働研究雑誌』2015年7月号.

図6–1 研究者の任期制雇用者数の変化(ポストドクターと任期制教員)

初頭まではポスドクなどの国の制度で吸収しようとしていたのだが、それが限界に達し、〇〇年代後半からは、様々な競争的資金によって大学研究職のキャリアから溢れ出そうになる若手研究者を短期的に収容してきたわけだ。小林はさらに、社会全体での非正規雇用率と大学での任期制教員の比率を年齢層ごとに比較しているが、社会全体では五〇代後半以降の非正規雇用率が増加していくのに対し、大学教員では若手から中年にかけての非正規率が高く、四〇代後半以降になると減少している(図6−2)。つまり日本の現状では、研究職への道は、若手にとって圧倒的に不利なキャリアパスなのである。

本人たちからすれば、たとえ二年、三年と任期の限られたポスドクや有期の研究職でも食い繋げるのはありがたい。それまで長い時間をかけて積み上げ

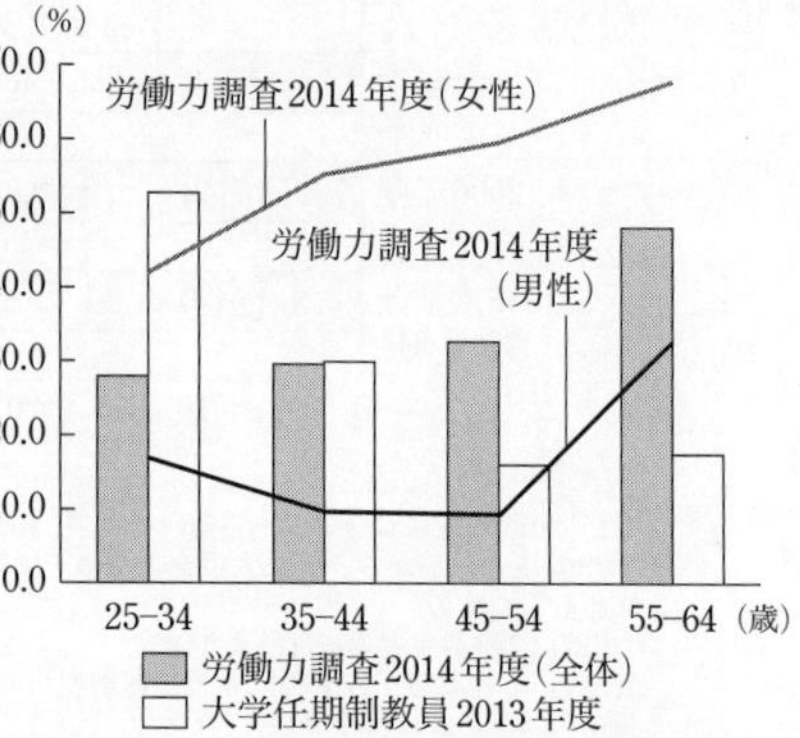

(注) 総務省統計局『労働力調査』【平成26年(2014年度)平均結果統計表】第2表 雇用形態, 年齢階級別の役員を除く雇用者数(年齢階級別正規雇用者数・非正規雇用者数),『大学教員の雇用状況に関する調査――学術研究懇談会(RU11)の大学群における教員の任期制と雇用財源について』より作成.
(出所) 図6–1に同じ.

図6–2　非正規雇用比率と大学任期制教員比率の比較

てきた自分の研究を、なんとか続けて成果としていきたいと誰しもが思っている。だから労苦を厭わず申請書を書き上げてポスドクに応募し、また任期付きの研究職が自分と同様の学歴の同世代からすれば明らかに低賃金でも真面目に仕事をこなしていく。大学院で博士課程まで進み、そこで学位を得ていくのにはそれなりに必死の努力が必要だから、そうしたハードルを経てきた者は概して真面目で、研究職への夢も捨ててはいない。それにもかかわらず、客観的な統計が示すところでは、彼らの多くが、その後も比較的長い期間、不安定な研究職にとどまらざるを得ないのである。

　こうしたことはあまりにも理不尽だから、〇〇年代以降、多くの優秀な大学生が大学院には進学を希望しなくなっており、とりわけ大学院博士課程への進学者は減少傾向が著しい。同じ学歴と知力があれば、学部卒か修士卒ならば、大企業への就職が可能だし、ベンチャーを立ち上げて自分の可能性を試すこともできる。大学院博士課程まで進んでしまうと、キャリアとしての選択の幅が著しく狭まってしまうと多くの若者が考えるようになっていった。

こうして大学院在籍者数は、一一年度をピークに修士・博士課程ともに減少に向かった。とりわけ博士課程への進学率は、〇〇年代以降は減少し続けた。しかも、これはそれぞれの大学院が定員を充足させようと様々な努力をした上での数字である。量的な変化に表れない質的変化が同時に進行し続けたのであり、その帰結はより深刻だった。すなわち、多くの大学院が定員の充足率を上げるために、かつては決して合格させなかったようなレベルの受験生にまで入学を許し、またそもそも日本人の大学生が応募しなくなってしまった穴を、主にアジア諸国からの留学生で埋めていった。そうした留学生には各国の優秀層が含まれていたから、多くの大学院で研究をリードするのは、日本人よりも留学生が中心になっていった。

以上のような若手研究者の困難や絶望を招いていった最も根底的な要因は、新自由主義的な規制緩和と国家の後退である。より具体的には、一九九〇年代、大学院重点化で大学院生数が激増したことにより、若手研究者の母集団が大きく膨らんだ。ところがそれに対応してなされるべき高学歴層のキャリアパスの抜本的な構造改革はなされなかった。日本企業の多くは新卒一括採用の仕組みを変えなかったし、博士学位取得者に対する特別のキャリアパスを設けることもしなかった。国の政策でも、修士や博士の学位を得た者に対し、何らかの特別の専門職能のマーケットを形成できなかった。高学歴層の供給が一気に膨らみ、需要は伸びなかったわけだから、ここに膨大な優秀人材の余剰が生まれた。努力に見合わない人生を送らなければならない若手研究者が膨らむのを前に、国はポスドク増加や各種の有期の研究職のための予算を増額していくことで救済措置を講じてきているが、これは何ら現状の問題の構造的な解決策にはなっていない。問題は重大だが、事後的な弥縫策しか講じられていないのである。

これらに加え、金子元久はさらに憂慮すべきいくつかの変化が生じてきたと論じている。一つは、非常勤教員の著しい増加である。八〇年代までは、本務校が別にあり、兼務的にどこかの大学で非常勤でも教えている者が中心だったが、九〇年代から様相が変わり、非常勤だけで食いつなぐ若手研究者が増え、同時に非常勤教員の総数も増加の一途をたどり、二〇〇〇年代中頃には常勤教員の数を上回る。金子によれば、「一九九〇年ころの入学臨時定員の設置とその一部恒久化、大学設置基準の規制が一部緩和化されたこと、などを背景として、私立大学が非常勤教員によって授業担当者をみたしていった」ことが、この変化の背景にある(金子「大学教員――「名分」の変質」)。

他方、規制緩和と定常的資金の減少によって下位の教員ポストが失われていくなかで、大学は従来までのような職位と年齢のバランスを維持できなくなり、大学教員のなかで「教授」が占める割合が膨らんでいった（図6‐3）。「教授」昇進は大学の職階では最終審級だから、これによってその研究者は地位を安堵され、仮にもう特段の研究成果を出さなくても、その地位が脅かされることはなくなる（同論文）。他方、定常的な人件費削減で若手教員のポストもなくなり、多くの大学が外部資金で任期付きの特任教員を雇って共同研究を進める方向にシフトしたので、逆に任期のない常勤教員、とりわけ教授たちは定常的な業務でますます多忙になっていった。つまり彼らは、自由な時間のなかで大きな研究成果を上げていくことなど望めないし、期待もされなくなっていったのである。

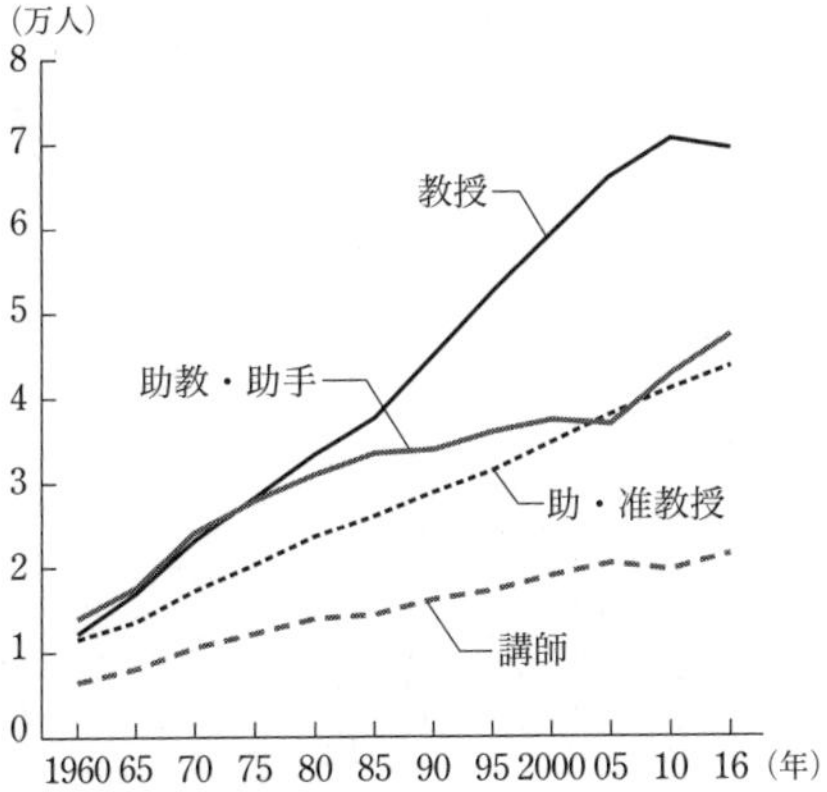

（資料）学校基本調査各年.
（出所）金子元久「大学教員――「名分」の変質」『IDE 現代の高等教育』(2017年10月号)より作成.

図6‐3　職階別大学教員数の推移（常勤）

「学長のリーダーシップ」が孕む逆説

総じて言うなら、大学を支えてきた若手のファカルティの基盤が崩れ、研究と教育の両面で日本の大学の「底力」がボロボロになっていったのが、「大学改革の時代」の実態である。そしてまさにこの時代、とりわけ産業界や政府サイドから声高に語られるようになり、また法的措置もとられていったのが、「学長のリーダーシップ」というスローガンであった。

しかし、ここには基本的な錯誤があったのではないか——。学長リーダーシップ論の根底にあるのは産業界での企業経営のモデルである。しかしながら、「効率性重視の「企業型のリーダーシップ論」を大学にそのまま当てはめることは、大学の大学たる所以を著しく損なう危険性がある」と、自ら金融界での経歴を基礎に私大経営にたずさわった渡辺孝は言う。渡辺が指摘するように、学長リーダーシップ論の盛り上がりの根底には、産業界に広がる「現在の大学教育への不満」があった。豊かな社会で学生の質が低下してきたことや、グローバル社会に対応できる人材を育てられていないこと、国際競争力を抜本的に強化するような先端技術を日本の大学が生み出せていないことに対し、産業界は苛立ちを強めていた。そして、様々な危機のなかで、「「強いリーダー」の下で成長・再生した企業の事例等を念頭に、「大学に於いても企業型の強力なリーダーシップ体制を構築して改革を断行させるべき」という主張」が、分かりやすく支持しやすい説として産業界から社会全体に流布していったのである(渡辺「近時の「学長リーダーシップ論」への疑問」)。

しかしながら、企業と大学ではそもそもの目的が異なる。企業の目的は、究極的には「利潤の追求」で、この観点から「意思決定の迅速性、決定事項実行の迅速性・確実性」は第一義となり、それを実現するために「強いリーダー」が求められる。これに対して大学の目的は、「優れた人材の養成」や「秀でた研究の遂行」ということになろうが、いかなる人材が「優れて」おり、どのような研究が「秀でて」いるかは、それ自体が論争の種となる、答えが一義的には決まらない問いである。渡辺は続けて、「「人創り」という仕事は極めて奥が深く複雑なものであり、またそれを支える教員も多種多様な専門分野や価値観を持つ。その意味で大学は「知の集団」である。……こうした組織は、基本的にはこれら多様な面を持つ「個の集団」であり、「統一性」や「効率性」を宗とする企業とは、本質的に相容れない性格を持っている」と述べている(同論文)。学長リーダーシップ論の根底を問う厳しい批判である。

いうまでもなく、学長がリーダーシップを発揮することが問題なのではない。当然、その時々の状況に応じたトップのリーダーシップは必要である。そうではなく問題は、大学という組織の目的、本性を十分に理解しないまま、企業経営のリーダーシップ論を大学に当てはめることは、大学の教育研究に甚大なダメージを与える可能性が高い点にある。

この点を、渡辺は私立大学の学長と理事長の二重構造を例に説明している。一方で、私立大学は、法人としては企業的な経営体だから、予算や収益に関する面での全体計画は理事長と理事会が主管する。教員組織を基盤とする大学本体がそうした経営判断をするわけではない。他方、どのようなプログラムを組み、学生をいかに教育するかを束ねるのは、あくまで教員組織の長たる学長が主体の仕事である。教育面での統括役として学長の下にプロボストが置かれる場合もあるが、いずれにせよこれらは経営体としての法人からは区別される。この二つの次元は一方が上、他方が下というよりも、大学そのものの二面性に応じた分業なのである。

したがって、「学長のリーダーシップ」を高めるために、教員等による学長選挙を廃して理事会等が法人全体の意向を反映する学長を指名すべきとの議論にも、渡辺は反対している。「理事会が一方的に選出した学長が下す各種の決定について、果たして教員がこれを十分理解しその実行に主体的に協力してくれるのか」が「極めて危うい」との判断である。大学の現場は、いずれにせよ各教員の自主性で運営される面がきわめて大きい。したがって、そうした教員たちの理解と協力がなければ、いかなる改革も決して成功することはないのである。

渡辺の指摘は、学長リーダーシップ論が内包する危険な兆候を看破している。国公立大学であれ私立大学であれ、法人として安定的に経営されなければならないのは当然である。そうした目的から、法人の経営権がトップダウンになることは避けられない。しかし、この「法人」と「大学」は、本当にイコールで結ばれるべきものなのか。

ここに決定的に欠落しているのは、「大学とは何か」という根本理解である。多数の独立した研究者である教員とさらに多数の自由な意志を持った学生を含み込み、両者に交わされる「知的創造」が最大の営みである大学は、企業組織や行政組織とは根本的に異なる組織である。しかもこの組織は、近代的な意味での企業よりも、さらに国家よりも古い。つまり「大学」は、「法人」に支えられつつも、「法人」を超えた組織なのだ。この関係は、宗教「法人」と「教会」の関係にやや近い。宗教法人は近代的な枠組みのなかで運営されているが、膨大な信徒の集合体である「教会」は、そうした「法人」の枠を超える。教会の長たる教皇や教祖、僧正は、法人経営者として有能であればいいわけではない。

つまり、企業経営をモデルにした「学長のリーダーシップ」の強調には、実は大学から「学長の存在感」を失わせてしまうという逆説的な結果を生んでいくリスクがあるのだ。九〇年代以降、新自由主義的潮流のなかで影響力を増した産業界のリーダーたちの目には、大学は「人材育成」と「研究開発」に従事する知識産業と見えていたかもしれない。もしも大学が「産業」の一部に包摂されるなら、そこで必要とされるのは優れた「経営」手腕であり、その手腕の統括を、「社長」に代わって「学長」がしていくとの理解になる。明らかに、このような理解のパラダイムには、そもそも「大学＝ユニバーシティ」が最初から存在しない。つまり、学長リーダーシップ論の大学理解において決定的に疎外されているのは、実は大学そのものなのである。これは、ある意味で大学＝法人による大学自体の自己否定と言えなくもない。

国立大学財務・経営センターが二〇〇三年、〇五年、〇八年、一四年の四回にわたり時系列的に全国約八〇校の国立大学学長たちに行った機関運営をめぐる自己認識についての調査は、この逆説のさらに複雑な面を浮かび上がらせている。水田健輔がまとめた比較分析によれば、国立大学の法人化後、学長たちは自らの「リーダー的役割」や「大学の顔的役割」、それに「行政者的役割」を重視するようになっている。これに対し、〇三年の段階では最も多かった「調整者的役割」は、相対的に他の役割よりも重視されなくなった（図6-4）。これは一見、法人化で学長たちがリーダーシップをより積極的に発揮するようになった表れと読めなくもないが、意思決定場面で学長が影響力を最も発揮できるとしているのは、学内予算配分と概算要求案策定においてである。その一方で、「大学の自主性・自律性の向上」や「大学の個性化」、「大学の競争力向上」などについての学長たちの評価は低下し続けている（水田「国立大学長の機関運営に関する実態調査結果」)。

総じて法人化後の国立大学学長は、財政的資源の配分を差配することで学内組織に対する影響力を強め、細心の注意を払って組織間の調整をしなくてもリーダーシップを発揮できるようになり、自分が大学の顔だと自覚する機会も増えていったのだが、しかし同時に各大学の自主性・自律性も失われていったのである。この自己評価が実態を反映しているとするならば、学長は前ほど学内調整に苦心しなくても、予算配分のためにトップのご機嫌をうかがうようになった大学組織が、企業組織と同じようにそれぞれ学長の意思を忖度するようになっていったとも考えられる。だが、そのように「リー

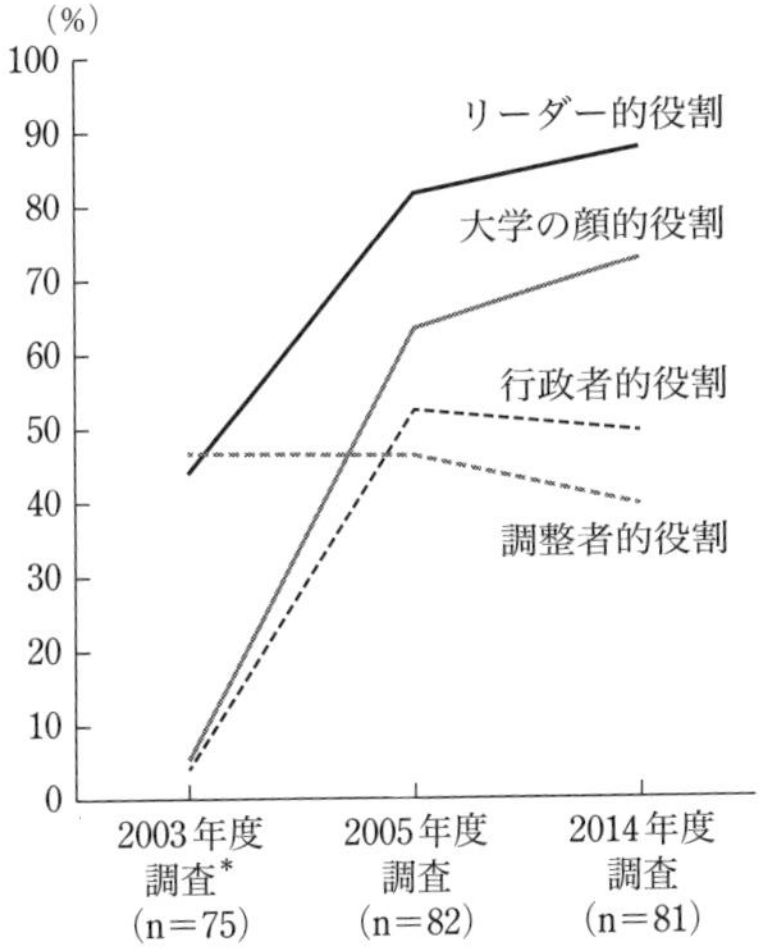

(注) 2003年度調査は,重要度の順位づけ(1〜4位)における1位の回答数(%)を表示.
(出所) 水田健輔「国立大学長の機関運営に関する実態調査結果」(『IDE 現代の高等教育』2015年10月号)収録の表2より作成.

図6-4 国立大学学長が自らの4つの役割において「重視している」とした回答の推移

ダーシップ」が発揮されていくようになったにもかかわらず、大学の自主性・自律性が失われていったとするならば、学長が発揮しているのは誰に対するリーダーシップなのか。学長が調整役であることを重視しなくなったことは、大学がもはや「調整」など必要のない組織に変容していったということなのであろうか──。

ホモ・アカデミクスたちの大学人生

以上で概観した若手教員たちを取り巻く環境の劣化と経営サイドでの学長リーダーシップ論は、二〇〇〇年代以降に大学構成員が経験してきた二つの最も大きな変化である。しかしこの二つの激流のような変化の中間で、すでに任期のない安定的な立場を確保した教授や准教授、つまり教育研究の中核をなす教員集団は、その上層や下層の人々ほどには変化の大きな影響を蒙ってはいない。もちろんそうした教員たちも、第一章の冒頭で書いたようにどんどん業務が忙しくなり、多くの責任を負わされて疲弊している。つまり、大学研究職として本来は得られると思っていた「自由な時間」が、近年の大学の変化のなかでどんどん貧困化していった。しかしながら、この層の教員たちの場合、基本的な立場は保証されており、大学をめぐる社会的環境の激変が、ダイレクトにその日常を変えてしまうという例はそう多くはなかった。したがって、ぼんやりとした危機感を抱き、雑務に忙殺される毎日をぼやきながらも、多くの教員の大学でのハビトゥスが、それ以前の時代からすっかり変わったわけではない。

大学を社会組織の一種として考えるとき、ピエール・ブルデューが一九八四年に出して狙い通りに物議を醸した『ホモ・アカデミクス』ほど、その偽らざる実態を冷徹に抉り出した分析はない。ブルデューが同書で出発点に据えているきわめて根本的かつ普遍的な認識は、大学教員たちもそれぞれの社会内部で生きるごく普通の人間だということだ。彼らは専門知識の量や概念操作の知的能力では抜きん出ているかもしれないが、特別に倫理的に優れているわけでも悪辣なわけでもない。普通である。だから、その社会の他の領域で成り立っているのとまったく同じ権力や階級再生産についてのポリティクスが、大学内でもあらゆる場面で作動していくことになる。いかに高邁な理念を掲げ、優れた著作や発明が生まれていても、大学だけがそのような生々しい政治や姑息な計算、権力的な差別や排除を免れているわけではない。

ブルデューによれば、大学教員は「社会的同化と威厳のさまざまな指標」を顕著に示しており、この点で独身率や離婚率が高く、子どもの数が少ない作家やフリーの知識人とは異なる。むしろ彼らは高級官僚に近く、この傾向は学部の序列が高いほど、つまり文学部や教養的学部よりも法学部や医学部でより顕著となる。つまり大学人たちの世界は、その外の人間が「大学の先生」というふうに一括りにして考えるよりもはるかに複雑に序列化されているのであり、その序列、ないしは権力空間はおよそ二つの価値の軸線に貫かれている。

一方は経済・政治権力の軸であり、他方は文化的威信の軸である。前者において、大学界は経済・政治権力と結びつき、後者において、学会や諸メディア、他の職種の知識人たちと結びつく。大学という「界」の構造は、それがその一部をなす権力界の構造を、「独自の学校的論理の中で再生産するのであるから、さまざまな学部の教授たちは、経済・政治権力の極と文化的威信の極の間に、支配階級内のさまざまな下位集団と同じ原理にしたがって配列される」ことになる(『ホモ・アカデミクス』)。

ブルデューは、リベラルアーツ系の学部を例に、この二つの軸が教員の人生をどう構造化していくかを明快に示している。一方で、「純粋に大学的な権力は、主に、大学教授資格試験審査委員会や大学の諮問委員会といった、教授団の再生産手段を掌握」することで発揮されていく。こうした大学内部の組織にコード化されている権力に対し、他方の権力は「学問界によって、それも特に外国において与えられる承認によって測定される学問的威信、そしてアカデミー・フランセーズへの所属と『ラルース』への記載、ある意味では古典としての身分を付与してくれる叢書の枠内での出版とか、知識人雑誌の編集委員会への所属とか、さらには、テレビおよび発行部数の多い週刊誌といった大量普及手段との結びつき」を伴う知的名声の姿をとる。要するに、一方は大学行政官への道であり、他方は大学文化人への道である（同書）。

ここでブルデューが明らかにするきわめて重要な法則は、この二つの軸、すなわち経済・政治権力の軸と文化的威信の軸が、しばしば逆相関的な関係をなすことだ。

> 大学的な権力を蓄積し維持するためには、恒常的に時間を多量に費やすという対価を支払わねばならない。その結果、ウェーバーがすでに指摘しているように、大学界における行政的権力――例えば学部長や学長のそれ――の獲得と行使、あるいは各種役職選出総会やあらゆる種類の委員会における大選挙人や有力メンバーの持つ非公式な権力の獲得と行使は、実際には学問的権威資本の蓄積を妨げることになりがちであり、その逆のことも同様に言える。……アカデミックな権威資本という特殊な資本の蓄積は、大学的権力が蓄積され行使される諸機関のネットワークを統御し、交換を行なえるようになるためには、体を張る、つまり時間を犠牲にする必要があるということを要求するのである。（同書）

このようにして、大学教員の人生は、大学行政資本を蓄積していく方向と、学問的権威資本を蓄積していく方向に分岐する。こうした資本蓄積の異なるパターンを決定するのは、彼らの時間予算の構造である。一方には「大学的資本の蓄積と管理」に打ち込む人々がおり、他方には「外部的名声という象徴資本の蓄積」に打ち込む人々がいる。後者の場合、その所有する時間資本は、著述のためか、シンポジウムや学会、講演などの対外的活動のためか、あるいは政府審議会とか、様々な公的活動のために充てられていく。

大学教員が持てる時間予算は一定だから、二つの資本の間にはトレードオフの関係がある。つまり一方で、「学問的投資の成功が小さいとき、人は代理物ないし代償物タイプの学問外投資に向かうようになり、そうなると逆にそうした投資が学問的投資の収益を減少させることになる。それ故、知的成功が小さいということが、アカデミックな権力ないし大学管理の地位」へと人を導くことがあるが、これはそもそもどちらが原因なのかを一義的に決めることはできない(同書)。逆もまた真なりで、学問的名声の道も、大学管理の道も、どちらも無際限に時間予算を膨張させていくから、それぞれがスパイラル的な循環に陥る。

大学は一般に、特定の世俗的権力に従属しているわけではないが、しかしその内部に世俗的権力を発生させており、また外部の権力システムのなかで獲得される文化資本にも強く影響される。ある教員が前述の大学行政官の道を進む場合は、しばしばその「社会的資本のもたらす収益は、研究の極から遠ざかるにつれて増大するのであり、その結果、教授の職務権限を作り上げる技術的正当化と社会的正当化のこの混合物を合成する上で、ますます重要な役割を果たすようになる。このことはこの収益が、軌道の決定、つまり支配的位置に到達するための暗黙の条件の決定にますます貢献する」ことを含意している(同書)。

大学における教授の四類型

ブルデューが周到かつ冷徹に展開した以上の理論的検討は、日本の大学における教員たちのふるまいを理解する上で大変有益である。ブルデューが設定している経済・政治権力の軸と文化的威信の軸は、教員それぞれの志向性の次元で捉えるならば、理念型として「学内政治志向」と「学外評価志向」と呼んでおくことができる。学内政治志向の先にあるのは大学行政資本であり、学外評価志向の先にあるのは学問的権威資本である。ブルデューは、個々人のパーソナリティや才能という以上に、彼らの持てる時間予算の構造が、二種の人生を構造的に分岐させていくことを看破した。研究を深めたり著書を書いたりするのに時間がかかるのは言うまでもないが、実際にはそれ以上に大学行政資本を蓄積するには時間がかかる。無数の雑務や会議だけではない。そのような軌道上にある大学人は、自らの組織が関わるあらゆる人々に細心の注意を払って接し、職員に指示を出し、支援者の機嫌を取り、重要な会議や交渉に備えて徹夜で資料を精査していかなければならない。孤独で気の遠くなるような作業が続く。

しかしながら、ブルデューが示しているのはあくまで理念型であって、本当は二つの軸に分岐した大学人の人生は、彼が想定したほどに相互不干渉なわけでもない。現実には、学外評価志向でキャリアを積んでいた大学教授が、ある日突然、学内政治志向の軌道上に引きずり込まれ、長く大学行政資本を蓄積することに時間の大半を費やすようになるというのは、日本の大学でしばしば起こることである。他方、そのようにして大学行政資本を蓄積しながらも、様々な理由でそこから離れ、同じ人が学問的権威資本の蓄積に向かうことも珍しくない。それでもなお、大まかに言うならば、日本でも大学人たちの人生はこの二つの分岐する軸の間で揺れ動いている。そしてこの大学教授職の分岐するキャリア構造は、大学で起きる様々な事案の進み方や改革プロジェクトの挫折、学内世論の帰結をも方向づけているように見える。

しかし、分岐したそれぞれの方向内にもさらに重要な対立軸があることに、ここで目を向けておきたい。たとえば大学行政資本を蓄積していく場合でも、その資本を何に用いるかは人によって大きく異なる。資本を大学の構造改革のために用いようとする人が一方にいる。他方、むしろそのような改革を抑制し、なるべく現状の組織資源を失わないようにするために用いる人もいる。前者のタイプは、現状には構造に問題があるから、たとえ失うものがあっても長期的な視点で改革は断行すべきと考えている。後者のタイプは、そのような改革をしても結局は混乱が増すだけなので、これまで継承されてきた大学教員のハビトゥスと組織上の役割分担は変えるべきではないと考えている。たとえばこれは、それぞれの大学で「教授会」の位置づけをどうするかなどという議論において露骨に立場の違いとして現れてくる。

その一方で、学問的権威資本という場合でも、主な関心が専門学会内での学術的評価に向けられているのか、それとも出版界やジャーナリズム、より広くメディア全般における読者の獲得や名声の確立に向けられているのかは大きな違いである。前者の場合、狭い分野に集中して、大きく精密な仕事をまとめていくことが、様々な賞を獲得したり、より大きな尊敬を集めたりしていくことにつながりやすい。他方、メディア全般に開かれた仕事をする場合、どうしても守備範囲が広くなるから、専門学会からは怪しげな目で見られがちになる。伝統的に、これは「アカデミズム」と「ジャーナリズム」の関係として語られてきた。しかし近年では、この「アカデミズム」や「ジャーナリズム」の語義が曖昧にしか理解されなくなっているので、これらをむしろ「専門的学術派」と「越境的言論派」の対抗として捉えておきたい。

以上の二つの対抗軸を組み合わせるなら、図6-5のように示すことができる。すなわち、

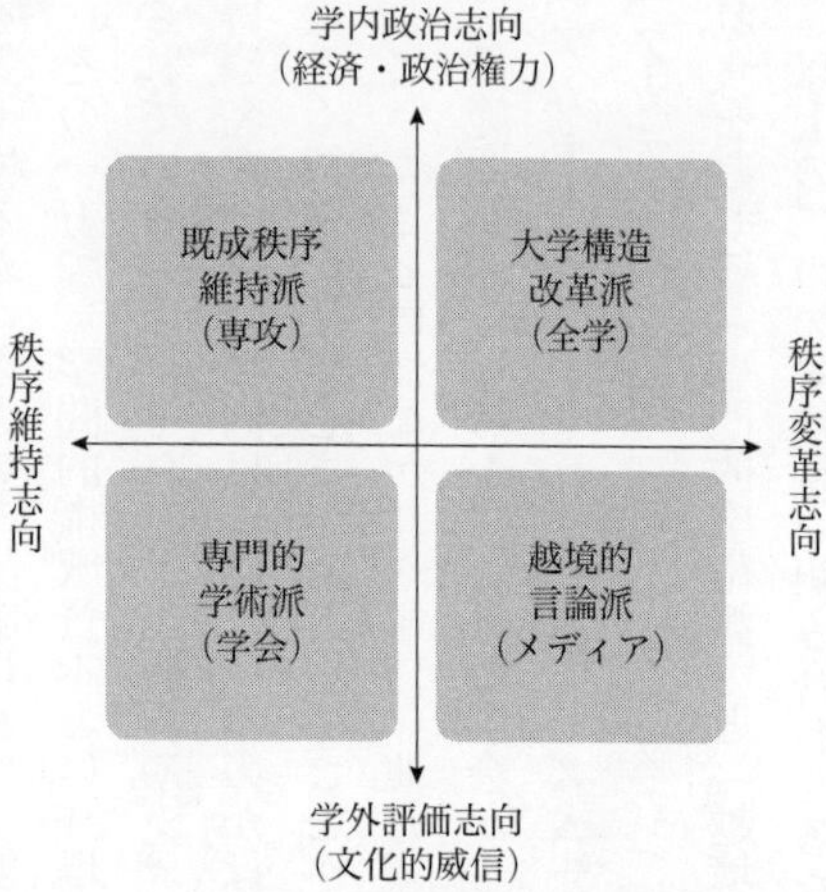

図6-5　大学教授の4類型

大学教授たちのハビトゥスを、「大学構造改革派」「既成秩序維持派」「越境的言論派」「専門的学術派」の四つのパターンに理念型として区別してみることにしよう。「既成秩序維持派」と「専門的学術派」は、どちらかというと受け継いできた専門分野や大学教授としての自らの立場を守りたいという意識が強く、大学全体の未来や人類の知の未来にはそれほど関心がない。他方、「大学構造改革派」や「越境的言論派」の主たる関心は逆に大学全体や人類知の未来にあり、自らの立場や地位は、所属組織によって与えられたものではなく、自らの実力で獲得したものだと考えている。

大学によって四類型の教授たちの分布は異なるが、概して言うなら大学構造改革派は、多くて全体の二割程度までで、それと同程度かやや上回る数の既成秩序維持派がいる。つまり両者を合わせても、学内政治志向の教授たちが構成員の過半数を超えることはなく、どこでも大学教授のマジョリティは学外評価志向の「専門的学術派」や「越境的言論派」である。ある意味で、これは大学の本義からして健全なことなのだ。大学教授の多数派は、自らの属す大学がどうなるかには責任を負えないが、専門研究や言論では第一線に立ち、社会的評価を得られる仕事を残したいと考えている。大学とは、そもそものようなばらばらの個人意志を持った専門家の集まりなのであり、決して優れた行政官や政治家の集まりなのではない。

そして、この学外評価志向のマジョリティのなかで、「専門的学術派」と「越境的言論派」がどのような割合になるかは、それぞれの分野によって大きく異なる。たとえば、法学や医学、工学などの専門性が高く、社会にすぐに「役に立つ」ことが重要な分野では、「専門派」のほうが「越境派」よりも多数を占めるだろう。他方、人文系の学問や社会学などの場合、メディアなどでの需要もあって、構造的に「越境的言論派」が多くなる傾向がある。おそらく経済学などはこの中間で、専門派と越境派が真っ二つに分かれやすいかもしれない。

実は、これに近いことはブルデューも指摘しており、彼は、大学権力を構造化している二つの傾向性は、カントが論じた「上級の学部」と「下級の学部」の議論に通底すると述べていた。カントのいう「上級の学部」とは、医学部や法学部などの何らかの目的のために「役に立つ」学部のことで、今日ならば、これに工学部や農学部、商学部などが加わる。「下級の学部」とはリベラルアーツ系学部のことで、カントにとってその代表は哲学だったし、ブルデューはそれを社会科学に代えている。各時代で諸学問の編制は変化するから、何が「上級」で、何が「下級」かは一義的ではないが、それでもカントが論じた下級の学部は、「上位学部が独占する領域の中に自由を、さらには世俗的には下位の学部の特徴たる無責任性を導入すること」で、大学の基層のリベラルアーツ的な知を支え続けるのである(ブルデュー、前掲書)。

学長のリーダーシップと構造改革派

ここまでの議論を踏まえるならば、本章冒頭の、誰が大学を変革する中核的主体になり得るのかという問いへの答えも明らかである。それは、大学構成員のごく一部、大学教授のなかでも二割にも満たない「大学構造改革派」の教授たちである。大学という組織＝集まりの仕組みは、企業のようなトップダウンの仕組みとも、自治体や国のような主権者優位の仕組みとも根本的に異なる。つまり、「社長＝学長」のアナロジーも、「主権者＝教職員」ないし「主権者＝学生」のアナロジーも実態とは異なるのだ。すでに述べたように、このようなアナロジーで大学を「現代風」に単純化し、その延長線上で大学改革を進めてしまうのは百害あって一利なし、大学を疲弊させ、その知的創造性を取り返しのつかないほど劣化させていく。

大学は、今でも幾分かは「中世的」な意味でのギルドであり、しかもかなり微細に上下の関係が、経済階層や政治権力とは別の仕方で、つまりある程度はそれぞれの教員の学問的権威によって、またある程度はその社会関係資本、つまり長年にわたって学内に張り巡らされてきた人的関係によって階層化されている社会である。つまりそれは、見かけほどに平等に出来ているわけでも、また上意下達の官僚制的関係で出来ているわけでもなく、むしろまさにブルデューが看破した二種類の資本が一部の教授たちに偏在的に集中し、それらをハブとして回っているのだ。したがって、大学が持続的に変化していくためには、そのコアとなる教授たちが、同じ方向を向いた構造改革派として連帯していることが大前提の条件となる。

しかしながら、良質で有能な構造改革派の存在は、大学が変わるための必要条件ではあっても、十分条件ではない。おそらくそのような構造改革派は、彼らと志を共にする職員や若手研究者と共に、様々な方法で現状の問題点を調べ上げ、それを解決するプランを練り上げるだろう。もしも、彼らがその大学組織のなかで中枢にいるのなら、職員組織を通じて様々なデータが集められ、アンケート調査も実施できる。そのような立場を確立していない場合、インフォーマルに関係者からの情報収集をするのが精一杯となる。いずれにせよ、構造改革派が最初にすることはいつも同じで、現状の正確な把握と様々なエビデンスの収集である。そのような事実の把握をバイパスして改革プランを考えても、それは結局、机上の空論に終わる。

だが、そこから先が問題である。次の段階で構造改革派は、同じように大学行政資本を蓄積している既成秩序維持派と交渉を重ねなければならない。何が争点かにもよるが、秩序維持派も簡単には妥協せず、交渉には忍耐強さが要求される。とりわけ日本では、このプロセスで無数の「根回し」が要求される。公式的な会議の議論で対立する双方が納得のいく解決策に行き着くことなどまずなく、むしろ関係者は水面下の交渉に諸会議の数倍の時間を費やすはずだ。そのような交渉過程で、前述したエビデンスや国の諸制度や様々な先例についての知識は必要不可欠となる。しかも、そうした念入りの交渉を重ねても、多くの場合に構造改革派は秩序維持派を説得できない。それでもこうした努力を重ねることには意味があり、そのような無数の折衝を重ねることで、最後はどんな結論になってもお互い納得する関係性が成立していく。

では、長時間をかけてもなかなか結論に至らない状況で、何が問題を決着させる決め手となるのだろうか？　身も蓋もない話だが、この種の過程で最後に効果を発揮するのは、要するに資金とポストである。つまり、ブルデューが看破したように、大学での諸々の駆け引きは、その外にある世界での駆け引きと同様、理念ではなく世俗的資源によって決着する。しかしこれは、大学人が実は強欲だからなのではない。むしろ、大学人は概してお金にはあまり頓着しない人が多い。それにもかかわらず、改革を進めようとする者が、最後は資金とポストの配分に頼らざるを得ないのには理由がある。というのも、秩序維持派の教授たちは、特別に保守的な考えの持ち主だから変化に抵抗するのではない。多くの場合、彼らは改革をするとその組織が対応しなければならない仕事が増える、あるいは変化が生じることによって関係者が不必要に忙殺され、疲弊していくことを心配しているのである。現状に問題があるのはわかっているが、無理をして現状を変えれば、自分たちはもっと多くの犠牲を払わなくてはならなくなると考えているわけだ。したがって、もしも改革を受け入れるのなら、自分たちが払うかもしれない犠牲を補填するポストや資金が提供されるべきだと考えている場合が多い。

しかし誰が、そのような資金とポストを提供できるのか――。この答えは明白で、言うまでもなく学長である。つまり、学長のリーダーシップがここにおいて決定的な意味を持つ。学長が、自らの考えに従わせるために自己裁量できる資金やポストを使っていくという考え方は、大学を企業のようなものとして捉えている。企業ならば、社長はその方針を実現していくために、トップとして様々な権力資源を動員するだろう。しかし、大学は、すでに述べたようにそのような組織ではそもそもない。大学組織の本性を踏まえるならば、中核となる構造改革派の教授たちが起こしていく動きを後押しするために、学長は適切なタイミングと上手な方法で資金やポストの配分を差配する優れたビジョンと決断力を持っていなければならない。

時間という稀少資源と大学構造改革

ところが、こうして妥協が成立し、構造改革が一定の成果を上げたとしても、実はそのこと自体が大学をより深刻な苦境に陥れていくリスクを内包している。端的に言えば、秩序維持派の心配は、必ずしも杞憂とばかりは言い切れない面を持っているのだ。構造改革派が現状の問題点を正しく認識し、それを改革していくために新しい魅力的なプロジェクトを立ち上げ、そこに学長のサポートで一定の資金やポストを充当することに成功したとしても、大学は組織的にも、人員的にも継続性の強い組織なので、すでにある組織が廃止になるということは滅多にない。つまり、ほぼすべての新しい活動は、加算的に展開されていく。そうすると、新しいプロジェクトの中核は、新規のチームではなく、その立ち上げに何らかの仕方で関わってきた既存の中核的教員たちが担うことになる。しかし、そもそも構造改革派は教授たちの二割にも満たない少数派であることが示すように、野心的な試みを責任もって担える教員の数は、比較的大きな大学でも驚くほど少ない。また、そのような人々は、他の組織的なプロセスでも必要不可欠なことが多いから、簡単に一方を抜けて他方に移るわけにもいかない。そこで結局、特定の教員に報われない負担が集中し、そうした人々を疲弊させていくことになる。

だが、負担の著しい偏りには問題があるので、構造改革派だけでなく秩序維持派や学外評価志向の人々にも広く役割を分担させようという話になるかもしれない。その場合に何が生じるかといえば、何も動かなくなるのである。なぜなら、そもそも優れた秩序維持派は、大学の構造改革自体の構造的限界をよく理解しているので、そんな自らを疲弊させるだけの仕事に割く労力は最小限にしようと計算する。他方、そうではなくただ現状に甘んじてきた教員たちの場合、すでにあるルーティンを規則通りに遂行することはできても、大学全体が進むべき道を考えて新しい事業展開を進めることまでは力及ばないので、事業は停滞するか混乱するかどちらかになる。結局、危機感から特定の人に負担が集中するという悪循環が生じ続ける。

以上が何を意味しているかというと、要するにシニアであろうが若手であろうが、大学教員の時間は有限だという事実である。文科省や大学経営者、そして教員たちの多くの認識とも異なって、大学教員が保有すべき最も究極的な資本は、実は資金でもポストでもない。自由な時間である。なぜならば知的創造は、この自由時間を基盤にしてしか生まれないからだ。そして大学教員の時間は、他の職種の人々の時間と同じように有限である。一週間、一年のなかで、生活上不可欠な時間や教育やルーティンの職務遂行上不可欠な時間を差し引き、残りの時間のどこまでを自分が目指している知的創造に差し向けることができるかが勝負となる。

一般に、大学で研究に従事する人々は、資産や社会的地位を人生の最終目標としているわけではない。しかし、それぞれの分野で真に革新的な研究を成し遂げたいとは思っている。この点では、基礎科学も、応用的な理工学も、人文社会科学も同じである。しかしそのような研究は、大量の資金を投入すれば自動的に出てくるわけではない。学術的な成果が出てくるまでには、企業などが成果を出すよりもはるかに長い時間がかかる。そこにおいて決定的に重要なのは、自由な時間が安定的に確保され続けることなのだ。二〇〇〇年代以降、日本の科学力、学術力が明らかに劣化し、国際的にも存在感を失ってきた最大の理由は、そうした大学研究者たちの時間の劣化である。自由な時間の安定的な確保がどんどん難しくなるなかで、知的創造のための時間的余裕がどんどんなくなり、研究自体もどんどん劣化していったのだ。

もちろん、時間が有限なのは大学だけではない。企業や自治体、国でも同じである。しかし企業はギルド型の組織ではないから、社員はそもそも平等ではない。だから一般的には、明らかに有能な人は「出世」して、その下には多くの「部下」が配されるようになり、その上下関係のなかで仕事が分担されていく。企業人事の根本は、そのような上下の指揮系統をフレクシブルかつ効果的にどう編成していくかであり、トップダウンの仕組みが有効に機能すれば特定のメンバーだけが疲弊することにはならないはずだ。実際には、そうでもない事例が散見されるが、これは企業という組織構造の限界というよりも、個々の企業におけるマネジメントの失敗である。他方、自治体や国の場合、職員を有効に再配置できなければ存立が危うくなるというわけではないから、どうしても既存組織の秩序が優先される。つまり、誰かが社会の変化に対応して業務を構造改革していこうとすると、おそらく大学以上に周囲からのネガティブな圧力に直面することになる。この場合、事態を一変させる最後の方法は選挙であり、首長が代わり、トップがはっきりとした方針を打ち出せば、全体の流れを変えられる。

これらに対して大学は、基本的にはギルド型の、専任教員が平等の権利を持つことの上に成立している組織である。この各々の教員の独立性が、大学の知的創造性の根本をなす。だから大学教員は、かなり長い時間をかけて学問的に訓練されるのであり、特定の分野において「専門家」であることが要求され、それぞれの研究で継続的に成果を出し続けなければならない。だからこそ、専門知の特権的な担い手として、大学教員の身分は保証されるのである。したがって、彼らにとっては大学の組織改革への貢献がそれぞれの身分保証において枢要な基盤ではないし、そうであってはならない。大学改革についてのすべての議論は、この企業や自治体、国と大学との根本的な違いから出発しなければならない。ここからするならば、教員中心で大学の構造改革をしていくことの根本的な限界を結論せざるを得ないことになる。

ここまで議論を進めてくると、学長も、大学教員も、それぞれだけでは大学改革の最終的な主体たり得ないことが明らかになってくる。学生も、若手教員も、そうした意味での変革の最終的な主体となることは無理だし、だからと言ってここで国家や産業界が介入してきたのでは元も子もない。こうなると誰も、単独で日本の大学の窮状を救える人はいないことになりそうだが、最後に残されているもう一群の人々がいる。それは、広義の大学職員である。

国際的に見るなら、それぞれの大学がグローバル化やデジタル化、リカレント教育に対応していくために、専門的能力を持った職員の組織化が決定的に重要であることは、とっくの昔から証明されてきた。そもそもカレッジは教師と学生の知的共同体、ファカルティは専門家としての研究者の集まりであるけれども、ユニバーシティは決して教員中心の組織というわけではない。むしろ海外では、組織的諸分野の専門家としての職員がユニバーシティの要所に配置され、それぞれ決定権を保持している。そのようなユニバーシティの基盤がないことが、日本の大学、とりわけ国立大学のアキレス腱となってきた。それらの大学では、その欠陥を補おうとしばしば「教職協働」がスローガンとされてきたが、これでは職員は教員に決定を委ねがちになるから、教授たちの多忙さはさらに増し、欠陥はますます解決不能になっていく。

実のところ、日本の大学で職員が圧倒的に多くの時間を割いているのは、ルーティン的な業務の円滑な遂行である。本当は、これらの業務の相当部分は、ＡＩとＩＴベースのシステムに置き換えることができる。それができないのは、国立大学はとりわけ、そして大規模大学であればあるほど、それぞれの学部や研究組織の独立性が強く、それぞれで慣習法的に営まれてきたルールがあり、それぞれの組織の教員は、そのローカル・ルールを守ることが教育研究の秩序を守ることだと信じ込んでいるからである。そのため、職員は異動していく先々で、新たに所属する組織の慣習法に順応させられる。もしも大学全体、さらには大学を越えて様々な手続きや仕組みが標準化されていれば、業務のＩＴ化は一気に進むし、そのことで職員の業務の相当量が省力化され、より専門的な体制への高度化も可能になる。ところが日本では、大学における意思決定の最終審級がほぼ教員サイドにあるので、それぞれの組織に属する教員たちの世界観が変わることはないのである。その結果、職員の仕事の煩雑さは変わらず、職務が円滑に遂行されればされるほど、現状の安定性が増す。これではいつまでも悪循環である。

日本の大学にとってまず必要なことは、教職「協働」よりも教職「分業」であり、学長、教員、職員、学生が一丸となって何かを進めることではなく、それぞれがその専門性、立場、考え方に応じて自らの役割を創造的に実現していくことである。職員は、それぞれの専門的な組織分野において、教員の意思からは独立して意思決定し、責任も負わなければならない。彼らもそれぞれの分野で専門職となっていかなければならないのだ。異質性の集合体であることを本義とする大学では、違和や不一致こそが創造性に結びつく。大学は軍隊でも企業でもないから、トップダウンでは物事は進まない。しかし、いくつかの異なる次元で高度に専門化された人々が周りからの介入を気にせずに最善を尽くしていくことが、物事が前に進むことの大前提となる。そして、それらを調整していくことのできる最終的審級として、やはり学長のリーダーシップや構造改革派の努力も存在するのである。何よりも、そのような諸々の改革努力の向かう先は、教員と学生双方における自由で創造的な時間の確保でなければならない。

時間の劣化を反転させる大学の横断的構造化

本書で強調し続けているように、若手研究者にとってもシニアの教授にとっても、構造改革派にとっても秩序維持派にとっても、さらに学生たちにとっても、等しく大学で研究や学びに取り組む者にとって最大の稀少な資源は自由な時間である。一九九〇年代以降、これほどまでに大学改革の努力が重ねられてきたにもかかわらず、それらが表明した目的とはむしろ逆の結果を生んできたのは、一連の改革が大学という場の時間全体のマネジメント、そのなかでの自由な時間の持続的な確保、それどころか自由の拡張というビジョンを十分に考え抜いてこなかったからである。もちろん、個別の事業では、職員ならばワーク・ライフ・バランス、教員ならば研究時間の確保、学生ならば実質的な学修時間の重要性が強調されてきた。しかし、大学はなぜそうした時間のマネジメントを重視していかなければならないのか――。

それは単に教職員の健康維持や効率性向上のためではない。これらの一般組織にも当てはまる理由だけでなく、より根本的に、大学が時間的自由を創造性の本源とする組織だから、効用性が優先される社会のなかでも、それとは異なる創造性の時間が擁護されなければならないのだ。この点が、一連の大学改革で十分には自覚されてこなかったのである。

もちろん、多くの改革は、決して自由な時間を犠牲にして効率性を優先させるべくなされてきたのではない。むしろ、それらは先端的で学際的な自由の空間と時間を創出しようとして構想されていることのほうが多い。それにもかかわらず、大綱化や国立大学法人化をはじめとする規制緩和、また大学院重点化をはじめとする組織的拡張は、結果として大いに大学人の時間を劣化させ、大学を危機に陥れてきたのである。産業界や政府が大学に「改革」を促せば促すほど、大学人の時間は劣化し、ついには日本の大学の研究力や教育力が低下してきた。

なぜ、そのような逆説が続くのか――。それは、日本の大学が相変わらず教員中心でタテ割りの、垂直的閉鎖系として組み立てられ続けているからである。大学の組織構造の基盤は、その底辺が崩壊しながらも、いまだにファカルティ、つまりそれぞれの学部や研究組織の教授会にあり、それぞれのファカルティにはそれぞれ独自のルールや慣習的なしきたりがあり、他方でユニバーシティにはグローバル化や人口構造の変化のなかでますます多くの要求がなされ、ファカルティはそのタテ割りの構造を維持したまま、上から降ってくる要求に対応して自らの存続と拡張を狙い続ける。この牢固たる構造のなかで、矛盾のしわ寄せは、大学の根幹をなす個々の教職員や若手研究者が負う仕組みとなっている。

たとえば、すでに大学職員がなぜ専門職化できないのかの理由は説明した。個別の教育研究組織を越えた仕組みの標準化ができていないので、大学全体、さらには大学を越えて業務のIT化や簡素化ができず、職員の専門的育成を横断的にすることができない。そのために多くの有能な職員が、それぞれの組織の慣習に時間をかけて適応しなければならず、またその適応が順調にいくと、ますますローカル・ルールは変わらないという悪循環に陥っていく。

これは、日本の産業界が雇用の横断的な流動性の基盤を構築せずに規制緩和を行い、膨大な非正規雇用が固定化されて社会全体が劣化したのと似た構図である。日本の社会も大学も、いまだに膨大な数のムラやクニがタテに結ばれた仕組みのままである。分散的、分権的と言えば聞こえはいいが、それぞれのムラは窮屈にタテ系列で管理されているので、それほど分権的なわけでもない。むしろそれぞれがそれぞれで閉じて、その先には上位にある審級しか見えないので、ただなんとなく「お上」からの指示に忖度して従う体制が出来上がる。

日本社会は組織と組織の間に壁を作り、それぞれがその内側で部分最適を丁寧にしていく傾向性を持つ。そうすると、各々の壁の内部では円滑な組織運営がなされていくが、それをより広く、異なる諸組織が連なる全体で見たときには、はなはだ風通しが悪く、効率も悪い仕組みとなっていることが多い。これまで述べてきたように、大学もまたこの例外ではない。それぞれの専門、学科、専攻、学部、大学等々に閉じていく仕組みでは、それぞれの組織内部でどれほどリーダーシップが発揮されようと、全体の仕組みが構造変化を遂げていくことにはならない。職員の専門職化には、学科や学部はもちろん、大学を越えた大学専門職の横断的なキャリアパスが必要だし、若手研究者についても、大学院博士課程と全国の諸大学、諸研究機関や企業、公的機関の間で個別利害を越えた横断的な人材流動の回路が生まれていく必要がある。さらに学生たちについても、意欲と能力のある学生が、それぞれの学部や大学、国家の壁を越えて、その興味や才能を伸ばしていく横断的な仕組みが形成されていくべきであろう。

大学とは誰か――本章の冒頭で、このような問いを発しておいた。大学という主体は重層的で複合的な主体である。本章では、構造改革派の教授たちの重要性を強調したが、そうした一群の人々との関係で、学長のリーダーシップももちろん重要である。他方、秩序維持派の教授たちの認識も実は正鵠を射ており、これらの異なる立場が協力するには、予算やポストの再配分だけでなく、大学人たる教職員と学生が、どのようにして「自由な時間」を実現していくのかという設計についての合意がなされていかなければならないのだ。そしてこの設計は、中長期的に、職員の業務についての組織を越えた標準化や、若手教員のキャリアパスについての大学を越えた流動性、それに学生の学びについても学部や大学、国を越えた流動性を実現することで、より風通しが良く創造的な学知の基盤を形成していくはずである。

終章
ポストコロナ時代の大学とは何か
——封鎖と接触の世界史のなかで

反復するパンデミックとグローバル化

新型コロナ感染症の拡大は、いずれ収束する。いまだ第三波の感染拡大が深刻化している二〇二一年初頭の日本では、この収束が半年後なのか、一年後なのか、それとも二年後になるのかを見通すのは難しい。政府の対策は後手後手で、大騒ぎしながら部分最適ばかりを繰り返すタテ割り日本の組織文化も変化していないから、さらに危機が深刻化すれば次に何が起きるかはわからない。それでもなお、三年後、四年後の私たちが、まだこの感染症拡大の渦中にいることは、おそらくないのである。時代は、すでにポストコロナ時代に入っている。ところがその三年後、四年後の世界は、おそらくまだパンデミックの影響から抜け出せてはいない。それどころかその影響は、五年後、一〇年後でも消えていないだろう。影響は、長期化する。

たとえばコロナ危機で、大学のオンライン化は劇的に進んだ。この変化は確実にポストコロナ時代も続く。そして同じことは、多くの企業の在宅勤務にも当てはまる。つまり、郊外や地方に家を持って、テレワークやオンライン授業の日々を過ごす人々の人口は緩やかにでも増え続ける。それだけではない。オンライン化でコロナ危機を乗り切れば、大学は元に戻るのかと言えば、そうではない。むしろ、コロナ危機のなかで大学に起きたことは、それ以前から起きていたグローバル化の圧縮された姿である。したがって、ポストコロナ時代に大学が向かうのは、確実にそうしたより長期の歴史的な流れの延長線上にある方向となる。

だから私たちはこの問題を、半年、一年の単位ではなく、もっとはるかに長い時間のなかで捉え返す必要がある。何よりも、世界史的視座から捉えるなら、グローバル化とパンデミックは長い時間のなかで表裏をなして人類の営みを変化させてきた。

まず、今回の危機の先行例は、一九一八年のスペイン風邪、すなわちインフルエンザ禍である。それが、第一次世界大戦で大量の兵士がグローバルに移動していたことと不可分だったのは周知の通りだ。兵舎が感染の温床となり、米国の大戦参戦で大量の兵士がヨーロッパの戦地に移動したことで感染は世界に広がり、悲惨な大戦を終わらせる要因の一つともなった。ところがこのときには、ポストインフルエンザ時代が大戦後の大好況の時代と重なったため、パンデミックの記憶は「黄金の二〇年代」の繁栄によって早々にかき消されていった。

もっと遡るなら、一八一七年にインドからコレラが世界に拡散し、その後も一九世紀を通じてコレラ禍が世界各地で起きている。これには、同時代の産業革命を背景にした大英帝国のアジアでの発展と不可分の関係があった。コレラはカルカッタで流行した後、大英帝国の交易圏となっていたアジア各地、中東、アフリカに広がり、ヨーロッパを恐怖に陥れた。ちなみに、コレラが日本を襲うのは一八五八年で、ペリー来航で日本が開国した直後である。これも、グローバル・システムへの編入と感染症蔓延の表裏の関係を示す典型例といえる。

より長い歴史のなかで、グローバル化との関係が際立つのは、一六世紀の天然痘禍と一四世紀のペスト禍である。一六世紀の南北アメリカ大陸では、天然痘が凄まじい勢いで広がり、先住民に大量死をもたらしたが、これはスペインの大航海者たちが持ち込んだ病原菌で、大航海時代と不可分の関係があった。米大陸の先住民社会には天然痘に対する免疫がまったくなかったため、コルテスたちが持ち込んだ天然痘が多くの部族を全滅させる。スペイン人が少人数でアステカ、インカの両帝国を易々と征服した最大の要因は、武力の差よりも感染症パンデミックだった。大航海時代は、パンデミックの時代でもあったのだ。やや時代が遡るが、古代日本で天然痘が流行するようになったのも、新羅など朝鮮半島との交流が活発化した六世紀後半からで、中国文明を導入して律令国家が完成していく八世紀前半に大流行している。

さらに一四世紀のペスト禍は、その後の世界史を大きく変えてしまう出来事だったが、その背景には、一三世紀にモンゴル帝国がユーラシア大陸を制覇し、旧大陸全域で人やモノの移動が活発化していたことがあった。モンゴルの騎馬軍団は北京から黒海までの草原ルートを驚異的なスピードで横断した。やがて、そこには無数の隊商の交易網が広がっていく。「一三世紀グローバリゼーション」とも呼ばれるこの大陸的統合により、中国北方で広がった疫病は容易に黒海に達し、そこから海洋ルートでヨーロッパ全域に襲いかかることになった。

つまり、人類史のなかで繰り返されてきた感染症パンデミック発生の背景には、常に様々な時代のグローバリゼーションが存在した。ペストや天然痘、コレラの病原菌を運んだのは、直接的にはノミやネズミであるとしても、ローカルな疫病をグローバルなパンデミックに転化させる主犯はいつも人間の移動と接触の拡大だった。だから感染予防は、古代から現在に至るまで、一貫して「移動の制限」が基本となる。グローバル化とパンデミックは、歴史を通じて同じコインの表裏である。

そして現在、私たちが渦中にいるパンデミックを生んだのは、一九八〇年代以降の新自由主義的グローバリゼーションにより地球社会が急激なスピードで広域統合されていったことである。この危機によって、世界の名だたる航空会社が壊滅的な打撃を受けていることは、この関係をはっきり象徴している。「感染予防」と「経済再生」の二律背反という日々語られている関係の根底にあるのは、グローバル化とパンデミックの表裏の関係である。

したがって、二〇二〇年のコロナ危機は、実は二一世紀初頭に世界が遭遇してきた諸危機と同じ構造的地平にある。つまり、最初は二〇〇一年九月一一日に起きた米国での同時多発テロ(9・11)、次が二〇〇八年のリーマンショック、そして二〇一六年のブレグジット(英国のEU離脱)とドナルド・トランプ米大統領当選である。これらはいずれも、突然、別々に生じたように見えながら、二〇世紀末からの新自由主義的グローバル化への反動という点で共通していた。9・11はグローバリズムのなかで周縁化され、排除された少数派による命がけの反逆であり、リーマンショックはこのグローバル化自体の破綻である。ブレグジットやトランプ政権とグローバル化が生んできた諸々の分断の反動的な関係は説明するまでもないだろう。

大学の場所はどこにあったのか

重要なことは、こうしたグローバル化とパンデミックの長い関係史のなかでの大学の位置である。一二、一三世紀のヨーロッパに大学が誕生した最も重要な条件は、汎ヨーロッパ的に都市から都市へと渡り歩くことのできる移動のネットワークだった。このネットワーク上を、商人、職人、聖職者、芸能者、そして知識人が旅していた。

どこかの都市に、大変学識のある人物がいることがわかると、多くの学徒が何か月も旅してその都市に集まり学びの舎を形成した。やがてそうした都市の旅人たちは、地元の世俗権力の干渉を退けるため、学問の自由についての勅許をローマ教皇や神聖ローマ帝国皇帝から得て、教師と学生の協同組合、すなわち大学を形成していった。つまり、大学誕生の根底にあったのは、脱領域的な移動の自由であり、これこそが大学の自由の根幹をなすものだった。

だからやがて、この汎ヨーロッパ的な移動の自由が制限されたり、必要ではなくなったりしていくと、この第一世代の大学は衰退に向かう。そうした移動の自由が失われるのは一六世紀で、直接の要因は宗教戦争、それに続く領邦国家の形成だった。宗教戦争の結果、カトリックの支配域とプロテスタントの支配域の間に高い壁が生まれた。また領邦国家は、それまでのヨーロッパ大のネットワークを国家の壁で分断した。さらにそれ以前、一四世紀に起きたペストのパンデミックも移動の自由を困難にしたから、大学にダメージを与えたはずだ。

しかし、旅人たちの共同体だった大学に、ペスト禍による移動制限という以上に深いダメージを与えたのは、ペスト禍の一つの結果として生じていった技術革新だった。ペスト禍でヨーロッパの人口が激減し、あらゆる分野で労働力が不足する状況が生じていく。当然ながら、この状況は労賃を上昇させる。農業から手工業まで、雇用主は労働者により高い労賃を払わざるを得なくなり、この経営の窮状から逃れるべく、生産工程の合理化、機械化に取り組み始めたのである。このインセンティブは労働集約的な産業ほど強く、そこでは技術的イノベーションが起こる条件が整っていた。そして、中世の本作りはまさしくそうした世界だったから、そこで手工業から機械工業への大転換が生じてもおかしくはなかった。

こうして一五世紀半ば、マインツの野心的な金属加工職人だったヨハネス・グーテンベルクが活版印刷術を発明したのである。それは、人手不足の時代に起きていた様々な技術革新の一つであったが、この技術革新が知のあり方にもたらした変化は、数百年に及ぶ巨大なものとなっていく。つまり出版産業が、第一世代の大学に止めを刺すのである。大量の印刷された安価な書物が出回るようになった一六世紀以降のヨーロッパでは、もはや何か月もかけて大学のある都市まで旅する必要性はなくなった。「ステイホーム」のままでも、必要な知識は印刷本を買い集め、それらを読み比べることで十分に得られるようになったのだ。

こうして移動の自由の時代が終わった先で浮上した一七、一八世紀の近代は、大学の時代ではなく、出版の時代であった。中世から近代までを通じ、知的創造の歴史は、一方では移動の自由に、他方では出版の自由に足場を置き、この二つの足場は対抗的に連鎖してきた。だから大学と出版の間には、連携関係と同時に対抗関係がある。

そして、長い周期で何度か繰り返されてきた感染症パンデミックは、何度も移動の自由を大幅に制限する動きを生じさせてきた。それは封鎖であり、隔離であり、監視であり、移動の禁止である。明らかに、この動きの延長線上に大学の自由はない。「新しい日常」が「大学の自由」と共存できるためには、単なる封鎖や監視とは異なる「移動の自由」への回路が、つまり越境や接触や対話の自由につながるもう一つの回路が見いだされなければならない。

実際、コロナ禍の渦中でも、私たちはいくつものそうした越境と接触、対話に向かうグローバルな動きを目撃してきた。最も大きな流れは、やはりオンライン化の急激かつ全地球的規模での浸透である。すでに論じたように、世界中のとてつもない数の人々が、わずか数か月でこのシステムに日々接する「新しい日常」に入っていった。

新型ウイルスが猛威を振るうイタリアで，バルコニーで歌い励まし合う人びと(写真：La Presse／アフロ)

しかし、変化はそれだけではない。ヨーロッパでは、封鎖が最も厳しかった時期に、家々のベランダ越しに、広場や街路を挟んで人々が合唱し、メッセージを送り合い、中間地帯をコミュニケーション空間に変えていった(写真参照)。さらには人種差別に反対して膨大な人々が、世界中でマスクをしながら街路を行進した。いかなる時代であれ、民主主義も都市も大学も、単に「ステイホーム」しているだけでは守りきれないのだ。私たちはなお越境し、接触し、対話し、主張し続けなければならない。そうした集合的行為こそが、都市を実現し、大学を支えるのである。二〇二〇年の春、世界で起きたことは、そうした長い歴史が示してきた知的営みの根本を、人々が今も理解していることの証左である。

「自粛」の日本政治を支える「世間」

ところが、コロナ禍の日本で生じた現象は、世界の多くの国とまるで異なっていた。日本では、政府は無策であり、公衆衛生も旧来からの保健所経由の仕組みを臨機応変に変えることができず、検査数もなかなか伸びずで、休業要請も曖昧で補償も十分ではないという、ないない尽くしであったにもかかわらず、第一波では欧米ほどには感染者が増えなかった。そのいくつかある要因の一つとして、圧倒的に強いヨコからの同調圧力は無視できない。

コロナ禍の第一波をあたかも日本社会が乗り越えたかのように見えたのは、コロナ対策が必要とした「ソーシャル・ディスタンス」や「ステイホーム」と、そもそも「外」と「内」を区別する壁を立てがちな日本社会の特性が容易にシンクロしたからである。ここが、イタリア等のラテン系社会のハビトゥスとは大きく異なっていた。国家が強制せずとも、「自粛」を促すだけで、人々は概ねマスクを常用するようになり、家に引きこもり、外出を控えた。

つまり、コロナに対し、中国と欧米が「封鎖」によって応じたのに対し、日本はまずは何よりも「自粛」によって応じたのだ。日本社会で最初に「自粛」の政治が大規模に作動したのは一九八八年の昭和天皇危篤の際、二度目が二〇一一年の東日本大震災、そして二〇年が三度目である。最初の二回は、危機自体も日本国内でのことだったので諸外国との比較はできなかったが、今回はグローバルな危機である。比較をすれば、危機に際し、世界でほとんど日本社会だけが奇妙な行動をとった。つまり、感染リスクから同じように「ステイホーム」が叫ばれたなかで、日本では移動を禁じられた異なる人々がなお広場を挟んで声を交響させたというよりも、同調圧力のなかでもともと同質性の高い人々が同じ方向に自ら向かった。

そもそも「ステイホーム」は命令形の英文である。国家が個人に、「家に止まりなさい」と命令するのだ。ところが日本では、この言明は命令形というよりもある状況を示す名詞句のようなものとして受け止められてきた。みんなが「家に止まっている状態」である。この状態をもたらす主体は誰なのか？　責任はいったい誰にあるのか？　それがはっきりしないまま、かつて鶴見俊輔が論じた「お守り言葉」として、「ステイホーム」も「ソーシャル・ディスタンス」も氾濫していった。そして、それらの言葉の氾濫自体が、予言の自己成就的にある状態を出現させていたのである。だから日本の「自粛」は、きわめて呪術的でもあった。

「自粛」を英訳すれば「self-restraint」になりそうだが、この英訳は、日本語の感覚をうまく表現してはいない。「restraint」する「self」が、必ずしも自分自身とは言えないのが日本の「自粛」だからだ。苅谷剛彦が指摘したように、「自粛」という言葉の奇妙さには、日本社会における「個人と社会をつなぐ関係」の歴史性、つまり「個人」の非在という歴史性が埋め込まれている。つまり、「個人の自己選択・自己決定のあり方を、その社会がどのように理解しているか、いわば主体をめぐり、その社会が共有する知識の違い」が、ここに示されているのである（「「自粛の氾濫」は社会に何を残すか」）。

佐藤直樹によれば、コロナ禍の日本を覆っていったこの「自粛」の政治を作動させていたのは「世間」である。「世間」観念の起源は古く、古代日本社会にも存在したらしい。『万葉集』で山上憶良は、「世間《よのなか》を憂しとやさしと思へども飛び立ちかねつ鳥にしあらねば」と歌っていた。世間はつらく身もやせ細るようだが、鳥ではないから旅には出られない。がんじがらめの世の中では、簡単には自由人になれないのだ。もし、どうしても旅に出ようと思ったら、「世間知らず」か「世捨て人」になる他はない。この古くからの「世間」の力学が、近代化を経ても残存し、コロナ時代の日本でも強力に作動している（「「世間のルール」に従え！――コロナ禍が浮き彫りにした日本社会のおきて」）。

佐藤のこの指摘は、西洋中世史の泰斗阿部謹也によって深められてきた視座を基礎にしている。阿部によれば、「世間」と「社会」はその構成の根本原理がまるで異なる。一方で、「社会society」という概念は、「それぞれの個人の尊厳が少なくとも原則として認められているところでしか本来の意味を持たない」（『「世間」とは何か』）。明治以降、日本は西洋の諸制度を取り入れ、文化風俗も西洋化したが、この西洋社会が前提にしていた「個人」と「社会」の関係はついに広がらなかった。なぜならば、「社会」と異なり、個人を前提とせず、むしろ人々の同質性や互酬関係、長幼の序を構成原理とする「世間」がすでにあり、社会秩序を維持する上ではそのほうが有効だったからだ。「世間」は、家族や地域、職場での日常的な営みやコミュニケーションのなかに実効的な観念として常に作動しており、人々はこれを社会的に存在している所与の事実として受けとめ、常に意識しないと生きていけないような状況に置かれ続ける。思想としてこの「世間」の圧力に異を唱えることはできるだろうが、日々の生活で「世間」を無視するのは並大抵のことではない。

メディア環境化する「世間」

佐藤と鴻上尚史は、現代日本の至るところで自粛権力を作動させる「世間」は、近代化を経ても日本社会に保持され続けた非近代的性格と、マス・メディアやソーシャル・メディアが媒介しあう閉塞的なメディア環境が連動することでいっそう強化されていると考えている。この議論に従うならば、日本で「世間」の影響力が近代以降も衰えなかったのは、まずはキリスト教のような超越的な神の観念が庶民までは浸透せず、イエやムラ、職場などの、自分が直接的に関係を持つ「身内」を越えた共同性の感覚が育たなかったからである。日本人の多数派は、「内」を「外」から守るために壁を立て、「世間の内側の人間に対しては非常に親切にするけど、外側の人間に対しては無関心か排除する」(鴻上・佐藤『同調圧力』)。日本にはそのような「世間」が積層しており、人々はそれぞれ「身内」のなかで「世間」のイメージを抱いている。そのイメージの同質性が高いので、それらが積分されていったところに、共同幻想としての「世間」が社会的事実として構築されていくのである。

こうして構築された「世間」が、その影響圏にある人々が外に出てしまうのを禁じる際に発動するのが、「他人に迷惑をかけるな」という呪文であり、またそのような何事かが生じてしまった場合、関係者は「世間体が悪い」、もっと深刻ならば「世間に申し開きができない」と考えて、やたらと頭を下げる。つまり、「世間」から排除されることを極度に怖れるのである。佐藤らは、こうした恐怖が、日本社会の几帳面さ、規則を杓子定規に守り、逸脱することを周囲が防いでいく極度に強い同調圧力の根底にある感情なのだとしている。

現代のソーシャル・メディア環境は、こうした恐怖心を基盤にした同調圧力をさらに強化している。九〇年代以降、新自由主義路線による非正規雇用の増大、格差拡大のなかで従来的な意味での「職場＝身内」感覚が崩れ始め、それ以前、すでに高度成長期からムラやイエの感覚は失われていたので、現代日本社会では、「世間」と言ってもその実体的な基盤はすでに脆弱になっている。まさにそのとき、人々の自己承認への渇望や不安をソーシャル・メディアが媒介し、社会の底に空いてしまった穴を埋める役割を果たしていくのだ。実体的なムラやイエや職場の心理的拘束力が脆弱化するなかで、人々はソーシャル・メディアでのやりとりに自己承認の場を見出していこうとする。そこで自分の感覚に近いと思える発言に「いいね！」を押して、ネット上にバーチャルな「世間」を成立させていくことに加担する。

佐藤と鴻上は、総務省の『情報通信白書』に基づいて二つの興味深い事実を指摘している。第一に、「SNSで知り合う人達のほとんどは信頼できる」かという問いに、「そう思う・ややそう思う」と答える人の割合が日本人は極端に低い。ドイツ人は約五割、アメリカ人は約六割、イギリス人は約七割が肯定的に答えるのに、日本人で肯定的に答える人は約一割に過ぎない。つまり、人々は実はSNS上の出会いをあまり信用してはいないのである。

第二に、日本ではツイッターの匿名率が極端に高い。この匿名率は、アメリカでは三五・七％、イギリスでは三一％、フランスでは四五％、韓国が三一・五％、シンガポールが三九・五％なのに対し、日本のツイッターの匿名率は七五・一％に上るという。つまり、日本人は、概してネット上の関係を信用してもおらず、自分の実名を明かすことも少ないのだが、それにもかかわらず、そのネット上で自己が承認されることを求め、そのためにネット上で語られる「正義」に同調し、ネットのなかの「世間」の常識から外れる「他人」を攻撃する。明らかに、この高度なメディア環境のなかに広がるのは、ファシズムの心理である。

コロナ禍でその特異な姿が浮かび上がった「世間」の同調圧力は、日本社会の極度な「風通しの悪さ」を示している。日本では、欧米と比べてのみならず、他のアジア諸国と比べても弱い仕方でしか社会の「風通しを良くする」仕組みが発達しなかったのだ。たしかに中国のような共産党独裁国家の場合、風通しを封鎖する国家機構が強力である。国家の目に見える強制権力では、中国はもちろん、他のアジア諸国も概して日本よりも強い。それにもかかわらず、というかむしろだからこそ、これらの国々では国家の垂直的な力とは異なる水平的な仕組みが発達しており、それが幾分か社会の「風通し」を良くしてきたのである。

まさにここにおいて、それぞれの社会における「大学」の位置づけが決定的に重要な意味を持ってくる。近代化は、国家的な官僚制や工業化、軍隊や学校の整備としてまず進んでいくわけだが、同時に都市化やメディアの発達のなかで、ジャーナリズムや学芸、様々な専門において横断的な「学会 Society」や「公共 Public」も形成していく。そのような二重のプロセスを近代化は構造的に孕んでいる。大学は、本来、中世都市を渡り歩く知的旅人たちの協同組合として出発したという意味においても、また「研究と教育の一致」を旨としたフンボルト原理における「学問の自由」の考え方からも、国家的な学校制度の延長線上にあるのではなく、むしろそのような垂直性を横断する水平的な風通しの良さを本質としてきた。そうだとするならば、必然的な理由をもって、大学は、「世間」の風通しの悪さに穴を穿っていく「世間知らず」や「世捨て人」の集まりでなくてはならず、まさにそのような「世間」の常識の外に立ち、それらを横断する外部性こそが、真に学問的な知的創造を生むはずである。

日本の「大学」はそもそも官吏養成機関？

つまり、大学の根幹をなす自由とは、異質な者たちの広域的な横断性である。この横断性は、中世ヨーロッパ社会やアメリカ社会のように多様性を抱えた大陸社会にとりわけ顕現する。そもそもヨーロッパに大学を誕生させたのは、閉ざされた内部から離脱した知的旅人たちが都市に集合し、超越的権力を結ぶことで「自由な空間」を構成するという、否定の上に立つ肯定だった。ところがそれぞれが部分最適するムラが垂直統合されていく日本では、そもそもこの否定が成立せず、「世間」はそのまま「国家」に呑み込まれていたのだ。だから日本には、そもそも「大学＝ユニバーシティ」の基盤が存在しないとすら言える。

この絶望的な認識は、大学史を詳しく辿るほど確からしさを増す。実際、日本における「大学」の誕生は古く、古代律令国家にまで遡る。大宝律令が制定された八世紀初頭、全寮制の大学寮が設置された。そこでは学長に当たる「大学頭」が全学を仕切り、教授に当たる「博士」が教鞭をとり、試験に合格した学生に奨学金を出し、国家運営の中枢を担うエリートを育成していた。同時代の唐では、この種の機関は「国子監」と呼ばれていたのだが、古代日本は漢代の「太学」に由来する「大学」を用いたようだ。

古代日本の大学で教えていたのは儒学、漢文、算術等の科目で、初期には儒学優位だったが、やがて漢文が勢力を伸ばし、法学も地位を固めたという。唐の高等教育は圧倒的に儒学中心だったのに対し、日本ではその唐の先進的な知識をいかに輸入するかが重要なので、翻訳学としての漢文の地位が上がったらしい。だから漢文の地位の高さは、近代日本における英独仏文学の地位の高さと重なる。要するに、明治日本が西洋化によって支配体制を固め、古代日本は中国化によって支配体制を確立したのであり、「大学」はそのために存在したのである。

しかし、やがて律令国家体制が崩れ、荘園制の時代となると、有力貴族は自分たちでそれぞれ大学寮相当の学校を設立し始める。それらは「大学別曹」と呼ばれ、羽振りのいい貴族は自分の学校の学生に元々の「大学寮」以上にいい待遇を保証したので、優秀層は「大学寮」よりも「大学別曹」に流れていった。

こうして「国立」は衰退し、「私学」が栄える時代となったが、実はそれも長くは続かなかった。古代的な大学制度を決定的に衰退させたのは、そこでの試験や教育のクオリティの劣化であった。古代の大学では卒業試験が官職への任官のゲートウェイとなっていたが、だんだんそれが教授の推薦があれば無試験でも可能になり、試験の不正も横行するようになったらしい。要するに、諸々の質的劣化こそが、古代の大学の存在根拠を失わせていったのである。

そうして長い年月が経ち、日本で「大学」が復活してくるのは明治期である。江戸を占領した薩長政権は、儒学の総本山だった湯島聖堂にある昌平坂学問所を新国家の学問中枢に組み替えるべく「大学本校」と命名した。江戸時代には、「大学」は教育機関というよりも、この学新政府はまず「大学」の名を使い始めた。しかし、もともと「大学頭」は湯島聖堂で学問所を主宰する林家当主に付せられた世襲の役職名「大学頭」だったに過ぎない。しかし、新政府が新時代の学問中枢の呼称として再び「大学」を使い始めたことで、「大学」は国家官僚制の基盤として、再び象徴的権威性を帯びてくるのである。天野郁夫が指摘したように、このとき新政府は各藩に優秀な人材を「貢進」することを求めており、ここには古代の復活、すなわち「王政復古」の気分が満ちていた（天野『大学の誕生』）。

そうした気分に感染してか、ここにイデオロギー的混乱が発生する。古代の大学寮での知の根幹をなしたのは儒学である。徳川幕府も儒学を学問所の正統教義とした。これに対し、天皇制復活を政治的想像力の一部に組み込んでいた薩長の新政府は、イデオロギー的には国学と結んでいた。だから、この新しい流れに便乗して京都から江戸にやって来た国学者たちからすれば、復活する「大学」は、国学をその教義の中枢にすべきと思われた。だがこれは、長く続いた学問所の伝統からも、古代の大学寮からも逸脱である。当然、儒学派と国学派の間には「大学とは何か」をめぐる妥協なきイデオロギー抗争が生じることになった。

だが実は、新政権からすれば、そんなことはどうでもよかったのである。大切なのは儒学でも国学でもなく、西洋の技術的な知を一刻も早く新国家に導入することだった。「役に立つ」実学が重要で、「役に立たない」哲学など知ったことではない。湯島聖堂を「大学本校」としたのは、伝統を権威として利用したかっただけのことだ。ところがその権威が真っ二つに分かれ、収拾のつかない「大学紛争」を始めてしまった。新政権は、これほどまでに頭の固い学者たちは「役に立たない」どころか「有害」との結論に達し、儒学者も国学者もお払い箱にした。

新しい大学は、これらの伝統的な知の継承ではなく、西洋近代の知の輸入にこそ向けられねばならない。それには「本校」を廃し、これに付設されていた「南校」と「東校」だけで新国家の「大学」を設立していくとの結論である。大学南校は、九段下にあった蕃書調所の後裔で、後に東京大学理学部と文学部となる。大学東校は、神田岩本町のお玉が池から和泉町に移った種痘所の後裔で、後に東京大学医学部となる。つまり東京大学は、伝統ある「本校」を廃し、西洋の近代知を一刻も早く輸入するため、その「分校」を寄せ集めて設立された大学なのだった。そして、まさにこの目的のために、古代律令国家に由来する「大学」概念が、中世西欧に由来する「ユニバーシティ」と、あたかも重ねられていったのである。

だがここには、大いなるボタンの掛け違いがあったのではないか。もともと中世西欧で「ユニバーシティ」は、旅する教師と学生の協同組合として誕生した。その前提は、キリスト教世界にボーダーレスに広がった都市の移動的ネットワークで、都市から都市へと旅する商人、職人、聖職者、そして知識層がいた。彼らが有していた「移動の自由」が、大学誕生の基盤だった。これに対し、古代日本、またその原型の中国の「大学」は、世俗権力に奉仕するエリートを養成するために設置されたわけで、旅人たちの協同組合ではそもそもなかった。

この日本における「大学＝ユニバーシティ」の不在は、この国の歴史のなかでの「都市」の不成立とも対応する。もちろん、中世の堺や様々なアジール、かつて網野善彦が探究した自由の場がなかったわけではないが、全体として、日本社会の特徴は、ムラがそのまま巨大な企業や国家に包摂されていくところにある。大学も、都市も、国家もすべてが無数のムラや世間の集合体として構成されていく。天皇は、古代と近代の両方で、そのような無数のムラや世間があたかも統合されるリアリティの留め金の役割を果たしてきた。

中世西欧で、世俗の政治勢力を超越する自由の結界として「大学＝ユニバーシティ」が可能であったのは、一方では、世俗権力の支配圏を越えて旅する教師や学生の越境性が中世都市のネットワークに支えられ、他方では広域をカバーする教皇や皇帝の権威によって権力構造が二重化していたからである。この権力の二重性により、大学は地元の在地権力と敵対しても、武力や財力とは異なる方法で独立を守ることができた。これに対し、古代日本の大学寮から明治日本の帝国大学へと継承された「大学」の系譜は、そうした水平的横断性や垂直的二重性に基づいたものではなかった。それらはあくまで国家エリート養成のための機関として、世俗の一元的かつ垂直的な権力秩序に包摂されていた。

旅する教師と学生の協同組合から出発した「ユニバーシティ」と官吏養成機関として出発した「大学」という違いに加え、日本近代の大学には、もう一つのやっかいな歴史がつきまとってきた。すなわち、明治日本の大学が目指したのは、何よりも先進的な西洋の知識を効率的に消化し、自国の近代化のために導入していくことだったから、それぞれの分野で最も効験あらたかな国が選ばれ、その「いいとこどり」がなされた。たとえば帝国大学の場合、大学東校から東大医学部となる系譜に影響を与えたのはドイツ、司法省明法寮から東大法学部へと向かう系譜に影響を与えたのはフランス、工部大学校から東大工学部となっていく系譜に影響を与えたのはスコットランドである。各国出身のお雇い外国人教師が、この導入を仲介した。

帝国大学全体は、同時代に支配的だったドイツ型であるとしても、草創期に個々の分野がモデルとした国はばらばらである。近代に遅れてきた国家が、周縁からアジアの帝国にのし上がろうとしたとき、学問的体系性などどうでもいいから、「今の世界ですぐに役に立つ」知識を片っ端から断片化して摂取していったのだ。それが日本の大学の近代であり、そうしてばらばらなモデルを寄せ集めながら近代日本の「大学」の伝統が出来上がっていったのである。

しかも、やがてこの「伝統」は、帝国日本の発展により東アジアに輸出されていく。日清戦争の後、一八九八年に清朝は「北京国子監」の名を「京師大学堂」に変え、それは辛亥革命後に「北京大学」となっていった。日本でリメイドされた「大学」概念の国際化であった(米澤彰純・嶋内佐絵・劉靖「東アジアにおける「大学」概念の形成と変容」)。ちなみに、一九一一年に創立された「清華学堂」が「清華大学」になるのは二八年、一九〇五年創立の「復旦公学」が「復旦大学」になるのは一七年、一九〇二年創立の「三江師範学堂」、後の南京大学が、「国立東南大学」になるのは二〇年代初頭である。概して中国の名門校は、一九一〇年代から二〇年代にかけて、校名を「国子監」や「学堂」から「大学」に改めている。他方、日本植民地下のソウルに「京城帝国大学」が設立されたのは一九二四年、台北の「台北帝国大学」設立は二八年のことだった。たしかに名称に影響関係があっても、概念内容まで同じとは限らないのだが、ひょっとすると「大学＝ユニバーシティ」の等式が必ずしも成り立たないのは、日本だけのことではないのかもしれない。

オンラインは新たな銀河系？――何が大学を殺すのか

さて、話を西欧近代の大学に戻そう。活版印刷技術の発明に始まる数世紀に及ぶ知の地殻変動は、一般に「グーテンベルクの銀河系」と言われている。そして、二〇世紀末以降のデジタル技術革命が、この銀河系をもう一つの銀河系、つまり「オンラインの銀河系」に移行させせつつあることは否定できない。すると、単純な歴史的対比が成り立つのなら、かつて初期近代、グーテンベルクの銀河系が第一世代の大学に止めを刺したように、二一世紀以降の世界では、オンラインの銀河系が第二世代の大学に止めを刺していくのだろうか――。

しかし、一六、一七世紀のヨーロッパで大学が衰退に向かった最大の理由は、実は印刷革命の直接的影響ではなかった。衰退はむしろ、大学が新しい知的自由に対し、自らを閉ざしていった結果である。この時期、大学は領邦国家ごとに分化していくが、これはすなわち前述の汎ヨーロッパ的横断性と権力の二重性が失われたことを意味した。大学はその財政的基盤を安定化させるために、領主権力の支配下に自ら入っていく。つまり一七世紀以降、ヨーロッパの大学は「国家施設になり、教授は官吏になり、学生は、世俗領主あるいは聖界領主の下僕の卵として、「役に立つ奴」になった」のだ（ハンス＝ヴェルナー・プラール『大学制度の社会史』）。これが、中世的な大学を死に至らしめた最大の要因である。

しかし、この変化が大学に死をもたらしたと知っているのは、それから数百年を経た我々であって、当時の大学はまったく違う仕方で変化を受け止めていた。彼らは自律性を失うのと引き換えに、財政上の安定を得て、大学運営の基盤をより確かなものにした。領邦君主たちは大学に様々な干渉をしたが、それは彼らの権力を誇示するための干渉というよりも、「中世の大学構造を領邦国家の利害に沿った財政上、管理上の自己防衛策によって改造しようとする努力」の表れであった。要するに、今日の大学が産業界の要望に合わせて自己変革を遂げようとしているのにきわめて似て、一七世紀の大学は、勃興する領邦国家の仕組みに合わせて自己変革を遂げようと、中世的自由を自らかなぐり捨てたのである。

こうした歴史的教訓から学ぶべきことは多い。そして、一六世紀以降に分裂していった大学の汎ヨーロッパ的横断性は、その後数百年、再興されることはなかった。しかし一九九九年、ヨーロッパ二九か国の教育大臣は、新たに汎ヨーロッパ的大学圏の形成を目指す「ボローニャ宣言」に署名する。このことは、今日のヨーロッパで国民国家とEUという権力の二重構造が復活してきたことを反映していた。二一世紀、様々なおぞましき反動に直面しながらも、ヨーロッパはしたたかに前を見ている。そして歴史は、世界が欧米列強の覇権国家に一元化される時代から、政治経済的権力が重層化、多元化する時代へと推移しつつあるのである。

だから、未来の長い歴史のなかで、近代国民国家を基盤にした第二世代の大学が、より重層的で広域的で多元的な秩序を基盤にした第三世代の大学に生まれ変わっていくのも、いわば歴史の必然と考えたほうがいい。「ポストコロナの大学」は、単に感染予防を徹底させる「リスク対応型」の大学云々というレベルではなく、そのような大きな歴史的変動のなかに現在の大学の危機と変容を位置づける仕方で構想されなければならないはずだ。

本書で論じてきた大学教育のオンライン化やグローバル化への対応、複線的で水平的な仕組みの萌芽は、そうした方向への変化をボトムアップ的に促す。他方、ＥＵが推進するボローニャ・プロセスは、トップダウンで変化に先鞭をつけつつある。もともとボローニャ宣言で標榜されたのは、①全欧州的に通用する共通の学位制度、②学士と修士・博士という二段階の高等教育への標準化、③全欧州規模での高等教育の質保証、④それに基づく単位互換制度、⑤学生と教員の国を越えた交流、⑥ヨーロッパ的思考を育てるカリキュラムの六つであるという。高等教育の二段階化は大学のアメリカ化の推進とも言えるが、そのことを通じ、アメリカへの従属ではなく、むしろヨーロッパ的自立とコモンズ形成が目指されている。

様々な制度改革と併行して、具体的な実践として重要なのは最後の三つの項目だが、これらは「エラスムス・プロジェクト」という、ボローニャ宣言に先行して一九八七年から開始されていた汎ヨーロッパ的な教育連携のなかで具体的な成果が蓄積されてきた。堀田泰司によれば、エラスムス・プロジェクトは、欧州委員会の支援により「一九八七年に一二カ国の学生交流から始まり、その後、拡大の一途を辿り、二〇〇八年には欧州地域の三一カ国、約三一〇〇校の高等教育機関の年間約一六万人の学生と約三万二千人の教職員の交流を支援する事業へと成長」した。これは、八七年から二〇〇八年までだけで「欧州域内の約九割の高等教育機関がエラスムスに参加し、延べ一九〇万人もの学生が交換留学生として欧州域内を行き来した」ことを意味する（「ボローニャ宣言にみるエラスムスの経験の意義」）。

こうしてエラスムス・プロジェクトが全欧州規模で展開する教育連携は、本書の第三章で紹介したミネルバ大学が、それよりずっと小さな規模で全世界的に展開しつつある大学モデルと顕著な共通性を示している。二一世紀、学生と教師は再び個々の大学、国家を越えて広域的に旅する存在となるのである。単なる点から点への「留学」ではない。むしろ教師も学生も、中世の大学がそうであったように「旅」を始める。ただ現代の学生や教師は、中世のそれとは異なり、常時接続可能なオンラインという強力なツールを携えての旅である。コロナ禍で、このプロセスは一時的な中断を余儀なくされている。しかし、コロナ禍でグローバリゼーションが止まるわけではないのと同様、「旅する知」の再浮上がコロナ禍で失われることもない。むしろ危機を経て、学生や教師の広域的な移動はより組織化されたものにバージョンアップしていくはずだ。そこにおいて、「オンラインの銀河系」は基盤的役割を果たすようになる。

したがって、オンライン化する社会と未来の大学の間にあるのは、対面で行われてきたことのオンラインへの移行をはるかに超える変化である。欧米の大学では、教師と学生、あるいは学生たちが実際に生活を共にする学寮、それに基づいたカレッジが、大学の根本と考えられてきた。教室での学びはある程度までオンライン化できても、学寮生活や大学での様々な共同的な営みのオンライン化は同じようにはできない。だから、知的創造を実現する教師と学生の共同性とオンラインでの学習の組み合わせの工夫が、未来の大学では肝要になる。そしてオンライン化の強みを生かすためにも、学生と教師がグローバルに移動することは、そうした大学が共通に含む前提的条件となる。オンライン化は、それまでの対面の教育を代替しつつも、大学という知的共同体のグローバルな移動性を恒常化させる仕掛けとなるのである。

他方、過去を遡るなら、日本にも列島を「旅する知」がハイレベルで実現していた時代があった。それは幕末維新期で、崩れゆく徳川体制と明治国家黎明の間で、地方の藩校や松下村塾、大坂の適塾や江戸の慶應義塾まで、刀を差した知識人たちが新しい知と実践を求めて渡り歩いていた。ここには日本の近代知の隠された可能性がある。だからこそ福沢諭吉は『学問のすゝめ』で、森有礼や加藤弘之を目の前にして官学主導の「大学」が近代日本の知の主役となることに公然と異を唱えたのだ。だが、その後の近代日本の大学史は、帝国大学から私学の多くも含め、ひたすら「国家の須要」なる知へと邁進する垂直的過程ではなかったか。

二一世紀初頭、欧米の大学が横断性や広域的な移動性を回復させようとする時代、数ばかりは膨れ上がった日本の大学は、これに並走していくことができるだろうか？　グローバル化もオンライン化も、国や大学、学部といったタテの壁に穴を穿つ方向に作用する。その穴を通って学生や教員が移動を始め、交流し、接触と対話、知的創造の領域を拡大させていく。そこに生まれる第三世代の大学は、何よりも地球社会の大学でなければならず、もはやそれは国民国家の大学ではない。それらの大学が育成を目指すのは、新しい地球人であって、もはや特定のナショナリティに自己を同一化させるような人々ではないのである。そのような大学に、たとえ一握りでもなっていける大学が、果たして日本に存在するであろうか――。

あとがき

私は一九七六年に東京大学理科Ⅰ類に入学し、その後、演劇活動にハマるなかで文転、つまり理系から文系への人生の方向転換を決意して教養学部教養学科に進んだ。だから学部時代の五年間(留年している)、駒場キャンパスで過ごしている。大学卒業後、かつて麻布の旧歩兵第三聯隊の建物だった生産技術研究所の建築系研究室で一年間を過ごし、その後、大学院社会学研究科に進んでいる。東大に入り、七年目にして初めて本郷キャンパスに足を踏み入れたことになる。大学院博士課程に在学中、同大学の新聞研究所の助手に採用され、やがてその新聞研究所が社会情報研究所へ、そして大学院情報学環へと変貌していった。つまり、私は東大という日本の学問的中心点の、そのぎりぎりの縁にある組織を渡り歩いてきた。

一九八七年に教員となってからは、九〇年代から二〇〇〇年代にかけて何冊かの著作をまとめ、何人かの優れた若手を育て、研究プロジェクトを組織し、大規模な国際会議を開催し、さらに国際的なネットワークのなかで自分の学問的な場所を再発見し、それはカルチュラル・スタディーズと呼ばれてもいった。要するに、なかなか自由闊達な壮年期であった。

しかしやがて、〇六年からは大学行政にコミットせざるを得ないこととなり、その延長線上で一〇年代前半には、東京大学の中心に近い場所で、この大学に渦巻く一筋縄ではいかない政治にも触れた。もちろん、そんな経験を本書に書いたわけではないが、そうしたなかで、私は日本の大学のあり方に、かなり深い疑念を抱くようにもなった。

二〇一一年に出版した『大学とは何か』は、その疑念の先を大学の長い歴史のなかで見通そうとしたものだが、その後も疑念は深まるばかりなので、実際に自分の実体験で疑念の由来をはっきりさせようと思い、一七年から一年間、ハーバード大学の教員となり、学部と大学院の両方で授業をしてきた。その経験は、すでに『トランプのアメリカに住む』にまとめたが、そうしたなかで疑念はついに確信に変わっていった。

日本の「大学」は、実は大学＝ユニバーシティではなかったのだ！　そんな「大学」を八〇〇近くまで増殖させてしまったのは、日本社会が本来的な意味で大学を理解せず、必要ともしてこなかったからでもある。それにもかかわらず、この大学に似て非なるものは、入試や学位、学部や研究科における教授会、文科省の様々な仕組みと一体化しているので簡単には変わらない。日本の「大学」の「ボタンの掛け違い」は、今後もさらに続くということか――。

絶望的な状況のなかで、さらにその日本の「大学」は、大いなる危機に直面している。危機からの出口は果たして存在するのか――。本書を通じて示したのは、その出口のカギが、「大学の時間」を考え直すことにあることだった。危機に直面し、多くの大学人の頭にあるのは、「規模」(学生定員等)や「技術」(オンライン化等)、「資金」(運営費交付金等)、それに「評価」(認証評価等)のことであろう。しかし、学修者の視点から、また長い人生や歴史のなかで考えたとき、最も重要なのは、大学をいかなる「時間」として組み立てていくかということである。

本書で私たちは、オンライン化が進むなかでの時間の壁の問題や、九月入学を実現することによる時間のメリハリ、さらには学修プロセスの複線化や六・三・三・四制が導入時点で生じさせていた「ボタンの掛け違い」について検討した。知的創造のための自由な時間こそ、すべての学生と教師が失ってはならない貴重な資源であり、今、多くの大学人が疲れ果てているのは、その資源が枯渇してきてしまっているからである。だから、大学再生のための戦略は、何よりもまず枯渇しかかっている共有資源を奪還するための戦略でなければならない。

さて、本書は『大学とは何か』の続編であると同時に、二〇一九年に出した『平成時代』の別バージョンでもある。つまり、『大学とは何か』が中世西洋から現代までの長い歴史を射程に収めていたのに対し、本書は日本の大学が戦中・戦後を通じて囚われていった困難を、未来に向けた視点から捉え返している。他方、本書が論じる一九九〇年代以降の大学の苦悩と不条理は、「平成」の経済、政治、社会、文化の失敗やショックと同時並行的なものである。この交差する構図のなかで、本書を、私が書いてきた大学論、『「文系学部廃止」の衝撃』や『大学はもう死んでいる?』(共著)、『大学という理念　絶望のその先へ』とも不可分なものとして受けとめていただきたい。

最後に、本書の序章、第三、四章、終章は、雑誌『世界』の二〇二〇年八月号から一一月号までの連載に基づいている。連載に当たり、担当された『世界』編集部の渕上皓一朗さんには、いつも的確なコメントをいただいた。そして、この連載に第一、二、五、六章の書き下ろしを加えて新書にするに当たっては、これまで同様、新書編集部の上田麻里さんに大変お世話になった。大学の時間のマネジメントをこれだけ強調しているのに、私自身の時間のマネジメントは欠陥だらけである。そのあたりをよくわかっている上田さんの著者マネジメントで、本書をコロナ禍の只中にあって書き上げることができた。改めてお礼申し上げたい。

二〇二一年一月二〇日——ホワイトハウスから暴君の去る日に

吉見俊哉

岩波新書/最新刊から

2002 「むなしさ」の味わい方　きたやまおさむ 著
自分の人生に意味はあるのか、自分に存在価値はあるのか。誰にも生じる「心の空洞」の正体を探り、ともに生きるヒントを考える。

2003 ヨーロッパ史　大月康弘 著
拡大と統合の力学
ヨーロッパの源流は古代末期にさかのぼる。「世界」を駆動し、近代をも産み落とした〈力〉の真相を探る、汎ヨーロッパ史の試み。

2004 感染症の歴史学　飯島渉 著
パンデミックは世界を変えたのか――天然痘、ペスト、マラリアの歴史からポスト・コロナ社会をさぐる。未来のための疫病史入門。

2005 暴力とポピュリズムのアメリカ史　中野博文 著
―ミリシアがもたらす分断―
二〇二一年連邦議会襲撃事件が示す人民武装の理念を糸口に、現代アメリカの暴力文化とポピュリズムの起源をたどる異色の通史。

2006 百人一首　田渕句美子 著
―編纂がひらく小宇宙―
成立の背景を解きほぐし、中世から現代までの受容のあり方を考えることで、和歌のすべてを網羅するかのような求心力の謎に迫る。

2007 財政と民主主義　神野直彦 著
―人間が信頼し合える社会へ―
人間の未来を市場と為政者に委ねてよいのか。市民の共同意思決定のもと財政を機能させ、人間らしく生きられる社会を構想する。

2008 同性婚と司法　千葉勝美 著
元最高裁判事の著者が同性婚を認めない法律の違憲性を論じる。日本は同性婚を実現できるか。個人の尊厳の意味を問う注目の一冊。

2009 ジェンダー史10講　姫岡とし子 著
女性史・ジェンダー史は歴史の見方をいかに刷新してきたか――史学史と家族・労働・戦争などのテーマから総合的に論じる入門書。

(2024. 3)

岩波新書より

教育

ジョン・デューイ　上野正道
大学は何処へ　未来への設計　吉見俊哉
教育は何を評価してきたのか　本田由紀
小学校英語のジレンマ　寺沢拓敬
アクティブ・ラーニングとは何か　渡部淳
保育の自由　近藤幹生
異才、発見！　伊藤史織
パブリック・スクール　新井潤美
新しい学力　齋藤孝
学びとは何か　今井むつみ
考え方の教室◆　齋藤孝
学校の戦後史　木村元
保育とは何か　近藤幹生
中学受験　横田増生
いじめ問題をどう克服するか　尾木直樹

教育委員会◆　新藤宗幸
先生！　池上彰編
教師が育つ条件　今津孝次郎
大学とは何か　吉見俊哉
赤ちゃんの不思議　開一夫
日本の教育格差　橘木俊詔
社会力を育てる　門脇厚司
子どもが育つ条件　柏木惠子
誰のための「教育再生」か　藤田英典編
教育力　齋藤孝
思春期の危機をどう見るか　尾木直樹
幼児期　岡本夏木
教科書が危ない　入江曜子
「わかる」とは何か　長尾真
子どもの危機をどう見るか◆　尾木直樹
子どもの社会力　門脇厚司
現代社会と教育　堀尾輝久
子どもとあそび　仙田満

子どもと学校　河合隼雄
教育とは何か　大田堯
からだ・演劇・教育　竹内敏晴
教育入門　堀尾輝久
子どもの宇宙　河合隼雄
子どもとことば　岡本夏木
自由と規律　池田潔
私は赤ちゃん　松田道雄

(2023.7)　◆は品切，電子書籍版あり．　(M)

岩波新書新赤版一〇〇〇点に際して

ひとつの時代が終わったと言われて久しい。だが、その先にいかなる時代を展望するのか、私たちはその輪郭すら描きえていない。二〇世紀から持ち越した課題の多くは、未だ解決の緒を見つけることのできないままであり、二一世紀が新たに招きよせた問題も少なくない。グローバル資本主義の浸透、憎悪の連鎖、暴力の応酬――世界は混沌として深い不安の只中にある。

現代社会においては変化が常態となり、速さと新しさに絶対的な価値が与えられた。消費社会の深化と情報技術の革命は、種々の境界を無くし、人々の生活やコミュニケーションの様式を根底から変容させてきた。ライフスタイルは多様化し、一面では個人の生き方をそれぞれが選びとる時代が始まっている。同時に、新たな格差が生まれ、様々な次元での亀裂や分断が深まっている。社会や歴史に対する意識が揺らぎ、普遍的な理念に対する根本的な懐疑や、現実を変えることへの無力感がひそかに根を張りつつある。そして生きることに誰もが困難を覚える時代が到来している。

しかし、日常生活のそれぞれの場で、自由と民主主義を獲得し実践することを通じて、私たち自身がそうした閉塞を乗り超え、希望の時代の幕開けを告げてゆくことは不可能ではあるまい。そのために、いま求められていること――それは、個と個の間で開かれた対話を積み重ねながら、人間らしく生きることの条件について一人ひとりが粘り強く思考することではないか。その営みの糧となるものが、教養に外ならないと私たちは考える。歴史とは何か、よく生きるとはいかなることか、世界そして人間はどこへ向かうべきなのか――こうした根源的な問いとの格闘が、文化と知の厚みを作り出し、個人と社会を支える基盤としての教養となった。まさにそのような教養への道案内こそ、岩波新書が創刊以来、追求してきたことである。

岩波新書は、日中戦争下の一九三八年一一月に赤版として創刊された。創刊の辞は、道義の精神に則らない日本の行動を憂慮し、批判的精神と良心的行動の欠如を戒めつつ、現代人の現代的教養を刊行の目的とする、と謳っている。以後、青版、黄版、新赤版と装いを改めながら、合計二五〇〇点余りを世に問うてきた。そして、いままた新赤版が一〇〇〇点を迎えたのを機に、人間の理性と良心への信頼を再確認し、それに裏打ちされた文化を培っていく決意を込めて、新しい装丁のもとに再出発したいと思う。一冊一冊から吹き出す新風が一人でも多くの読者の許に届くこと、そして希望ある時代への想像力を豊かにかき立てることを切に願う。

（二〇〇六年四月）

吉見俊哉

1957年 東京都生まれ
1987年 東京大学大学院社会学研究科博士課程単位取得退学
現在―國學院大學観光まちづくり学部教授，東京大学名誉教授
専攻―社会学・文化研究・メディア研究
著書―『都市のドラマトゥルギー』(弘文堂，のち河出文庫)，『カルチュラル・スタディーズ』『視覚都市の地政学』『空爆論』(以上，岩波書店)，『ポスト戦後社会』『親米と反米』『大学とは何か』『トランプのアメリカに住む』『平成時代』(以上，岩波新書)，『「文系学部廃止」の衝撃』『大予言』『戦後と災後の間』『東京裏返し』(以上，集英社新書)，『五輪と戦後』(河出書房新社)，『大学という理念　絶望のその先へ』(東京大学出版会) ほか多数

大学は何処へ 未来への設計　　岩波新書(新赤版)1874

2021年4月20日　第1刷発行
2024年4月5日　第3刷発行

著　者　吉見俊哉《よしみしゅんや》

発行者　坂本政謙

発行所　株式会社 岩波書店
〒101-8002 東京都千代田区一ツ橋2-5-5
案内 03-5210-4000　営業部 03-5210-4111
https://www.iwanami.co.jp/

新書編集部 03-5210-4054
https://www.iwanami.co.jp/sin/

印刷・理想社　カバー・半七印刷　製本・中永製本

ISBN 978-4-00-431874-3　　Printed in Japan

主な引用・参考文献

東秀紀『東京の都市計画家　高山英華』鹿島出版会，2010 年
アーノルド，マシュー『教養と無秩序』多田英次訳，岩波文庫，1946 年
阿部謹也『「世間」とは何か』講談社現代新書，1995 年
――『大学論』日本エディタースクール出版部，1999 年
――『中世を旅する人びと』ちくま学芸文庫，2008 年
天野郁夫「日本の大学院問題」『IDE』2005 年 1 月号
――『学歴の社会史』平凡社ライブラリー，2005 年
――『大学改革の社会学』玉川大学出版部，2006 年
――『国立大学・法人化の行方』東信堂，2008 年
――『大学の誕生』上・下，中公新書，2009 年
――「高等専門学校の 50 年」『IDE』2012 年 10 月号
――『高等教育の時代』上・下，中公叢書，2013 年
――『新制大学の誕生』上・下，名古屋大学出版会，2016 年
――『帝国大学』中公新書，2017 年
荒井克弘「科学技術の新段階と大学院教育」『教育社会学研究』45 集，1989 年
アリエス，フィリップ『〈教育〉の誕生』中内敏夫他編訳，新評論，1983 年
有馬朗人「国立大学の法人化について」『IDE』2018 年 5 月号
アレゼール日本編『大学界改造要綱』藤原書店，2003 年
イーグルトン，テリー『学者と反逆者――19 世紀アイルランド』大橋洋一・梶原克教訳，松柏社，2008 年
石弘光『大学はどこへ行く』講談社現代新書，2002 年
石井洋二郎『危機に立つ東大』ちくま新書，2020 年
石川真由美編『世界大学ランキングと知の序列化』京都大学学術出版会，2016 年
猪木武徳『大学の反省』NTT 出版，2009 年
岩井洋『大学論の誤解と幻想』弘文堂，2020 年
岩崎稔・小沢弘明編『激震！ 国立大学』未来社，1999 年
岩崎稔・大内裕和・西山雄二「大学の未来のために」『現代思想』

2009年11月
ウィリアムズ，レイモンド『長い革命』若松繁信他訳，ミネルヴァ書房，1983年
ウォーラーステイン，イマニュエル「大学，そして学の未来へ」山下範久訳，『大学革命』(別冊『環』2)，藤原書店，2001年
潮木守一『近代大学の形成と変容』東京大学出版会，1973年
——『京都帝国大学の挑戦』講談社学術文庫，1997年
——『世界の大学危機』中公新書，2004年
——『フンボルト理念の終焉？』東信堂，2008年
——『職業としての大学教授』中公叢書，2009年
浦田広朗「大学院の変容と大学教員市場」『日本労働研究雑誌』2015年7月号
大口邦雄『リベラル・アーツとは何か』さんこう社，2014年
大崎仁『大学改革 1945-1999』有斐閣，1999年
大山達雄・前田正史編『東京大学第二工学部の光芒』東京大学出版会，2014年
岡田大士「東京工業大学における「戦後大学改革」——その過程と大学基準協会発足における役割」『大学史研究』第20号，2004年
——「大学改革からみた科学技術人材養成の歴史とその比較」『東京大学史紀要』第23号，2005年
——「東京工業大学における戦後大学改革に関する歴史的研究」博士学位論文，東京工業大学，2005年
岡部善平「イギリスにおける職業教育から高等教育への移行——職業教育の「アカデミック・ドリフト」か」『教育学研究』第83巻第4号，2016年
岡本摩耶・加藤重治「若手大学教員を取り巻く現状と課題」『IDE』2017年10月号
小川洋『消えゆく「限界大学」』白水社，2016年
隠岐さや香『文系と理系はなぜ分かれたのか』星海社新書，2018年
奥井晶『教育の機会均等から生涯学習へ』慶應通信，1991年
オルテガ・イ・ガセット，ホセ『大学の使命』井上正訳，玉川大学出版部，1996年
葛西康徳「Mixed Academic Jurisdiction——グローバル時代の学士課程」『創文』2011年秋，No. 3
ガダマー，H. G. 他『大学の理念』赤刎弘也訳，玉川大学出版部，

1993年
加藤節『南原繁』岩波新書，1997年
金子元久『大学の教育力』ちくま新書，2007年
――「18歳人口減と私立大学」『IDE』2016年10月号
――「大学教員――「名分」の変質」『IDE』2017年10月号
苅谷剛彦『アメリカの大学・ニッポンの大学』中公新書ラクレ，2012年
――『イギリスの大学・ニッポンの大学』中公新書ラクレ，2012年
――『オックスフォードからの警鐘』中公新書ラクレ，2017年
――『追いついた近代　消えた近代』岩波書店，2019年
――『コロナ後の教育へ』中公新書ラクレ，2020年
――「「自粛の氾濫」は社会に何を残すか」『Voice』2020年7月号
苅谷剛彦・吉見俊哉『大学はもう死んでいる？』集英社新書，2020年
苅部直『移りゆく「教養」』NTT出版，2007年
カント，イマニュエル「諸学部の争い」角忍・竹山重光訳，『カント全集』第18巻，岩波書店，2002年
喜多村和之『大学は生まれ変われるか』中公新書，2002年
金智恩「教育科学研究会の「教育改革案」――教育改革同志会の「教育制度改革案」との比較」『人間文化創成科学論叢』第17巻，2014年
京極純一「教師・学者・研究者」『思想』490号，1965年
グラットン，リンダ，アンドリュー・スコット『LIFE SHIFT』池村千秋訳，東洋経済新報社，2016年
黒木登志夫『落下傘学長奮闘記』中公新書ラクレ，2009年
鴻上尚史『「空気」と「世間」』講談社現代新書，2009年
鴻上尚史・佐藤直樹『同調圧力』講談社現代新書，2020年
小林信一「若手研究者の養成」『高等教育研究紀要』19号，2004年
小林淑恵「若手研究者の任期制雇用の現状」『日本労働研究雑誌』2015年7月号
サイード，エドワード『知識人とは何か』大橋洋一訳，平凡社，1995年
佐々木毅・安西祐一郎・佐藤禎一・金子元久・大崎仁「平成の大学改革再考」『IDE』2018年5月号

主な引用・参考文献

佐藤郁哉『大学改革の迷走』ちくま新書，2019年
佐藤郁哉・吉見俊哉「知が越境し，交流し続けるために」『現代思想』2020年10月号
佐藤郁哉編著『50年目の「大学解体」 20年後の大学再生』京都大学学術出版会，2018年
佐藤直樹『なぜ日本人は世間と寝たがるのか』春秋社，2013年
――「「世間のルール」に従え！――コロナ禍が浮き彫りにした日本社会のおきて」(https://www.nippon.com/ja/in-depth/d00589/)，2020年
篠原一監修『デモクラシーの展開と市民大学』かわさき市民アカデミー，2010年
シュナイダー，ウルリヒ＝ヨハネス「理性の歴史化――大学哲学という形態について」小林敏明訳，『思想』900号，1999年
シュライアマハー，フリードリヒ『ドイツ的大学論』深井智朗訳，未来社，2016年
シリングスバーグ，ピーター『グーテンベルクからグーグルへ』明星聖子他訳，慶應義塾大学出版会，2009年
新谷康浩「データで見る高専」『IDE』2012年10月号
杉谷祐美子「戦後東京工業大学改革過程における教養教育の成立――その背景と条件」『大学教育学会誌』1999年5月号
スローター，シェイラ，ゲイリー・ローズ『アカデミック・キャピタリズムとニュー・エコノミー』成定薫監訳，阿曽沼明裕・杉本和弘・羽田貴史・福留東土訳，法政大学出版局，2012年
関正夫『日本の大学教育改革』玉川大学出版部，1988年
セリンゴ，ジェフリー・J.『カレッジ(アン)バウンド』船守美穂訳，東信堂，2018年
大学基準協会創立十年記念論文集編纂委員会編『大学基準協会創立十年記念論文集　新制大学の諸問題』大学基準協会，1957年
竹内洋『大学という病』中公叢書，2001年
――『教養主義の没落』中公新書，2003年
――『学問の下流化』中央公論新社，2008年
田島貴裕「通信制大学の教育需要に関するパネルデータ分析」『商学討究』第64巻第2・3号，2013年
舘昭『大学改革　日本とアメリカ』玉川大学出版部，1997年
――『東京帝国大学の真実』東信堂，2015年

立花隆『天皇と東大』上・下，文藝春秋，2005 年
橘由加『アメリカの大学教育の現状』三修社，2004 年
橘木俊詔『東京大学　エリート養成機関の盛衰』岩波書店，2009 年
田中弘允・佐藤博明・田原博人『検証　国立大学法人化と大学の責任』東信堂，2018 年
――『2040 年　大学よ甦れ』東信堂，2019 年
田中征男『戦後改革と大学基準協会の形成』大学基準協会，1995 年
辻太一朗『なぜ日本の大学生は，世界でいちばん勉強しないのか？』東洋経済新報社，2013 年
土持ゲーリー法一『新制大学の誕生』玉川大学出版部，1996 年
――『戦後日本の高等教育改革政策』玉川大学出版部，2006 年
筒井清忠『日本型「教養」の運命』岩波書店，1995 年
――『新しい教養を求めて』中央公論新社，2000 年
堤清二・橋爪大三郎『選択・責任・連帯の教育改革』勁草書房，1999 年
寺﨑昌男『東京大学の歴史』講談社学術文庫，2007 年
――『日本近代大学史』東京大学出版会，2020 年
デリダ，ジャック『条件なき大学』西山雄二訳，月曜社，2008 年
デレズウィッツ，ウィリアム『優秀なる羊たち』米山裕子訳，三省堂，2016 年
東京大学教育企画室『大学教育の達成度調査』2010，2011 年
東京大学大学院総合文化研究科入学時期検討特別委員会『教育の国際化ならびに入学時期の検討に係わる意見書』2012 年
東京大学百年史編集委員会『東京大学百年史』東京大学，1984–87 年
ドュリュ＝ベラ，マリー『フランスの学歴インフレと格差社会』明石書店，2007 年
豊田長康『科学立国の危機』東洋経済新報社，2019 年
鳥居朋子「戦後教育改革期における東京工業大学のアドミニストレーション」『名古屋高等教育研究』第 3 号，2003 年
トロウ，マーチン『高度情報社会の大学』喜多村和之編訳，玉川大学出版部，2000 年
中井浩一『徹底検証　大学法人化』中公新書ラクレ，2004 年
――『大学入試の戦後史』中公新書ラクレ，2007 年
――『大学「法人化」以後』中公新書ラクレ，2008 年
永井道雄「「大学公社」案の提唱」『世界』1962 年 10 月号

――『未完の大学改革』中公叢書，2002 年
中野実『東京大学物語』吉川弘文館，1999 年
――『近代日本大学制度の成立』吉川弘文館，2003 年
中村治仁「教育改革とグローバリゼーション」『長岡大学紀要』創刊号，2002 年
中山茂『帝国大学の誕生』中公新書，1978 年
南原繁『文化と国家』東京大学出版会，1957 年
南原繁研究会編『南原繁と戦争』横浜大気堂，2016 年
――『南原繁の戦後体制構想』横浜大気堂，2017 年
西井泰彦「私立大学の経営と教員人件費」『IDE』2017 年 10 月号
西村秀夫『教育をたずねて』筑摩書房，1970 年
西山雄二編『哲学と大学』未来社，2009 年
――編『人文学と制度』未来社，2013 年
ニューマン，ジョン・ヘンリー『大学で何を学ぶか』ピーター・ミルワード編，田中秀人訳，大修館書店，1983 年
根岸佳代「学長のリーダーシップ観」『IDE』2015 年 1 月号
バーク，ピーター『知識の社会史』井山弘幸他訳，新曜社，2004 年
橋本鉱市・阿曽沼明裕企画編集『リーディングス　日本の高等教育』全 8 巻，玉川大学出版部，2010–11 年
ハスキンズ，チャールズ・H.『大学の起源』青木靖三他訳，八坂書房，2009 年
蓮實重彦『私が大学について知っている二,三の事柄』東京大学出版会，2001 年
羽田貴史『戦後大学改革』玉川大学出版部，1999 年
濱中義隆「大学生の学習時間は変化したか」『IDE』2018 年 11 月号
濱田純一『東大はなぜ秋入学を目指したか』朝日新聞出版，2020 年
久木幸男『日本古代学校の研究』玉川大学出版部，1990 年
日高第四郎『教育改革への道』洋々社，1954 年
広重徹『科学の社会史』中央公論社，1973 年
広田照幸『格差・秩序不安と教育』世織書房，2009 年
――『大学論を組み替える』名古屋大学出版会，2019 年
広田照幸・吉田文・小林傳司・上山隆大・濱中淳子編『教育する大学』シリーズ大学 5，岩波書店，2013 年
――『大学とコスト』シリーズ大学 3，岩波書店，2013 年
――『大衆化する大学』シリーズ大学 2，岩波書店，2013 年

福沢諭吉『学問のすゝめ』岩波文庫，1942 年
藤村正司「研究生産性――研究費，それとも研究時間？」『IDE』2017 年 10 月号
藤本夕衣『古典を失った大学』NTT 出版，2012 年
プラール，ハンス＝ヴェルナー『大学制度の社会史』山本尤訳，法政大学出版局，1988 年
古沢由紀子『大学サバイバル』集英社新書，2001 年
ブルデュー，ピエール『ホモ・アカデミクス』石崎晴己・東松秀雄訳，藤原書店，1997 年
――，ジャン＝クロード・パスロン『遺産相続者たち』石井洋二郎監訳，藤原書店，1997 年
――，ジャン＝クロード・パスロン，モニク・ド＝サン＝マルタン『教師と学生のコミュニケーション』安田尚訳，藤原書店，1999 年
ペリカン，ヤーロスラフ『大学とは何か』田口孝夫訳，法政大学出版局，1996 年
ホガート，リチャード『読み書き能力の効用』香内三郎訳，晶文社，1974 年
堀田泰司「ボローニャ宣言にみるエラスムスの経験の意義」『大学論集』第 41 集，2010 年
堀尾輝久・寺﨑昌男編『戦後大学改革を語る』東京大学教養学部一般教育研究センター，1971 年
本田由紀『教育は何を評価してきたのか』岩波新書，2020 年
前田陽一『アメリカ大学巡り』大修館書店，1961 年
水田健輔「国立大学長の機関運営に関する実態調査結果」『IDE』2015 年 10 月号
南川高志編著『知と学びのヨーロッパ史』ミネルヴァ書房，2007 年
宮武久佳『「社会人教授」の大学論』青土社，2020 年
室井尚『文系学部解体』角川新書，2015 年
両角亜希子「入学定員充足率の変動」『IDE』2016 年 10 月号
――「国立大学経営と教員人件費」『IDE』2017 年 10 月号
――「マネジメント改革と大学の現場」『IDE』2020 年 11 月号
諸星裕『消える大学　残る大学』集英社，2008 年
ヤスパース，カール『大学の理念』福井一光訳，理想社，1999 年
矢野眞和「リカレント学習の条件」『IDE』2018 年 10 月号
矢野眞和・濱中義隆・浅野敬一編『高専教育の発見』岩波書店，2018

年
山口周三『資料で読み解く　南原繁と戦後教育改革』東信堂，2009年
山口裕之『「大学改革」という病』明石書店，2017年
山本秀樹『世界のエリートが今一番入りたい大学ミネルバ』ダイヤモンド社，2018年
吉田文『大学と教養教育』岩波書店，2013年
——「労働市場・社会人学生・大学(院)のトリレンマ」『IDE』2018年10月号
吉見俊哉『博覧会の政治学』中公新書，1992年／講談社学術文庫，2010年
——『ポスト戦後社会』岩波新書，2009年
——『大学とは何か』岩波新書，2011年
——『「文系学部廃止」の衝撃』集英社新書，2016年
——『トランプのアメリカに住む』岩波新書，2018年
——『戦後と災後の間』集英社新書，2018年
——『平成時代』岩波新書，2019年
——『知的創造の条件』筑摩選書，2020年
——『大学という理念　絶望のその先へ』東京大学出版会，2020年
吉見俊哉・森本祥子編『東大という思想』東京大学出版会，2020年
米澤彰純・嶋内佐絵・劉靖「東アジアにおける「大学」概念の形成と変容」『教育学研究』第86巻第2号，2019年
米田俊彦『教育審議会の研究　高等教育改革』野間教育研究所，2000年
ライチェン，ドミニク・S.，ローラ・H. サルガニク編著『キー・コンピテンシー』立田慶裕他訳，明石書店，2006年
リースマン，デイヴィッド『大学教育論』新堀通也他訳，みすず書房，1961年
——『孤独な群衆』加藤秀俊訳，みすず書房，1964年
リッター，ゲアハルト・A.『巨大科学と国家』浅見聡訳，三元社，1998年
ルドルフ，フレデリック『アメリカ大学史』阿部美哉他訳，玉川大学出版部，2003年
レディングズ，ビル『廃墟のなかの大学』青木健他訳，法政大学出版局，2000年

ロスブラット，シェルダン『教養教育の系譜』吉田文他訳，玉川大学出版部，1999年
ロバーツ，アキ，竹内洋『アメリカの大学の裏側』朝日新書，2017年
早稲田大学大学史編集所『早稲田大学百年史』早稲田大学出版部，1978–97年
渡辺孝「近時の「学長リーダーシップ論」への疑問」『IDE』2015年1月号
――『私立大学はなぜ危ういのか』青土社，2017年

Arum, Richard, and Roksa, Josipa, *Academically Adrift: Limited Learning on College Campuses*, The University of Chicago Press, 2011
Barnett, Ronald, *Imagining the University*, Routledge, 2012
De Bary, Brett, eds., *Universities in Translation: The Mental Labor of Globalization*, Hong Kong University Press, 2010
Eagleton, Terry, "The Slow Death of the University", The Chronicle of Higher Education, April 6, 2015, https://www.chronicle.com/article/the-slow-death-of-the-university/
Gürüz, Kemal, *Higher Education and International Student Mobility in the Global Knowledge Economy*, State University of New York Press, 2011
Kosslyn, Stephen, and Nelson, Ben, eds., *Building the Intentional University: Minerva and the Future of Higher Education*, The MIT Press, 2017
Miliszewska, Iwona, "Transnational Education Programs: Student Reflections on a Fully-Online Versus a Hybrid Model", Fong, Joseph, Kwan, Reggie, and Wang, Fu Lee, eds., *Hybrid Learning and Education*, Springer, 2008, pp. 79–90
Pitt, Richard N., and Tepper, Steven A., *Double Majors: Influences, Identities & Impacts*, The Club Center, Vanderbilt University, 2012
Streitwieser, Bernhard, *Internationalisation of Higher Education and Global Mobility*, Symposium Books, 2014